비즈니스
인문학

비즈니스 인문학

1판 1쇄 발행 2015. 2. 16.
1판 10쇄 발행 2022. 9. 12.

지은이 조승연

발행인 고세규
편집 조혜영 | 디자인 조명이
발행처 김영사
등록 1979년 5월 17일(제406-2003-036호)
주소 경기도 파주시 문발로 197(문발동) 우편번호 10881
전화 마케팅부 031)955-3100, 편집부 031)955-3200 | 팩스 031)955-3111

값은 뒤표지에 있습니다. ISBN 978-89-349-7004-0 03100

홈페이지 www.gimmyoung.com   블로그 blog.naver.com/gybook
인스타그램 instagram.com/gimmyoung   이메일 bestbook@gimmyoung.com

좋은 독자가 좋은 책을 만듭니다.
김영사는 독자 여러분의 의견에 항상 귀 기울이고 있습니다.

이 도서의 국립중앙도서관 출판시도서목록(CIP)은 서지정보유통지원시스템 홈페이지
(http://seoji.nl.go.kr)와 국가자료공동목록시스템(http://www.nl.go.kr/kolisnet)에서
이용하실 수 있습니다.(CIP제어번호 : CIP2015002997)

언어천재 조승연의
두 번째 이야기 인문학

비즈니스
인문학

조승연 지음

김영사

"형님 덕분에 그 회사 입사 시험에 합격했어요."

한 멘티로부터 반가운 전화를 받았다. 그의 떨리는 목소리를 들은 나도 모처럼 마음이 크게 설레었다. 군을 제대한 몇몇 취업 준비생들에게 멘토링을 해준 적이 있다. 그때 멘티들과 함께 커피를 마시며 "비즈니스란 무엇인가?"에 대한 설명을 해준 적이 있는데, 내가 멘티에게 들려주었던 내용은 다음과 같다.

"비즈니스는 영어 단어 'busy'의 명사형이다. 그냥 '바쁘게 일하는 것'을 뜻한다. 중요한 것은 바쁘다는 것 자체가 아니라 '무엇을 하느라고 바쁜가?'이다. 그래서 비즈니스라는 단어 앞에는 반드시 뮤직 비즈니스, 에너지 비즈니스, 미디어 비즈니스 등 수식어가 붙는다. 그렇다면 비즈니스맨에게 가장 중요한 자질은 그냥 부지런하게 바삐 움직일 수 있는 능력이 아니다. 뮤직, 에너지, 미디어 등에 대한 깊은 이해이다."

멘티는 내가 언젠가 가볍게 설명했던 그 내용들을 면접에서 정확히 기억해 대답했는데, 면접관들이 이에 감동받아 합격한 것은 물론 핵심 부서에 배치되었다며 몹시 기뻐했다.

나는 뉴욕대NYU 경영대에서 공부했다. 한때 월 스트리트행을 꿈꿨지만 인턴 생활 중에 금융 비즈니스가 나와 잘 맞지 않는다는 점을 깨닫고 방향을 바꾸었다. 그리하여 세계 경제의 중심지이자 가장 남성적인 도시 뉴욕에서, 세계 문화의 중심지이자 가장 여성적인 도시 파리로 갔다. 그곳에서 경영학과는 전혀 다른 서양사, 어학, 미술사 등을 공부하고 귀국해서는 프리랜서로 강사, 칼럼니스트로 활동하며 방송에 출연했다. 어느 날 문득, 프리랜서라고는 하지만 나도 결국은 비즈니스를 하고 있구나, 라는 생각이 들었다. 책을 내거나 칼럼을 쓸 때는 타깃 독자층의 니즈를 잘 파악할 줄 알아야 좋은 반응을 얻을 수 있고, 글이나 말로 편집자와 프로듀서를 설득해야만 내 생각을 제대로 전달할 수 있으니 말이다. 방송 출연료나 칼럼 원고료, 출판 조건 계약 등에서도 매번 고민해야 하고 때로는 어려운 협상을 해야 한다. 프리랜서로 일하더라도 기업이 회사 이미지를 만드느라 애쓰는 것 못지않게 나 자신의 외모, 말투까지 통합한 나의 '이미지'를 만드는 데 노력을 기울여야 한다.

이 모든 일들은 분명 비즈니스 영역에 있다. 그런데 일을 하다 보니 문학, 철학을 공부하며 해 왔던 '인간이란 무엇인가'에 대한 고찰이, 어떤 탁월한 경제학이나 경영학적 지식보다 비즈니스에 훨씬 더 중요하다는 점을 절실히 깨닫게 되었다. 사실 사람이 혼자 해낼 수 있는 일은 극히 드물다. 대부분 누군가와 손발을 맞춰 협업을 해야 한다. 사람의 본질을 파악하고 사람의 마음을 사는 방법을 알아야 어떤 분야에서 일하든 잘할 수 있는 것이다. 특히 사람 간의 도움과 교류가 많이 필요한 비즈니스일수록 항상 '사람'이 가장 풀기 어려운 과제가 아니던가.

사람들은 세상에 '돈'이 존재하기 이전부터 비즈니스, 즉 먹고살기 위한 '일'을 해 왔다. 이미 원시시대부터 인류의 선조들은, 사람은 홀로 두면 다른 맹수들에 비해 몹시 나약하지만 여럿이 뭉치면 못할 일이 없다는 것을 깨달았다. 그래서 고대의 리더들은 뿔뿔이 흩어지려는 사람들을 신화와 역사로 한곳에 모아 부족, 도시, 더 나아가 제국을 만들어 '함께 일하는' 노하우를 개발해 지금까지 발전시켜 왔다. 고대의 이집트, 그리스, 페르시아, 로마, 아즈텍 같은 제국들은 종교와 예술, 문학과 복장 규정을 이용해 모래알 같이 뿔뿔이 흩어지기 쉽고 틈만 나면 패거리로 나뉘어 죽고 죽이며 싸우던 사람들을 한데 모아, 오늘날의 우리들도 보러 다니는 위대한 건축물들을 건설했다. 인터넷, 전기, 자동차 등의 문명 이기가 전혀 없는, 현대인들은 상상할 수 없는 악조건 속에서도 이들은 대서양과 인도양, 거대한 사하라 사막을 촘촘한 그물망으로 잇는 무역 네트워크로 물자를 조달했다. 오로지 인력만으로 그 모든 문제들을 해결하면서도 세계를 지배한 제국의 리더들은 오늘날 CEO들의 대선배들이라고 말할 수 있다.

이들은 자신이 겪은 여러 시행착오와 성공 노하우들을 역사책과 서사시로 남겨, 후세들이 이를 익히고 배워 시행착오를 줄이고 단시간에 더 나은 리더십을 발휘할 수 있도록 했다. 노예가 아닌 자유인들, 남이 시키는 일이 아닌 자기 비즈니스를 해야 하는 사람들은 이런 지식들을 반드시 알아야 하는 기본 지식이라고 해서 '자유기술Liberal Arts', 즉 인문학이라고 부르게 되었다.

인류는 수천 년간 노예와 자유인으로 나뉘어 있었지만 지금은 모든 사람이 자유인으로서 자신의 앞길을 스스로 개척해나갈 수 있다. 따라서 오랫동안 서구 자유인들의 전유물이었던 인문학에 관심을 갖고 공부할수록 성공과 행복을 차지할 확률은 높아질 것이라고 단언할 수 있다.

경제학은 비즈니스의 원리를 설명하는 학문이다. 하지만 원리는 책상 앞을 벗어나 현장으로 들어가면 여러 한계에 부딪히게 된다. 광학 전문가가 최고의 사진예술가가 되는 것은 아니며, 최고의 음향 기술자가 최고의 피아니스트가 되는 것은 아닌 것처럼 말이다. 마찬가지로 비즈니스에 성공한 사람이라고 해서 모두 경제학 전문가들은 아니다. 오히려 협상 테이블 반대편 사람들의 속내를 파악하고, 그가 좋아할 만한 어법, 제스처, 연출 등으로 때로는 친숙하게, 때로는 위압적으로 대할 수 있는 '감'을 가진 사람들이 많다. 인문학은 바로 이런 '감'을 길러주기 위해 생긴 학문이다.

오늘날 영국의 옥스퍼드 대학, 미국의 하버드 대학 등에서는 리더십 교육이 활발히 이루어지고 있으며, 이 책에는 그런 교육 가운데 '상식'이라고 생각할 수 있을 만한 쉬운 에피소드만을 정리해 수록했다. 이 간단한 인문학 노하우들이 비즈니스 세계에 어떤 방식으로 해석되고 응용되고 있는지만 알아도, 비즈니스맨으로서 인문학을 공부할 때 어디에 초점을 두어야 하는지 분명히 알 수 있기 때문이다.

이 책에 등장하는 인물, 역사적 사건, 도서, 그림에 대해 더 자이 될 것 같다. 이 책이 더 많은 분들에게 인간에 대한 깊이 있는 이해력을 갖추게 하고, 지금 하는 일을 더욱 효율적으로 할 수 있게 하고, 여태 꿈만 꾸었던 일을 실행에 옮겨 성공하는 데 도움이 될 수 있기를 희망한다.

2015년 1월, 카사블랑카에서

조승연

Contents

Chapter 5
인문학으로 배우는 경쟁력

ASSET MANAGEMENT
CUSTOMER RELATIONSHIP

위기미다 나서서 마을 경식을 구한 불베르의 공을 인정한 국무총리는 불베르를 이 동네의 customer로 임명했다. 불베르는 신 변지 기업의

프라이드를 지키기 위
색 확응을 실시할 수

FRATERNITY
ENGINEER

엔지니어는 타고난 감
외성의 천재를 뜻하
며 서양에서는 엔지니
어를 예술가들만큼 괴
팍하고 오리지널한 사
람들로 인정해 왔다.
engineer라는 단어는
천재으로 얼룩진 존재

ROYAL
STANDARD
CHARISMA

어떤 브랜드가 처음
시장에 나왔을 때의
원초적인 분위기를 살
린 상품을 '오리지널'

CREATIVE
ORIGIN

ELITE

아들의 방을 같아둔
사람은 경험과 자식이
라는 세계서 절대강이

CULTURE
MECENAT

ELITE
NOBLESSE OBLIGE

마음의 벌을 갈아둔 사람은 경
험과 지식이라는 씨에서 참의
상미라한 독서이 무희무력 자

Chapter 1

인문학으로 배우는 조직력

히틀러의
아이거 봉
정복 전술의
숨은 뜻

North Face 상징적 행동으로 조직원들의 자부심을 키우다

한때 국내에서 '노스페이스'라는 미국 등산복 브랜드가 유행했다. 이 브랜드는 비싼 가격 때문에 청소년 사회문제로까지 번져 '등골 브레이커'라는 악명을 얻기도 했다. 노스페이스는 원래 산악인용 의상 브랜드인데 1990년대 미국에서 시작한 아웃도어 패션 트렌드인 '야생 글래머Wilderness Chic' 바람과 함께 일반인들 사이에서까지 유행하게 되었다.

　노스페이스의 원래 용도는 브랜드 이름만 봐도 알 수 있듯 험한 산 정복에 필요한 특수 복장이었다. 미국과 유럽의 높고 험한 산들의 남쪽면은 대부분 등산로를 따라 완만하게 올라갈 수 있지

만, 북쪽면 즉 노스페이스는 거대한 회색 비석처럼 깎아지른 석회 절벽으로 되어 있어 겨울에는 온통 눈과 빙하로 뒤덮여 한 발자국, 한 발자국 죽음의 그림자가 따라다니는 악마의 계곡이 된다. 인간 한계에 도전하려는 수많은 산악인들은 겨울의 알프스 산맥과 록키 산맥의 북쪽 절벽, 즉 노스페이스에 오르는 것을 꿈꾸며 등산 연습을 했고, 이후 노스페이스는 산악 의상용품 브랜드의 이름이 되기까지 했다.

그런데 이 장엄한 자연의 기세를 조직의 아이덴티티와 프라이드의 상징으로 삼아, 세계 최강의 군대를 만드는 데 효과적으로 사용한 사람이 있다. 바로 제2차 세계대전의 전범으로 악명을 떨친 독일 전 총통 아돌프 히틀러이다.

제1차 세계대전이 끝난 1930년대의 유럽은 스피드 스포츠의 전성시대였다. 천조각으로 만든 비행기를 타고 거대한 대서양 횡단에 도전한 사람, 여자의 몸으로 프랑스와 영국 사이의 해협을 헤엄쳐 건넌 수영 선수, 안전장치가 없고 폭발 가능성이 높은 자동차를 직접 만들어 타고 무시무시한 속도로 레이싱을 하는 레이서 등이 곳곳에서 등장해 영웅 대접을 받았다. 이 시기의 어린아이들은 신문과 방송을 통해 레이서, 파일럿, 사이클 선수들의 이야기를 접하고 이들을 동경하며 성장했다. 대공황으로 경제적 희망을 잃은 사람들도 영웅을 꿈꾸게 만든 시대였다.

히틀러는 자신의 세계 정복 야망을 실현하게 해줄 강한 군대를 만들려면 그 시대 젊은이들의 영웅의식을 자극해야 한다고 생각했다. 이에 따라 히틀러의 부하였던 괴벨스가 역사학자로서의 역량을 발휘해 선사시대의 역사와 고고학 자료를 그럴듯하게 편집해서, 독일인이야말로 인도와 페르시아 유럽 대륙을 휩쓸며 파괴와 정복의 역사를 남긴 아리아 민족의 후예로서 전 세계를 지배할 권리가 있는 '지배자종족Herrenfolk'이라는 슬로건을 만들어냈다.

이 슬로건에 독일의 젊은이들이 열광했다. 하지만 말만으로는 설득력이 부족했다. 나치의 검은 유니폼을 입고 바이킹 글자로 만든 부대 마크를 단 나치 당원들이 독일 민족의 프라이드를 지키기 위해 죽음을 불사할 수 있을 만한 조직력을 갖추려면 강력한 물증이 필요했다. 이 물증으로 히틀러가 창안한 것이 바로 '상징적 행동'이었다.

히틀러는 산악인들이 가장 무서워하는 알프스의 아이거 봉이 독일 군대 조직의 프라이드를 새롭게 정비하는 데 가장 좋은 자원이 되어 줄 것이라는 아이디어를 냈다. 당시 알프스 산맥에서 인간의 힘으로 정복하기 힘든 6개의 노스페이스가 유명했는데, 그중에서도 파라마운트 영화사 로고로 사용되는 '마터호른'과 '아이거'가 가장 험악했다. 특히 아이거 봉의 노스페이스는 수많은 사람들이 정복을 꿈꾸다가 등반 중에 죽어 '살인벽Morderwand'이라는 별명까지 얻었다. 아이거 노스페이스는 지금까지의 기록으로 등반객 65명 이상의 생명을 앗아간 곳이다.

한라산의 두 배가 넘는 높이에 일 년 내내 만년설 설경이 일품인 아이거 봉은 생김새 자체부터 무시무시하다. 아이거 산 건너편에는 아름답고 늘씬한 '처녀봉' 즉 융프라우Jungfrau가 있는데, 오늘날 관광객들은 케이블카를 타고 융프라우에 올라가 건너편에 있는 아이거 정상의 위용을 감상할 수 있다. 끔찍하게 험한 봉우리의 산세가 아름다운 처녀봉과 대조를 이뤄 사람들은 이 봉우리를 '아이거' 즉 괴물이라 부르게 되었다고 한다. 또 항상 깎아지른 회색 벽에 얼음이 징그럽게 거미줄처럼 사방으로 퍼져 있어 '흰거미 절벽'이라고도 부른다.

히틀러가 세계 정복을 준비하던 1930년대 초반에는 아직 아이거의 노스페이스를 오르려다 살아 돌아온 사람이 없었다. 히틀러는 아직 인간이 정복하지 못한 이 산봉우리에 독일 깃발을 꽂는 것이야말로 독일 군인들이 스스로를 무적이라고 믿게 만들어 줄 '상징적 행동'이 될 것을 감지했다. 마침내 1936년, 히틀러는 여러 스폰서 프로그램을 만들어 아이거 노스페이스 등반을 널리 장려했다. 그 결과 수많은 등산가들이 도전을 했지만 성공하지 못하고 목숨만 희생되었다.

그리고 1938년, 두 명의 독일 등반가 안데를 헤크마이어Anderl Heckmair와 루드빅 페르크Ludwig Vorg가 아이거 노스페이스 정복에 나섰다. 이들은 등반 중에 두 명의 오스트리아 등반가를 만났다. 두 팀의 등반가들은 헤크마이어의 노련한 리더십하에 얼음으로 뒤덮인 아이거의 '흰거미 절벽'을 타고 오르기로 했다. 산봉우리가 워낙 험해 계속 위쪽에서 깨진 얼음과 눈 그리고 돌조각들이 날아왔다.

일행은 벽에 납작 붙어 날아오는 파편들을 피해가며 조심스럽게 등반해야만 했다. 그야말로 일분일초가 죽음과의 경주였다. 그러던 중 헤크마이어가 위에서 날아오는 얼음조각을 피하려다가 절벽에서 밧줄 잡은 손을 놓쳤다. 뒤따르던 페르크가 추락하는 헤크마이어의 발을 붙잡았는데, 독일 군수업체가 제공해준 신형 아이젠의 날카로운 칼날이 페르크의 손을 관통했다. 이런 죽을 고비를 여러 번 넘기고도 이들은 끈질기게 노스페이스를 기어올라 아이거 봉정상 정복에 성공하고, 독일 민족의 영웅이 되었다. 이 상징적 행동은 독일 병사들의 사기에 엄청난 영향을 미쳤는데, 제2차 세계대전 중에 무시무시한 추위와 배고픔을 견디며 끝까지 싸우던 나치 독일 병사들의 지독함에 대해선 미군들도 혀를 내둘렀을 정도였다.

아이거 노스페이스 등반 성공이 독일군에게 미친 영향은 제2차 세계대전에 참전한 미국 낙하산 부대의 활약상을 그린 미국 드라마 〈밴드 오브 브라더스Band of Brothers〉에 잘 묘사되어 있다. 투철한 정신력으로 무장한 독일군과의 접전 끝에 간신히 승리한 미군 병사는 전사한 독일 병사의 옷깃에 흰색 에델바이스 꽃이 꽂혀 있는 것을 발견하고 의아해한다. 그러자 그의 옆으로 다가온 전우가 독일의 정예군대 바펜-SS의 엘리트 병사들은 알프스를 등반해 절벽 위에서 피는 에델바이스 꽃을 깃에 꽂고 돌아와야 비로소 부대의 일원으로 인정받는다고 설명해준다.

히틀러는 헤크마이어의 아이거 정상 정복이 험악한 절벽에서 아름다운 꽃을 피우는 에델바이스처럼 독일 전사들의 강인함의 표상이라며, 신문과 방송을 총동원해 독일 민족의 프라이드를 증진시키는 데 적극 활용하고 군인 정신을 드높이는 데도 사용했다. 그 뛰어난 지도력이 잘못된 목적에 쓰인 것이 안타깝지만, 조직의 생리를 파악하는 그의 아이디어는 참고할 만하다.

인간이 생각보다 이익만을 위해 움직이지는 않는다는 점을 알게 된 경영학계에서 '상징적 행동Symbolic Action'이라는 단어를 다시 주목하고 있다. 유럽의 경영자문가인 사이먼 안홀트는 EU 정상들이 모인 자리에서 사람들에게 강력한 메세지를 전달하는 가장 훌륭한 방법이 바로 '상징적 행동'이라고 말했다. 예컨대 아무리 열심히 "아일랜드는 예술을 장려하는 나라다"라고 외쳐봤자 예술 활동이 장려되지는 않는다. '아일랜드는 저작권료에 대한 세금을 받지 않는다'는 파격적인 실행을 통해 사람들은 아일랜드를 예술의 나라로 이해하고, 아일랜드 사람들 자신도 예술가를 그만큼 우대하는 나라에 산다는 프라이드를 가지고 예술활동을 하게 된다는 것이다.

실제로 영국의 버진 그룹 창업가이자 기이한 행동으로 자주 세계인들의 주목을 받아온 리차드 브랜슨은 직원 복지를 말로만 외치지 않고 상징적 행동으로 보여줌으로써 전 세계 인재들이 자사로 몰려들게 만들어 버진 그룹을 세계적인 기업으로 급성장시켰다. 그는 사내 제안제도를 도입해 직원들에게 누구든지 사업 아이템이 될 만한 제안서를 들고 오면 창업 자금을 투자해 동반 성장하겠다고 말했다. 그러자 한 여직원이, 결혼을 앞두고 결혼식에 필요한 여러 서비스를 받아본 결과 원스톱 웨딩 서비스가 절실히 필요하다는 것을 느꼈다며 관련 사업 아이템을 들고 사장에게 왔다. 리차드 브랜슨은 그 자리에서 창업 자금과 인적 자원을 투자하기로 약속했고 그녀의 회사는 크게 성공했다. 당시 이 일은 전 언론에 대서특필되고 널리 알려졌다.

리차드 브랜슨은 이 하나의 상징적 행동으로 직원들에게 '나도 언제든지 사업의 기회를 얻을 수 있다'는 희망을 심어주었고, 이로써 직원들의 창의적인 아이디어가 넘쳐 버진 그룹은 불황을 모르고 승승장구하는 기록을 남겼다.

이처럼 '우리 회사는 직원들의 꿈을 장려한다'라고 백번 주장하는 것보다, 등산가의 꿈을 포기하고 회사에 들어온 한 명을 골라 1년 동안 휴직시키고 회사가 스폰서가 되어 킬리만자로 산 같은 곳에 보내주는 것이 '상징적 행동'이라고 할 수 있다.

히틀러는 독일 산악인 한 팀을 통해 아이거 정상 정복이라는 '상징적 행동'을 만들어냈고, 조직원들의 뇌리 속에 그가 주장하던 '독일인의 영웅성'은 단순한 '주장'이 아니라 '사실'임을 확인시켜 주었던 것이다. 조직원 중 단 한 명의 상징적 행동이라도 조직 전체의 프라이드를 고취시킬 수 있다는 점은 그가 남긴 중요한 교훈이 아닐 수 없다.

그러나 히틀러의 군사 지략은 그가 창안한 것은 아니다. 수천 년 동안 전쟁이 끊이지 않았던 유럽 대륙의 인류학 속에는 '조직을 위해 목숨을 건다'는 프라이드와 영웅심으로 가득한 조직원들을 키워낸 노하우가 많다. 전화도 라디오도 없던 시대에 중세기의 천주교는 글조차 읽을 줄 모르는 무식한 추장들을 하나의 거대한 조직으로 묶어, 자발적으로 빈약한 배에 몸을 싣고 위험한 지중해를 건너 해외 원정 전쟁까지 나가도록 만들었다.

중세
천주교 기사들의
남다른
프라이드

Elite 엘리트 의식을 심어 조직을 단단하게 결속시킨다

중세 초기, 유럽의 천주교 조직은 소멸 직전의 위기에 처했다. 그러나 교황 레오 3세는 엘리트 의식으로 똘똘 뭉칠 수 있는 '기사'라는 계급을 만들어 절체절명의 위기를 모면하고 천주교를 이전보다 더 엄청난 세력으로 성장시킬 수 있었다. 천주교 기사들은, '특권계급'인 기사의 면모를 잃지 않기 위해 목숨을 아끼지 않고 적진으로 정면돌진하는 것으로 유명했는데, 정면돌진을 뜻하는 이탈리아어 prode가 자부심을 뜻하는 영어 pride로 발전했을 정도로 조직에 대한 프라이드에 있어서는 그 누구도 중세 기사들을 따라잡을 수 없었다. 그만큼 엘리트 의식은 조직에 대한 강한 자부심과 충성심

을 부여한다는 것을 역사가 잘 보여준다.

고대 로마가 패망의 길을 걸을 무렵, 천주교는 박해받던 이단 종교에서 유럽 전체를 다스리는 대 로마제국의 국교로 인정받게 되었다. 신도 숫자가 기하급수적으로 늘어 마침내 전 유럽을 거미줄처럼 묶는 거대한 행정조직으로 발전했다. 그러나 로마제국이 멸망하고 로마의 군대도 해체되자 언어, 문화, 풍습, 법도가 서로 다른 수많은 북방 민족들이 옛 로마 영토로 들어와 제멋대로 살기 시작했고 교회의 통제를 무시했다. 로마 시내 중심부까지 야만인들이 떼로 몰려들어 교회의 귀중품을 약탈하고 교인들을 붙잡아갔을 정도다.

로마 영토로 마구 밀려들어 온 부족들은 천주교를 받아들이기는 했지만 여기에 큰 의미를 두지는 않았다. 이들은 언어와 조상, 풍습이 같은 부족 단위로 움직였고, 한데 뭉치기는커녕 부족 간의 싸움이 멈추지 않아 위대한 로마제국의 옛 영토는 그야말로 폐허와 혼돈의 시대를 맞았다.

하지만 진짜 고난은 그 한참 후에 다가왔다. 마호메트라는 새로운 예언자를 믿는, 스스로를 '이슬람'이라고 부르는 막강한 군대가 지중해를 넘어 스페인으로 밀고 들어온 것이다. 이 군대는 스페인을 단숨에 무너뜨렸다. 프랑스마저 함락당하면 천주교의 역사는 막을 내려야 할 최대의 위기에 직면했다. 이 당시 로마 교황청의 자매 조직인 동로마제국의 황제 이레네는 아들의 눈을 뽑아 장님을 만든 후 왕위를 빼앗아 황제가 된 여자로, 아름답고 똑똑한 만큼 교활한 것으로도 유명한 팜므파탈이었다. 로마에 있는 교황이 믿고 도움을 요청할 만한 위인은 못 되었다.

그야말로 사면초가에 직면한 천주교 조직을 살릴 수 있는 유일한 희망은 교황의 지도 아래 천주교를 받아들인 야만 부족들을 하나의 조직으로 통합해 이슬람 군대와 용감하게 싸우도록 하는 것이었다. 당시 교황인 레오 3세에게는 딱 한 장의 카드가 남아 있었다. 바로 로마제국의 정통성을 이어받은 교황청의 역사였다. 로마 교황은 제우스에게 제사를 지내던 대제사장 타이틀을 그대로 물려받아 쓰고 있었다. 옛날부터 로마제국의 대제사장은 신의 이름으로 로마 황제의 머리에 왕관을 씌워줄 수 있는 권리를 가지고 있었는데, 레오 3세도 프랑크라는 야만족의 추장인 샤를마뉴를 로마로 불러 '서로마 황제'라는 이름뿐인 타이틀을 수여하고, 천주교의 부름을 받드는 다른 추장들에게는 'DUX', 즉 로마의 '장군' 직책을 주었다. 물론 직책의 대가는 만만치 않았다. 로마 교황과 황제의 뜻을 받들어 천주교의 영토를 지키고, 교황이 만든 '기사도'라는 문명인의 법도에 따라 살아야 하는 것이었다. 일단 기사도를 따르기로 맹세하고 나면 '신성로마제국'이라는 가상 국가의 군인이 되어 교황과 황제를 위해 죽음을 두려워하지 않고 싸워야 했다.

로마라는 망한 나라의 허울뿐인 타이틀을 주었을 뿐인데도 효과는 상상을 초월했다. 누구에게도 머리 숙이지 않고 칼과 방패만을 친구 삼아 살아 온 유럽 야만족 전사들은 로마 문명인의 대열에 동참할 기회를 놓치지 않으려고 교황에게 서로마 황제 직위를 받은 샤를마뉴의 텐트 앞으로 몰려왔다. 스스로를 전 유럽의 역사를 지배해온 강대국 로마제국의 상류층이라고 믿게 된 기사들은, 그 이름에 걸맞은 업적을 남기기 위해 목숨을 아끼지 않고 무섭게 싸웠다. 로마제국과 교황청에 대한 충성심에 앞다투어 적진으로 정면돌진하는 'prodessa' 현상은 오늘날 자신이 속한 특권층에 대한 자부심을 뜻하는 '프라이드pride'라는 단어로 쓰이고 있다.

신성로마제국 초대 황제로 임명받은 프랑스 왕 샤를마뉴가 거느린 군인들의 사기와 용맹은 〈롤랑의 노래〉라는 시를 통해 오늘날까지 전해진다. 줄거리를 간단히 살펴보자.

샤를마뉴의 예비 사위였던 롤랑은 샤를마뉴의 오른편에 서서 아랍군과 수많은 전투를 벌여 혁혁한 전공을 세운 용맹한 기사였고, 샤를마뉴의 아름다운 딸을 진심으로 사랑하는 신사 중의 신사였다. 샤를마뉴와 롤랑의 군대가 스페인 원정 전투에서 천주교인과 아랍인 양측 모두 수많은 전사자를 내자 아랍 왕 측에서 사신을 보내왔다. 서로 피해가 너무 큰 싸움이니 이쯤에서 평화 협정을 맺고 중단하자는 것이었다. 그때 롤랑이 자신이 직접 아랍 왕에게 가서 평화 협정을 성공시키고 오겠다고 나섰다. 그러나 샤를마뉴는 프랑스 기사 중 가장 용맹한 롤랑을 죽이려는 아랍 왕의 계략일지 모른다는 생각에 롤랑 대신 게넬롱이라는 기사를 보낸다.

게넬롱은 위험한 일에 자신이 선택되었다는 점이 분해 롤랑과 샤를마뉴에게 원한을 품게 된다. 이런 갈등을 눈치챈 아랍 왕은 게넬롱을 어렵지 않게 회유해 자기 편으로 끌어들이고 함께 롤랑을 제거할 계략을 짠다. 다시 돌아온 게넬롱은 아무 일도 없었다는 듯 샤를마뉴에게 평화 협정이 잘 마무리되었으니 프랑스로 돌아가시면 된다고 보고한다.

샤를마뉴는 게넬롱의 말을 믿고 롤랑에게 퇴로를 방어하라는 지시를 내리고 대부분의 군대를 이끌고 프랑스로 돌아간다. 롤랑 혼자 몇 안 되는 군인들을 데리고 남았다는 첩보를 접한 아랍 왕은 롤랑을 공격하고, 롤랑 전우들의 시체와 피가 땅을 뒤덮는다. 롤랑은 혼자 힘으로 20여 명의 적군을 쳐부수지만 역부족임을 깨닫고, 샤를마뉴가 떠나면서 만약 비상 상황이 닥치면 자기에게 알리라며 주고 간 나팔을 힘껏 분다.

시의 내용을 조금 옮겨본다.

롤랑은 그렇게 용감하게 싸운다. 하지만 온몸이 불처럼 뜨겁고 땀범벅이다. 특히 머리에 엄청난 고통을 느낀다. 나팔을 얼마나 세게 불었는지, 나팔을 불다가 관자놀이가 주저앉아버린 것이다. 그래도 샤를마뉴가 군대를 되돌렸는지 확인해야 하기 때문에 다시 한 번 입에 나팔을 대고 죽을힘을 다해 분다. 조그마한 소리가 나팔을 빠져나온다. (…) 이 나팔소리를 들은 샤를마뉴와 6만 명의 기사들이 동시에 나팔을 불어 답변한다. 이 우렁찬 나팔소리를 들은 이교도들은 얼굴에서 웃음기가 사라진다. (…)

이 전투에서 롤랑은 죽지만, 롤랑이 목숨 걸고 불어댄 비상 나팔소리를 들은 샤를마뉴의 군대가 급히 되돌아와 아랍 군대를 쳐부순다는 이야기가 〈롤랑의 노래〉의 주요 주제이다.

이렇듯 나는 남과 다른 엘리트 조직에 속해 있다는 믿음은 그에 알맞은 행동을 하기 위해 죽음을 불사하게 만든다. 고대 그리스와 로마에서는 부유한 시민계급만 군대에 갈 수 있었다. 강한 엘리트 의식을 갖게 된 로마 군대는 아무나 군대로 끌어가던 페르시아와 이집트 군대를 수적 열세에도 불구하고 대부분 격파했다. 레오 3세는 엘리트를 지향하는 인간의 본성을 건드려, 따로따로 노는 야만인 추장들을 천주교 기사라는 프라이드 하나로 묶어 1,000년 동안 교회의 오른팔 역할을 하는 강력한 조직으로 변신시켰다.

우리나라도 고등학교 입시를 치르던 시대에는 학생들이 교복을 자랑스럽게 입고 다녔지만, 제비뽑기로 고등학교에 입학하는 제도가 생기고 누구나 고등학교에 다닐 수 있게 된 후로는 학교에서 집으로 돌아오기 무섭게 교복을 벗어 던지고 사복으로 갈아입는다. 미국의 영화감독 우디 앨런이 자신이 만들고 직접 출연한 영화 〈맨하탄〉에서 "나는 나를 받아주는 클럽에는 가입하고 싶지 않다"라고 말했을 정도로, 사람들은 자신이 소속된 조직이 소수의 선택받은 자만 들어갈 수 있다고 믿게 될수록 조직에 대한 더 높은 프라이드를 가지게 되는 것이다. elite란 말 그대로 elect, 즉 뽑힌 사람을 뜻한다.

1990년대 미국의 수많은 엘리트들은 대학 졸업 후 일주일에 150시간이 넘는 엄청난 격무가 기다리는데도 베어스턴스나 리먼 브라더스 같은 금융회사에 가는 것을 희망했다. 왜냐하면 취업을 앞둔 미국 대학생들 사이에 이 기업들은 미국 최고의 집안, 학벌, 지능을 가진 사람만 들어갈 수 있다는 소문이 자자했고, 당시에는 월 스트리트에서 살아남는 것이 엘리트의 척도이기도 했기 때문이다. 만약 그 당시 이런 회사들이 훗날 그렇게 허무하게 무너질 것을 알았다고 해도, 엘리트만 들어갈 수 있다는 회사 이미지 때문에 당대의 수많은 인재들이 다투어 모여들었을 것이다.

오늘날도 유럽의 귀족들은 저택의 복도, 즉 갤러리에 자기 조상들의 초상화를 세대별로 걸어놓는다. 유럽인들은 아직도 집안 이야기를 할 때 처음 십자군 전쟁에서 공을 세워 '기사'로 인정받은 먼 조상의 이야기부터 시작한다. 오늘날 실질적 이득이 전혀 없는데도 유럽의 말타 기사회, 예루살렘 기사회가 여전히 존속하는데 그 이유는 바로, 그런 조직들이 자신의 엘리트 신분을 보장해준다고 믿기 때문이다.

타이르 섬의
푸르푸라 조개
염료로 만든
특별한 옷

Imperial Purple 특별한 복장이 특별한 그룹을 형성한다

엘리트 조직에 속한 사람들은 조직에 대한 강한 자부심과 충성심으로 조직의 성격에 걸맞은 사람이 되려는 노력을 아끼지 않게 된다. 유럽인들은 고대부터 엘리트 조직의 프라이드를 증진시켜 조직 결속력을 높이는 방법을 아주 잘 활용해 왔다. 그중 가장 눈에 띄는 방법이, 조직원들에게 남들은 감히 구할 수 없는 특별한 옷감으로 만든 옷을 입을 수 있는 권리를 주는 것이었다. 이런 복장은 누가 봐도 한눈에 그가 특별한 사람임을 알게 한다. 고대 그리스 도시국가의 지도자들과 로마의 황제는 레바논 앞바다에 있는 작은 섬 타이르에서만 나는 독특한 보라색 염료를 독점 수입해, 자기 조

직 사람들에게만 그것으로 물들인 옷감의 옷을 입을 수 있게 했다.

타이르 섬은 그리스 전성기였던 고대의 전설적 부촌이었다. 규모가 작은 섬나라였지만 문명이 놀랍도록 발전해 서양 알파벳을 발명한 사람들이 바로 타이르인들이라는 설이 지금도 상당한 설득력을 얻고 있다. 또 알렉산더 대왕이 세계 정복에 나서기 전 타이르를 침략해 페르시아와 인도까지 원정군을 보낼 수 있는 막대한 자금을 확보할 정도로 돈이 많았다는 이야기는 잘 알려져 있다. 타이르 섬 사람들은 배를 빠르고 날렵하게 잘 몰아 지중해 곳곳에 무역센터를 세워 큰돈을 벌었다. 하지만 타이르인들의 노른자 사업은 뭐니 뭐니 해도 옷감에 물을 들이는 염료 생산이었다.

타이르의 앞바다에서는 '푸르푸라'라는 특이한 조개가 자란다. 이 조개는 위협을 느끼면 문어처럼 액체를 내뿜는데, 붉은색과 짙은 군청색이 아름답게 조화된 매우 황홀한 색상이다. 타이르의 해녀들이 식용 조개를 캐러 바다 밑으로 잠수하던 중에 이 조개가 내뿜는 액체의 색을 보고 한눈에 반하게 되었다. 특히 물의 온도가 올라가는 여름에는 푸르푸라가 이 액체를 마구 내뿜어 바위 주변이 온통 보랏빛으로 빛났다고 한다. 해녀들은 어느 해 여름 푸르푸라를 닥치는 대로 따다가, 큰 통에 넣고 썩힌 다음 찌고 끓이고 졸이는 등 여러 실험을 거쳐 마침내 영롱한 보라색 염료를 추출하는 데 성공했다. 이 염료로 물들인 옷감은 지중해의 날카로운 햇빛에 반사되면 투명하면서도 신비로운 보랏빛이 돌았다. 다른 지역에서는 이 조개를 구할 수 없었기 때문에 푸르푸라는 타이르 사람들에게 높은 수익을 올려주는 효자 수출상품이 되었다. 타이르는 이 염료 산업의 활성화로 도시 곳곳에 푸르푸라를 썩히는 항아리가 놓여 있어 여름 내내 도시 전체가 조개 썩는 냄새로 진동했다고 한다. 오늘날까지 보라색을 영어로 purple이라고 하는데 바로 타이르의 푸르푸라 조개에서 나온 색이기 때문이다.

그리스와 로마의 지도자들이 이 귀한 푸르푸라 염료를 돈을 아까워하지 않고 독점 수입한 이유는 단순히 패션에 관심이 많아서가 아니었다. 자신을 따르는 조직원들에게 이 염료로 물들인 옷을 입혀 조직의 프라이드를 증진시키기 위해서였다. 당시에는 옷감에 보라색을 물들일 수 있는 방법이 오로지 푸르푸라에서 추출한 염료뿐이었고, 국제 무역은 국가 단위로 이루어지고 있어서 도시국가의 지도자는 이 염료 수입을 독점할 수가 있었다. 황제가 보라색 옷감을 독점하고 자신을 따르는 조직에 속한 사람들에게만 그 옷감을 조금씩 나눠주었다. 그래서 로마 최고 정예부대인 프레토리아 근위대의 보라색 망토는 로마 최고의 특권층을 상징하게 되었다.

이후에도 아무나 입을 수 없는 색상의 의상은 특권층의 조직 프라이드 과시용으로 사용되었다. 나중에 보라색 염료 만드는 기술이 개발돼 보라색 옷감이 흔해지자, 이번에는 울트라 마린(오늘날의 로열 블루)색이 유럽 기사층을 상징하는 색상이 되었다. 이 색상

역시 바다 끝에서 구해온 색소로, 울트라(끝) 마린(바다)이라 부를 정도로 구하기 어려웠다. 대영제국의 장교들은 무당벌레를 말려 으깨 만든 버밀리언이라는 적색 염료로 물들인 재킷을 유니폼으로 입었는데, 버밀리언은 무당벌레 수천 마리를 잡아야 겨우 옷 한 벌 물들일 수 있을 만큼 귀한 염료였다. 전쟁터에서 빨간 유니폼은 오히려 적에게 노출이 잘되는데도 영국군은 목숨이 위험할지라도 특권층을 상징하는 붉은 자켓이 군대 사기 진작에 필요했기에 입었던 것이다. 고대와 중세 유럽 왕들은 복장의 모양과 색상, 디자인이 조직원들에게 엘리트 의식을 심어주는 대단히 중요한 역할을 한다는 점을 잘 알아 구하기 힘든 염료 수입에 돈을 아끼지 않았다.

역사 속에서 의복의 위력을 악용해 조직력을 키운 경우도 찾아볼 수 있다. 그 대표적인 사람은 히틀러와 함께 제2차 세계대전을 일으킨 이탈리아의 무솔리니다. 무솔리니는 제1차 세계대전 때 군복을 입고 나라를 위해 목숨 걸고 싸우던 사람들이, 종전으로 전역하여 군복 대신 민간 복장으로 지내게 되자 상당히 허전해한다는 점을 발견했다. 소속감을 느끼게 해주던 군복과 계급장이 사라지면서 정체성마저 혼란스러워한다는 점을 발견한 것이다. 무솔리니는 이들에게 검은 셔츠 한 벌씩을 나눠주고 풀뿌리 조직을 만드는 데 대대적인 성공을 거두었다. 이탈리아 전쟁 참전 경험이 있는 청년들은 무솔리니가 무료로 나눠준 검은 셔츠를 착용하고 무솔리니의 지시대로 마을 깊숙이 침투해 있는 좌파 조직을 때려잡는 임무를 충실히 수행했다. 검은 셔츠의 강인함에 매료된 20만 명의 이탈리아 청년들이 이 '검은 셔츠 조직Camicia Nera'에 합류했는데, 검은 셔츠에 대한 애착이 법과 국가에 대한 애착보다 뛰어나 1922년 무솔리니를 호위해 이탈리아 정부를 뒤집을 정도로 강한 조직 충성도를 가지게 되었다.

돈 없는 혁명가들은 무솔리니처럼 의복의 위력을 매우 잘 활용했다. 중국 공산 혁명가 모택동이 가장 하층민의 복장인 인민복을 특권층인 공산당원의 상징으로 승화시킨 것도 그 한 예로 볼 수 있다.

사람들은 외양을 통해 자신의 정체성을 보여주려는 본능적 욕구가 강하다. 구속받지 않는 자유로운 삶을 추구하는 히피들은 누가 시키지 않아도 긴 머리와 청바지, 헐렁한 옷으로 복장을 통일하고 서로에게 '우리는 같은 편'임을 알린다. 힙합을 즐기는 사람들은 누가 알려주지 않아도 엉덩이에 걸친 바지를 입고 비슷한 옷차림의 사람들과 동질감을 형성하려고 한다. 개화기 때 많은 아시아 국가들은 국민들에게 상투를 자르라는 단발령을 내렸는데, 유교사회에서 오랫동안 양반계급을 상징해온 상투를 자르라는 강요는 거센 반발을 일으켰다. 심지어 폭력 저항이나 목숨을 버리는 일까지 벌어졌다.

소설가 윤흥길의 작품《완장》은 복장이 권력과 어떻게 연계되는지 잘 보여준다. 이 작품은 연작 드라마로도 방영되었는데 한국인의 권력 의식을 '완장'이라는 상징물에 담았다. 시골 마을의 한 골칫거리 하층민이 우연한 기회에 저수지 감시원 완장을 두르게 되자 마치 귀신에게 홀리기라도 한 것처럼 마을 사람들 위에 안하무인으로 군림하려 든다. 마을 사람들은 그의 행위가 가당치도 않지만 그가 찬 완장 때문에 섣불리 저항하지 못한다. 완장은 그가 속한 계급을 상징했던 것이다.

이처럼 패션은 간단한 완장 하나부터 남들에게 돋보이는 특별한 색상이나 디자인에 이르기까지 그가 속한 조직의 프라이드를 현실화시켜주는 강한 촉매제가 되어준다. 현역 복무 경험이 있는 예비역 병장들은 부대라는 조직 안에서 옷의 주름 숫자나 군화에 광을 내는 미묘한 차이로도 계급 간의 차별을 유지하고 위계 질서를 보호하는 데 상당한 도움을 받을 수 있다는 점을 잘 알 것이다. 금융 기업 전성기였던 1990년대의 미국 월 스트리트에서는 신발 스타일만 보고도 그 사람이 어느 회사에서 무슨 직책을 맡고 있는지 한눈에 알아맞힐 수 있다는 말이 떠돌 정도로 복장이 조직의 아이덴티티를 대표하는 상징물이었다.

이처럼 사람들은 누가 굳이 시키지 않아도 자신이 속한 특권 계급의 정체성을 남들이 쉽사리 입을 수 없고 자기가 속한 조직원들만 입을 수 있는 독특한 의상으로 드러내기를 좋아한다.

지금의 한국이나 일본 직장인들은 어느 회사에 다니든 흰 드레스셔츠에 회색, 감색, 검은색 슈트를 착용한다. 차이가 있다면 상의 깃에 어디서나 쉽게 만들 수 있는 배지를 착용하는 정도일 것이다. 그렇기에 국내에서는 기업의 아이덴티티를 보여주기 위해 특별한 의상을 착용하는 것을 경영에 응용하는 것은 아직 블루오션이다.

현대의 기업들은 옛 미국이나 유럽 기업들의 복잡한 의복 규정을 비효율적인 허례허식이라며 피한다. 하지만 의복 규정은 효율성을 저하시키는 것 같아도 잘만 활용하면 조직에 대한 강한 프라이드와 정체성을 부여하는 소중한 경영 도구가 되고 조직 결속력을 높이는 데 큰 효과를 가져올 수 있다. 영국 남성 라이프스타일 기업 모노클Monocle의 경영자 테일러 뷔레는 자사의 남성 직원들에게 반드시 정장 차림으로 출근하도록 하는 등 엄격한 복장 규정을 만들었다. 코트는 절대 반으로 접어 의자에 걸면 안 되고 입구에 있는 코트 클로셋에 정리하도록 한다. 모노클은 조끼를 입지 않고 출근한 사람은 아무리 더운 날에도 양복 상의를 벗지 못하게 하는 등 복장을 엄격하게 통제하는 것으로 조직의 아이덴티티를 만들어 짧은 시간에 엄청난 성장을 하고 전 세계로 진출했다.

가슴을 도려낸
그리스의
용맹한
여 무사들

Amazon 그들은 왜 배타적 조직 문화를 만들었나

조직의 정체성을 '아이덴티티identity'라고 한다. 라틴어로 '이하 동
문'을 뜻하는 idem에서 나온 말로, 원래 '공통점을 공유하고 있다'
를 뜻했다. 한 조직원들의 공통점은 타 조직과의 분명한 대비를 이
룰 때 가장 극명하게 돌출된다. 예컨대 고대 그리스의 스파르타와
아테네 두 강력한 도시국가 사이에 끼여 있던 테베라는 도시국가
의 한 장군은 남다른 공통점으로 군사 조직을 구성했는데, 조직 결
속력이 어찌나 강했던지 그 유명한 스파르타의 무적 군대도 이들
의 끈기와 조직력 앞에 무릎을 꿇을 정도였다.

당시 테베에는 동성애자들로 구성된 '신성한 300명'이라는 정

예부대가 있었다. 전해지는 기록에 의하면, 이 300명의 정예부대는 어떤 위협에도 절대 후퇴하지 않고 제자리를 지키며 용감하게 싸워 그리스 도시국가 중 최고의 군사력을 자랑하던 스파르타 용사들도 이들만은 두려워했다고 한다. 고대 그리스의 역사가 플루타르크는 이에 대해, 테베의 국방을 맡았던 고르기다스 장군이 훌륭한 아이디어를 냈기 때문에 가능한 일이었다고 전한다.

고르기다스 장군은 인근 큰 도시국가들에 비해 규모가 작고 인구가 적은 테베가 독립을 유지하려면 군대 조직의 프라이드를 증진시키는 방법밖에 없다고 보았다. 당시 그리스 거의 모든 도시국가의 군대는 큰 방패와 긴 창을 들고 줄을 맞춰 서서 적군을 막는 병법을 쓰는 것으로 유명했다. 그런데 방패로 자기 몸을 막는 것이 아니라 왼쪽에 있는 전우를 막는다. 단 한 사람도 방패를 버리지 않고 버티면 누구도 뚫을 수 없는 것이 바로 그리스 전투 대형의 강점이지만, 단 한 명이 실수로 방패를 떨어뜨리면 줄줄이 단체로 죽어나가는 약점이 있었다.

고르기다스는 이 병법의 약점을 극복하기 위해, 테베의 군인들을 경험과 지혜가 풍부한 선배와 혈기 왕성한 어린 후배를 한 쌍으로 묶어 동성연애를 하도록 적극 장려했다. 동성애자가 된 두 남자는 신전에 가서 평생 서로를 사랑할 것을 맹세하고 공식 커플이 되어 이 부대에 '신성한'이라는 수식어가 붙었다. 전투 대형에서 항상 애인이 왼쪽에 서도록 했기 때문에 군인들은 절대로 애인의 목숨을 지켜주는 방패를 버리지 않았고, 그 덕분에 결국 테베의 군대는 그리스 전역에서 가장 탁월한 최정예부대가 되었다.

고르기다스 장군의 이론이 맞는지 실험할 수 있는 결전의 날이 왔다. 이름만 들어도 울던 아기가 울음을 뚝 그친다는 그 무서운 스파르타 군대가 테베로 쳐들어온 것이다. 마침내 피도 눈물도 없는 전쟁 기계 같은 스파르타 용사들과 연애 감정으로 똘똘 뭉친 테베의 군대가 티게라 벌판에서 운명의 결전을 벌이게 되었다.

그리스인들은 여러 그리스 도시국가 중 스파르타군을 최정예부대로 쳤다. 스파르타는 어릴 때 신체 조건이 나쁜 아이들은 가차 없이 죽이고, 아들이 엄마 곁에 너무 오래 붙어 있으면 나약해진다며 일곱 살만 되면 무조건 군대로 끌어갔다. 어린 나이부터 굶기고 겨울에는 발가벗기는 등 지독한 훈련을 시켜 추위와 고통과 공포를 모르는 최고의 군인으로 키워 오늘날까지 '스파르타식 교육'이라는 말이 남아 있을 정도이다.

전쟁에 나가 한 번도 져본 적이 없는 천 명의 스파르타 용사들은 300명의 테베 군인을 만나자, 상대편의 수마저 적으니 자기들이 절대 질 수 없는 싸움이라며 의기양양하게 방패와 창을 들고 줄 맞춰 공격을 시작했다. 그런데 놀랍게도 테베 군인들은 후퇴를 하기는커녕 오히려 쐐기처럼 스파르타 정예부대의 대열을 반으로 갈랐다. 한 번도 전투에서 밀려본 적이 없는 스파르타 군인들은 몹시 당황했고, 테베 군인들은 스파르타 군대가 우왕좌왕하는 틈을 타 스파르타 대형의 측면을 공격했다. 스파르타가 적은 숫자의 군대와 싸워서 처음으로 진 이 '티게라 전투'는 테베의 '성스러운 300 용사'를 역사에 길이 남겼다.

테베의 군인들은 다른 부대와 다르게 사랑의 신 앞에서 맹세를 한 연인 관계로 맺어졌다. 그리스 철학자들은 티게라 전투에서 테베의 '성스러운 300 용사'가 스파르타군을 이긴 것은 아무리 강한 훈련도 사랑의 힘을 이기지 못한다는 증거라고 전한다. 사실 세상에서 프라이드와 정체성이 가장 강한 조직은 연인이다. 연애 감정은 혈연이나 국경을 초월할 정도로 강력해서 고대 로마의 시인 베르길리우스는 "사랑은 모든 것을 정복한다Amor Omnia Vincit"라고 말했다. 연인의 사랑이 우정보다 강력한 것은 육체적 관계라는 남들과 절대 공유할 수 없는 배타적인 관계 때문이다. 이 배타적 관계가 다른 사람과 공유되는 순간 연인 관계가 박살나기 때문에, 연인은 '질투'라는 방어 매커니즘으로 조직의 강한 정체성을 지키려는 본능을 갖게 되는 것이다.

고대 그리스 시대의 또 다른 배타적 조직으로 아마존 전사들이 있었다. 다른 모든 지역의 군대가 남자들로만 구성되어 있던 시대에 이 집단은 모두 여자로만 이루어져 조직의 정체성이 분명하게 차별화되었다.

아마존이 세계 역사 무대 위에 등장한 것은 우리도 잘 아는 트로이 전쟁 때다. 트로이의 왕자 파리스가 그리스의 미녀 왕비 헬렌을 납치해간 것에 복수하기 위해 그리스 도시국가들이 연합해

1,000개의 전함을 띄웠다고 하는데, 이 전쟁은 트로이가 멸망할 때까지 10년 동안 계속되었다. 우리는 호메로스의 서사시 《일리아드》를 통해 트로이 전쟁 이야기를 알고 있다. 하지만 트로이 전쟁에 대해 쓴 사람이 호메로스만 있는 것은 아니다. 고대 그리스에는 《호메로스, 그 뒷이야기posthomerica》라는 일종의 《일리아드》 2탄을 즐겨 읽는 사람들이 많았다. 이 책에는 트로이 전쟁 전사들의 가정사, 그 사람들이 전쟁을 마치고 집으로 돌아가 겪은 일 등 《일리아드》에는 언급이 없는 그야말로 '뒷이야기'들이 서술되어 있다.

트로이는 지금으로부터 약 3,400년 전 오늘날의 터키 서쪽 해안에 있던 전설의 왕국이다. 《호메로스, 그 뒷이야기》를 보면, 그리스가 트로이에 쳐들어오자 트로이 인근 지역의 전사들이 그리스의 무도한 침입을 막으려고 트로이로 몰려왔다고 한다. 그중에는 섬나라 레스보스의 여왕 펜테실레이아와 그녀를 수호하는 뛰어난 여궁수들도 있었다. 레스보스는 자국 내 노예로 사는 남자들에게 무기를 주면 반항할 것이라고 여겨, 남자들은 무기 근처에도 가지 못하게 하고 용감한 여자 궁수들이 국방 업무를 담당했다. 여전사들은 칼이나 창을 쓰기에는 힘이 남자들에 비해 달리기 때문에 창칼 대신 활쏘기로 무예를 단련했다. 그들은 오늘날의 궁수들처럼 활시위를 귀 쪽으로 당기는 것이 아니라 가슴 쪽으로 당겼는데, 사춘기가 되면 유방 때문에 활쏘기가 불편해진다는 이유로 성인식 때 오른쪽 유방을 도려냈다고 한다. 그래서 사람들은 레스보스의 여궁수들을 mazos, 즉 '가슴'이 없다a- 라고 해서 'a-mazos가슴이 없는 자'

또는 '아마존'이라고 불렸다.

　레스보스 섬을 다스리던 펜테실레이아 여왕과 그녀를 호위하는 아마존들의 활 솜씨가 얼마나 뛰어났던지 칼과 방패에 의존하던 그리스 전사들은 성벽 앞에 도착하기도 전에 화살을 맞고 추풍낙엽처럼 쓰러졌다. 전세가 불리해진 그리스 전사들은 그리스 최고의 무장인 아킬레스에게 구원을 요청했다. 아킬레스는 화살 사이를 날렵하게 피하며 달려가 펜테실레이아를 단번에 넘어뜨리고 살려달라고 비는 그녀를 단칼에 처치했다.

　그런데 아킬레스는 죽어가는 펜테실레이아의 모습을 보자 갑자기 억장이 무너졌다. 뛰어난 전사인 아킬레스는 자기와 실력을 겨룰 만한 강한 여전사를 만나면 결혼하겠다고 결심했었다. 적수가 될 만한 여자를 만나지 못해 가족 없이 홀로 외롭게 살았던 그는 죽어가는 펜테실레이아를 보는 순간 그녀야말로 자신을 진정으로 이해하고 사랑할 수 있는 유일한 여인이라는 사실을 깨닫고 사랑과 이별의 감정이 뒤섞인 눈물을 동시에 흘렸다고 한다.

　이렇듯 여성성의 상징인 가슴 한쪽을 도려내는 남다른 고통의 감정을 공유한 아마존 전사들은, 고대 서방 세계에서 유일한 여성 기득권층이라는 명성을 지키기 위해 누구보다 용감하게 열심히 싸웠다.

스파르타 군사학교의
무시무시한
비밀의식,
크립테이아

Fraternity 험난한 통과의례가 조직의 프라이드를 높여준다

《설득의 심리학》의 저자 차알디니 박사는 그의 저서에서 '왜 해병대 전우들은 평생 동안 조직에 대한 프라이드가 그토록 강하며 해병대 전우끼리의 결속력은 그토록 변하지 않는지'를 설명했다. 차알디니 박사는 이 책에서, 사람은 원래 자기가 헛고생을 했다고 믿고 싶어 하지 않기 때문에 고생을 많이 할수록 고생한 것에 대해 특별한 의미를 부여하려는 특성이 있는 것을 발견했다고 말했다. 해병대 훈련이 워낙 끔찍하고 힘들기 때문에, 자기가 사회에서 남들에 비해 조금이라도 더 성공하면 자기도 모르게 "나는 해병대 훈련 덕분에 여기까지 왔다"라며 해병대에서 겪었던 지옥훈련을 정

당화하게 된다는 것이다.

사실 이것은 차알디니 박사의 발견이 아니라 오랜 옛날부터 인류가 인지하고 조직 결속력 다지기에 널리 활용해 온 심리이다. 세상에서 가장 무서운 결속력과 자부심으로 똘똘 뭉쳐 있던 훌륭한 조직들은 하나같이 복잡하고 힘든 통과 절차를 거쳐야만 조직의 일원으로 받아주는 문화를 가지고 있었는데 역사학자들은 이것을 '통과의례'라고 부른다.

세계 최고 정예부대로 지금까지도 그 소문이 자자한 스파르타인은 7세가 되면 아고게라는 군사학교에 입학해 온갖 혹독한 훈련을 마쳐야만 스파르타의 '자유시민'으로 살 수 있는 권리가 주어졌다. 당시 그리스에는 자유시민과 노예계급만 존재해 시민계급에 끼지 못하면 노예가 되어야 했다. 스파르타의 청년이 아고게를 졸업하고 당당한 시민 자격을 얻으려면 졸업 전에 '크립테이아' 즉 '비밀의례'를 통과해야 했다. 그것은 늦은 밤 이웃 동네로 혼자 숨어들어가, 오랜 노예살이로 인한 증오로 가득한 그 마을 노예 몇 명을 잔인하게 죽이고 그 증거를 들고 돌아오는 것이었다. 이 두렵고 어려운 통과의례를 무난히 마친 사람에게만 자유시민 자격을 준 스파르타는 당시 세계에서 가장 뛰어난 자부심과 충성심으로 가득찬 조직력으로 명성을 날렸다. 특히 단 300명의 군인으로 구성된 정예부대가 백만 페르시아 대군과 끝까지 싸우며 버텨낸 것은 오늘날까지 길이 기억되며 영화나 소설의 소재로 자주 쓰이곤 한다.

대부분의 민족은 태어난 나라의 민족에 저절로 소속된다. 하지만 수천 년 동안 나라 없이 전 세계를 떠돌면서도 누구 못지않은 강한 민족적 자부심을 가진 유태인들에게는 남다른 비밀이 있다. 이들은 어린 아기 때 유태인에게만 행해지던 아주 고통스러운 통과의례를 거쳐야 했다. 남자 아이의 예민한 성기 일부를 무딘 칼날로 잘라버리는 '할례'가 바로 그것이다. 할례는 유태인들의 '민족'이라는 조직의 결속력에 중요한 기제로 작용한 셈이다.

옛날부터 문학가들은 강한 결속력을 가진 비밀조직들이 무시무시한 통과의례를 가지고 있다고 상상하고 그에 대한 작품들을 많이 내놓았다. 1800년대의 유럽인들은 유럽 대륙에 프리메이슨이라는 비밀조직이 거미줄처럼 퍼져 있다고 믿었다. 키플링과 톨스토이 등 유럽의 대문호들은 메이슨 조직에 입단하는 통과의례를 상상하여 소설로 내놓았다. 소설 속의 메이슨 조직 통과의례 한 가지를 보면, 메이슨 단원들은 입단 신청을 한 사람을 예고 없이 머리에 수건을 씌운 채 납치해 아무도 찾을 수 없는 깊은 지하실로 끌고간다. 그곳의 바닥에는 성경에 나오는 솔로몬의 신전이 새겨져 있고, 많은 메이슨들이 머리에 하얀 보자기를 뒤집어쓴 채 촛불을 들고 음산한 경을 외우고 있다. 입단 신청자가 누군가의 지시를 받아 무릎을 꿇으면, 메이슨의 우두머리가 그의 가슴을 단도로 살짝 찔러 피를 흘리게 하고 "만약 이 조직에 대한 비밀을 발설한다면 내 목을 자르고, 내 혀를 뽑아내고, 썰물 때 갯벌에 내 몸을 묻어 죽어서까지 물살에 시달리게 할 테니, 신이여 나를 도우소서"라고 맹세하도록 한다. 그리고 나면 입단 신청자의 머리에 씌워진 보자기가 벗겨지고, 그는 조직의 일원이 된다. 이 소설 속 이야기를 진짜로 여기는 사람들이 많을 정도로 사람들의 머릿속에는 강력한 조직력과 통과의례는 떼려야 뗄 수 없는 관계라고 믿는 속성이 있다.

세계적인 명문대 학생들은 오랫동안 험난한 통과의례를 거침으로써 엘리트 조직으로서의 소속감을 강화시켜 왔다. 미국의 명문대 학생들에게는 '형제회' 즉 프레터니티Fraternity라는 독특한 조직이 있는데, 부잣집 자녀 몇 명이 집 한 채를 사서 나눠 쓰다가 후배들이 계속 물려 쓰도록 하면서 생긴 조직이다. 신입생이 이곳에 가입하려면 일주일 내내 선배들이 술에 생고기와 쓰레기를 함께 간 것을 마시거나, 벌거벗고 교정을 뛰어다니다가 경찰서에 잡혀가 선배들이 벌금을 내고 꺼내주는 망신을 당하거나, 이상한 자세로 몇 시간씩 버티는 등 엄청난 고통을 견디는 통과의례를 거쳐야 한다.

페이스북 창업가 마크 저커버그의 성공담을 그린 영화 〈네트워크〉에는 하버드대의 한 학생이 교내의 유명한 형제회에 가입하기 위해 닭을 몰고 교정을 구석구석 도는 고통스러운 통과의례를 행하는 내용이 나온다. 미국 대학의 경우 대체로 Fraternity가 오래되고 인기가 높을수록 통과의례가 험악하고 벌칙도 무시무시하다. 가끔씩 미국 대학교에서는 이런 통과의례를 행하던 중에 학생이 사망하는 사건이 발생해 학교와 관계 당국이 엄격하게 단속을 하지만, 통과의례를 통해 조직 결속력을 높이려는 욕구가 너무나 강해 여전히 행해지고 있다.

물론 이처럼 어려운 통과의례나 금욕이 현대 조직에 그대로 적용되면 좋을 거라는 이야기를 하자는 것은 아니다. 다만 아직도 미국의 많은 회사들이 신입생 교육에서 암벽등반, 번지점핑, 스카이다이빙 같은 극한 운동을 시키거나, 승진을 앞둔 사람에게 장난스럽지만 공포스러운 통과의례를 만들어 공포감을 조성함으로써 조직 결속력에 긍정적인 영향을 주고 있다는 점을 말하려는 것이다. 무엇보다 사람들이 조직원 서로에게 어려운 통과의례를 제공하는 것에 큰 만족감을 느낀다는 점은 오늘날의 조직 경영에도 큰 시사점을 준다고 하겠다.

18세기
프랑스 도둑들을
결속시킨
그들만의 은어

Argot 배타적 언어와 특권의식으로 조직의 위상을 높인다

새로운 공동체가 생기면 사람들은 공동체 사람들끼리만 통하는 그 무엇을 원한다. 그래서 프라이드가 강한 조직들은 그들만의 특이한 언어 사용법을 가지고 있다. 역사는 남들이 우러러보는 조직이 일부러 어려운 외국어나 이미 사라진 고대 언어를 조직원들의 자부심을 고취시키는 데 활용했음을 잘 보여준다. 지금의 우리나라에서도 병원에 가면 의사가 일반인들이 알아보기 어려운 라틴어로 갈겨 쓴 진료 기록을 볼 수 있는데 이는 의사 조직원들의 특권의식을 보호하기 위한 장치라고 말할 수 있겠다.

어른들이 아이들 또래의 말을 잘 못 알아듣겠다고 아우성치는

것 역시, 아이들이 어른들과의 문화 차단으로 자기들끼리의 강한 연대감을 구축하기 위한 장치를 둔 결과 중 하나이다. 전 세계적으로 아이들 또래 집단은 자기들끼리만 알아들을 수 있는 은어, 축약어들을 만들어 사용한다. 우리나라에서도 최근 '일간 베스트', '디씨인사이드' 같은 특정 웹사이트를 사용하는 청소년들이 자기들만의 특색 있는 단어를 만들어 쓰는 것에 대한 여러 우려들이 나오곤 한다. 그런데 또래나 어떤 조직의 특별한 언어는 만들어진 후 많은 시간이 흐르면 서서히 사회 전반으로 퍼져 누구나 쓰는 일상 언어로 변하는 경우도 많다.

'은어'를 영어로 'argot'이라고 한다. 이 단어는 18세기 프랑스 파리의 도둑들이 사용하던 은어를 뜻했다. 불법행위와 지하생활로 다른 조직과 분리된 강한 공통점, 즉 분명한 조직 아이덴티티를 가진 18세기의 범죄 조직들은 일반인들이 알아듣기 어려운 자기들만의 언어를 개발했다.

그 당시 프랑스 경제는 루이 15세의 화폐 개혁 실패로 침몰 위기에 처했다. 프랑스 곳곳에서 우리나라 조선시대의 홍길동 비슷한 의적들이 출몰했다. 홍길동과 가장 많이 닮은 의적은 카르투슈였다. 그는 여자에게는 예의를 깍듯이 지키고 부자의 돈을 훔쳐 가난한 사람에게 나누어주는 것으로 범죄자임에도 일반 시민들의 사랑을 받았다. 카르투슈는 글도 읽을 줄 모르는 도둑들을 한데 모아 프랑스에서 가장 효율적인 조직력을 갖춘 대도둑 그룹으로 만들어 수많은 범죄를 행했다.

카르투슈에 대해서는 여러 가지 일화가 있다. 그중 몇 가지만 간단히 소개해보겠다. 어느 날 파리의 거리를 걷고 있던 카르투슈는 자살을 하려는 한 상인을 만난다. 사연을 들어보니, 사업이 잘 풀리지 않아 사채를 끌어 썼는데 이자에 이자가 붙어 더 이상 갚을 수 없게 돼 스스로 목숨을 끊을 지경이 된 것이었다. 카르투슈는 딱한 그를 위해 사채업자를 만나 빚을 갚아주었다. 그러고는 그날 밤 그 사채업자 집을 통째로 털었다.

국가의 경제 사정 악화로 빈부격차가 격심해진 프랑스에서 카르투슈는 귀족들의 마차와 저택을 감쪽같이 잘 터는 것으로 특히 유명했다. 그러나 그는 도둑질을 하다가 귀부인을 만나면 신사답게 부인을 안심시키고 그녀에게 숙녀가 받을 수 있는 최고의 경의를 담아 인사한 후 훔친 물건들을 모두 제자리에 내려놓고 저택을 나왔다. 카르투슈는 어느 날 밤, 엘렌 드 쿠르트네라는 유명 사교계 여성의 집을 털려고 굴뚝으로 들어가 벽난로에 얼굴을 드러냈다. 그 순간 집 주인인 엘렌과 마주쳤다. 그러나 그는 태연하게 방으로 내려가 침입자를 보고 놀라 창백해진 엘렌을 달래주고 정중하게 사과했을 뿐만 아니라, 굴뚝을 타고 내려올 때 방으로 쏟아진 재 찌꺼기까지 깨끗이 쓸었다. 집주인인 엘렌도 도둑에게 큰 봉변을 당할 줄 알고 불안해했는데 의외로 도둑이 예의와 법도를 다하자 경찰 당국에 신고하지 않고 그냥 보내주었다. 엘렌의 친구이자 또 다른 유명 사교계 여성인 크레키 부인의 일기에는 '카르투슈가 도둑인 자신을 신사로 대접해준 엘렌에게 금화 2백만 냥 가치의 다이아몬드를 보내면서, 아주 정중한 감사장도 함께 보냈다'는 기록도 남아 있다.

카르투슈는 비록 당국을 골치 아프게 한 신출귀몰한 도둑이었지만 사실은 탁월한 비즈니스 감각을 가진 경영인으로 볼 수 있다. 오합지졸이던 파리 시내의 도둑들을 하나의 조직으로 묶었고, 비록 범죄자였지만 '의적'이라는 개념을 만들어 조직원들이 일에 대한 프라이드를 갖도록 했다. 카르투슈의 도둑 조직은, 그가 직접 관리하는 행동대와 경찰 출신 조직원을 앞세워 독립적으로 움직이도록 한 두 개의 조직으로 나뉘었는데, 각기 다른 이 두 조직은 경쟁과 긴장으로 항상 탄력적으로 움직였다. 이 조직들은 경찰에게 범죄를 숨기기 위해 자신들만의 특이한 언어를 사용했는데, 이렇게 해서 생긴 언어가 바로 파리 도둑들의 은어인 argot이다.

당시 카르투슈가 관리하던 도둑 조직은 '벌랭'이라고 불리는 은어를 사용했는데, 사실 이 단어는 '거꾸로'를 뜻하는 프랑스어 '앵베르envers'를 뒤에서 앞으로 발음한 것이다. 남들이 알아듣지 못하게 단어의 음절을 거꾸로 말하던 것에서 시작된 것이다. 가령 '여자'는 불어로 '팜므'인데 뒤에서 앞으로 말하여 '뮈프'라고 하면 벌랭이다. 오늘날에는 주류 프랑스 사회에 진출하기 어려운 소수민족 출신 자녀들이 자기들끼리의 결속력을 다지기 위해 아직도 벌랭을 사용하고 있다. 영어의 은어 argot은 여기서 파생되었다.

남다른 언어 사용으로 조직의 결속력과 프라이드를 만들어낸 또 다른 사람으로는 프랑스 왕 루이 14세를 들 수 있다. 프랑스는 중세기부터 수십 개의 왕국으로 갈라져 있었기 때문에 사투리가 심했다. 루이 14세는 선왕인 루이 13세와 일부 귀족들 간의 치열하고도 긴 전쟁 때문에 유년 시절을 매우 참혹한 떠돌이 생활을 하며 보내야 했다. 죽을 고비도 여러 번 넘긴 루이 14세는 숱한 어려움 끝에 왕이 되었다. 그는 왕위에 오르자 프랑스 내 모든 소왕국 백성들까지 '프랑스'라는 하나의 국가 조직하에 뭉치게 하는 데 전력투구했다. 이를 위해 그는 '아카데미 프랑세스'라는 왕실 직속 언어문화연구조직을 두고, 프랑스 최고의 문인 40명을 모아 모든 프랑스인들이 자랑스럽게 사용할 만한 새로운 언어를 발명하고 소왕국마다 각기 다르게 쓰던 사투리를 없애기로 했다.

아카데미 프랑세스는 왕명에 따라 프랑스 표준어를 멋지게 다듬는 작업을 시작했다. 예컨대 'st' 소리가 거칠고 천박하게 들린다며 없애, 오늘날 영어로는 'st'가 들어가 있는 단어에 프랑스어는 이 대신 모음이 들어간 경우가 많다. 스튜던트student는 에뛰앙étudiant, 캐슬castle은 샤토château가 된 것이다. 그리고 어린이가 읽는 문학작품은 무조건 아름답게 재창조된 표준 프랑스어로 쓰도록 해 아이들의 언어 습관을 하나로 통일하도록 했다. 이렇게 해서 프랑스인들은 언어의 아름다움에 매료되어 하나로 뭉쳤다. 그 결과 프랑스는 유럽 역사상 최초로, 백성들이 조상 대대로 얼굴을 마주보고 살아온 지방 귀족의 말보다 프랑스 전체를 대표하는 왕의 말을 더 존중하는 진정한 국가다운 국가가 되었다.

그 당시만 해도 국경이 애매해 누구나 쉽게 국경을 넘어가 조국을 바꿀 수 있었다. 프랑스는 수많은 지식인들을 통해 문법과 어휘를 섬세하게 정비해, 유럽 내의 수많은 지식인들이 프랑스로 몰려들었다. 프랑스는 사람들이 국가에 대한 자부심과 충성심을 갖도록 하게 한 주요 촉매체로 언어를 사용한 것이다. 오늘날도 프랑스 여행 중 길을 잃어 프랑스인에게 영어로 길을 물으면, 이들이 할 줄 알면서도 영어로 대답을 잘 안 해준다는 속설이 전 세계에 퍼져 있을 정도이다. 루이 14세는 프랑스인에게 표준화된 프랑스어를 국가 정체성과 자부심의 원천으로 삼도록 하고 지역감정을 없애, 국가를 하나로 통합시키는 데 대성공을 거두었다.

말뿐 아니라 특정한 글자체로 조직의 자부심을 상징하는 경우도 많다. 중국은 서원마다 가르치는 글자체가 달라서, 예전에는 글자체만 보고도 그가 어느 서원에서 공부했는지 금세 알아볼 수 있었고, 심지어 같은 서원 사람들끼리만 읽을 수 있는 간자체 등을 만들어 조직의 차별화된 자부심을 고취시키기도 했다. 그러나 본격적으로 과거시험을 통해 인재를 등용하기 시작하면서부터는, 서체에 지방이나 서원의 특색이 드러나 편파 판정 시비가 일지 않도록 과거시험에서는 예서체만 사용하도록 통제했다. 이후로 모든 선비들이 다른 글자체를 익히지 않고 오로지 과거시험 통과에 필요한 예서만 공부하게 함으로써, 필체 통일로 중국 통일도 이룬 셈이라고 한다.

　　미국의 엘리트 공대생들 중에는 특히 영국의 언어학자 톨킨스의 소설《반지의 제왕》과 미국에서 50년 가까이 장수한 미드 〈스타트랙〉의 팬이 많은데, 구글은 이런 엘리트 공대생들의 특권의식을 기업으로 도입해 적극 장려하고 조직의 프라이드를 높이는 데 이용한다. 예컨대 구글의 홈페이지는 〈스타트랙〉에 나오는 천재 민족 '클링곤'의 언어로만 검색이 되게 하는 등 MIT 대학생 특유의 조직적 아이덴티티를 기업문화에 적극 반영하고, 그 문화를 잘 아는 사람들을 직원으로 채용해 조직의 자부심을 강화하는 것이다. 그만큼 조직에 대한 프라이드에 언어가 미치는 영향이 크다는 점은 우리의 경영인들에게도 시사하는 바가 크다고 하겠다.

Chapter 2

인문학으로 배우는 리더십

미국 상원의원
존 매카시의
잘못된 판단과
욕심

Leader 때로 위기의식을 조장할 필요가 있다

요즘 리더십의 본질에 대한 여러 고찰들이 이루어지고 있다. 어떤 조직에서 일하건 아랫사람을 관리해야 하고, 프리랜서도 프로젝트를 맡으면 같이 일하는 사람들이 자기 의견을 따르도록 카리스마를 발휘해야 한다. 심지어 말단 직원도 윗사람에게 자기 의견을 수용시켜야 할 때가 있고, 고객이 구매를 결정하도록 리드할 때 역시 리더십을 발휘해야 하기 때문에 리더십에 대한 이해가 필요하다. 귀족과 평민이 철저히 나뉜 계급사회였던 유럽엔 리더십, 즉 '윗사람의 자격'에 대한 고찰이 일찍부터 이루어져 왔는데, 그 내용은 지금 우리 사회의 비즈니스계, 정부, 학계 등에서 일하는 사람들에게 시사하는 바가 크다.

리더십을 이해하는 가장 중요한 열쇠는 단어 안에 숨어 있다. 영어 어원으로 풀어보면 leader는 고대 영어 lithan에서 나왔다. 리더는 '여행가이드' 혹은 '길잡이'를 뜻했다.

선사시대의 유럽인들은 대부분 부족 단위로 양을 방목해서 먹고산 것으로 추정된다. 그런데 양을 기르는 것은 절대 쉬운 일이 아니었다. 양의 먹성이 워낙 좋아 수천 마리의 양을 초원에 풀어놓으면 몇 달 만에 넓은 초원이 황폐해졌다. 산을 오르내리던 양치기들은 새로운 초원을 찾아 양을 몰고 끊임없이 대지를 가로질러 이주해야만 했다. 지금의 우리는 지도만 보면 현 위치가 어디인지 금세 알 수 있고, 원하면 언제든지 자동차나 비행기를 타고 움직일 수 있어 세상이 얼마나 크고 위험한지 실감하지 못한다. 그런데 지도나 나침반, 동서남북 개념조차 없던 시절, 넓은 대지 한가운데에서 다음 갈 곳을 찾아 나서야 했던 유목민들은 당장 어느 방향으로 움직여야 좋은 초원을 만나게 될지, 또 얼마나 가면 도착하게 될 것인지 등을 알기 힘들었다. 길을 헤매다가 깊은 숲으로 잘못 들어가면 야생동물의 공격으로 목숨을 잃을 수도 있고, 너무 추운 북쪽으로 올라가면 얼어 죽을 수도 있었다. 그래서 여행 중에 물을 찾거나 먹을 것을 구할 때도 그것이 먹을 수 있는 물인지 먹으면 안 되는 물인지, 독초인지 약초인지 구분할 줄 아는 전문가가 필요했다.

다행히도 이런 위험을 극복하는 노하우들이 선조들로부터 구전으로 자자손손 내려왔다. 그런데 모든 사람이 이 지식을 다 아는 것이 아니라 몇 명의 기억력 좋은 사람들만 주변 지리에 밝고 안전하게 여행할 수 있는 노하우를 알고 있어, 부족들이 이주할 때마다 이들이 훌륭한 길잡이가 되어 주었다.

사람들은 길이 없던 시대에 이 길잡이에게 많은 것을 의지했다. 길잡이는 자연스레 많은 권한을 갖게 되었다. 여행에 방해되는 사람을 처벌하는 등 부족의 안전보호를 위한 강력한 권한까지 가지게 된 것이다. 그래서 원래 '여행하다'를 뜻하던 고대 영어 lithan에서 나온 leader가 '길잡이'에서 '지도자'로 의미가 발전했다.

지금도 리더는 '길잡이'나 마찬가지다. 막막한 미래를 앞둔 조직원들은 앞으로의 인생 방향과 목적지가 어디인지를 정확히 알려주는 사람에게 의지한다. 삭막한 현대사회에서 정신 수양의 길을 알려주는 종교 지도자, 나라의 갈 길을 알려주는 정치 리더, 치열한 경쟁 사회에서 어떤 상품을 만들어 어떻게 팔아야 하는지 생존의 길을 알려주는 비즈니스 리더 등 리더의 종류는 많지만 하는 일은 거의 동일하다.

그런데 길잡이는 조직원의 갈 길이 확실히 정해지고 목적지까지 도달하면 역할이 없어진다. 그런데도 리더가 억지로 자기 권위를 알아달라고 주장하면 따르던 사람들이 뿔뿔이 흩어지고 오히려 리더를 거추장스럽게 여긴다. 사람들이 길잡이를 찾는 순간은 갈림길, 즉 결정의 순간이다. 위기 상황을 영어로 crisis라고 한다. 교차로를 뜻하는 영어 cross와 사촌 단어이며 둘 다 '결정하다'라는 뜻을 가진 고대 그리스 단어에서 왔다. 낯선 교차로에서는 방향을 어떻게 바꾸어야 할지 몰라 이를 알려줄 길잡이, 즉 리더가 절실히 필요해진다. 그래서 서양에서는 "위기가 리더를 만든다"라고 말하고 동양에서도 "난세가 영웅을 낳는다"라고 한다.

일부 사악한 리더들은, 위기가 닥치면 사람들이 리더를 필요로 하고 그에게 전적으로 의지하려는 심리를 악용하여 일부러 위기를 조성해 권력을 장악하기도 한다. 대표적인 예로 미국 상원의원 존 매카시를 들 수 있다. 1930년대 세계는 러시아의 공산혁명, 공산당과 보수파의 갈등이 전쟁으로 이어진 스페인 내전 때문에 공산당에 대한 공포에 휩싸여 있었다. 존 매카시는 이런 사람들의 심리를 이용해 "미국이 위기에 처했다"고 발표했다. 그는 공산당원들이 미군 조직 안에 침투해 있어, 만약에 공산당원들이 내란이라도 일으킨다면 방어할 대책이 없다고 선동하면서 내부 공산당 색출을 주장했다. crisis, 즉 갈림길에 서게 된 미국인들은 이 문제를 해결해줄 길잡이를 원했고 매카시는 '비 미국적 행동 단속위원회'를 구성해 스스로 리더로 나서 시민들의 지지를 얻고 의회 내 권력을 장악했다.

그런데 곧 큰 문제에 부딪혔다. 매카시는 스파이 색출이 끝나 crisis가 종결되면 사람들이 더 이상 리더인 자신에게 의지하지 않게 돼 자신의 리더로서의 권위와 정치 권력이 흐지부지하다가 결국 없어질 것이 틀림없다는 생각을 하게 된 것이다. 매카시는 해결책으로, 할리우드에도 공산당원들이 침투해 작품을 보는 아이들을 '빨갱이'로 만든다며 새로운 위기를 조성하고, 무고한 배우, 작가, 감독들을 끌어다가 교묘한 유도심문으로 공산당원이라고 자백하게 만들어 작품활동을 금지시키고 처벌했다.

그러나 이에 자극을 받은 훌륭한 미국 저널리스트들의 맹활약으로 존 매카시가 개인 권력 유지를 위해 이 모든 것들을 가공으로 만들어냈다는 사실이 만천하에 밝혀졌다. 매카시는 추락했고, 미국 사회가 크게 반성하면서 매카시 사건이 종결되었지만 미국인들에게 이는 역사의 아픈 기억으로 남았다.

오랜 옛날부터 큰 조직을 거느려본 사람들은 팽팽한 긴장감이 소멸되지 않도록 끊임없이 위기를 조성해야만 사람들이 리더를 지속적으로 의지하고 따른다는 사실을 잘 알고 이를 적극 악용해 왔다. 그러나 21세기에 사는 우리는 위기를 일부러 만들어낼 필요가 없다. 지금의 인류에게는 풀어야 할 너무나 많은 위기들이 저절로 발생하고 있기 때문이다. 지구온난화와 환경 파괴 문제는 돌이킬 수 없는 상황으로 치달았고, 산림 파괴로 인한 동물의 멸종은 생태계의 먹이사슬 변화를 초래해 인간의 먹거리 형태마저 바뀔 위기에 처했다. 국가 간 빈부 격차는 갈수록 심해져 후진국의 시골 사람들은 극심한 가난에 시달리고 선진국의 도시인들은 너무 부유해서 할 일이 없고 정형화된 사회 속에서 지루함과 외로움에 시달린다. 국가 간 자존심 싸움으로 국제 보안 문제도 항상 벼랑 끝이다.

그러나 이처럼 끊임없이 자연발생적으로 나타나는 위기는 기업이나 지도력 있는 개인에게는 오히려 큰 기회를 가져다준다. 여러 위기 중 단 한 가지 해결책을 들고 나와서 급부상한 기업들이 하나둘 나타나고 있다.

요즘 성행하고 있는 인증사업이 그 대표적인 예이다. Fair Trade라는 인증사업체는 전 세계적으로 어떤 상품이 인권적 환경에서 만들어졌는지 실사를 통해 검증하고, 적정한 기준을 통과한 회사에 'Fair Trade'라고 써 있는 스티커를 붙여주는 역할을 자청했다. 이 업체는 자기가 사는 공산품이 다른 사람에겐 해로운 환경에서 만들어졌을지 모른다는 소비자들의 위기의식에 호소해 전폭적인 지지를 받으며 승승장구하고 있다. 미국의 'Whole Food'는 급속한 공업화와 유전자공학으로 발생한 식품호르몬제 등 건강에 나쁜 물질로 식량이 오염되고 있다는 소비자들의 위기의식에 맞춰, 깨끗한 유기농 식품을 특화하고 유기농 먹거리 시장의 리더로 자리 잡았다.

하지만 갈림길에서 방향을 정하면 우리도 내비게이션을 더 이상 보지 않듯이, 위기가 지나고 나서도 리더로 앉아 있으려 버티는 사람들은 인생을 망쳤다.

잭 웰치에 대한
평가는
왜
바뀌었나

Strategy 적당한 때 내려올 줄 알아야 한다

동양 철학은 삶에 대해 가급적 이상적인 그림을 그린다. 그래서 동양 리더십의 바탕인 유교적 리더십은, 윗사람이 모범을 보이며 아랫사람을 인자하게 대하면 아랫사람들이 최선을 다해 보답할 것이라고 가르친다. 하지만 오랜 전쟁, 질병, 내란의 역사 속에서 피어난 서양 인문학은 리더에게 항상 자신을 따르는 군중을 조심하라고 가르친다. 따르는 사람들과 리더의 관계는 방향성을 찾지 못하는 군중과 사회적 존경을 추구하는 양측이 서로를 교묘하게 이용하는 것이라는 게 서양 인문학이 리더십을 바라보는 지배적 관점이다. 오늘날 비즈니스 전략을 strategy라고 하는데, 이 단어의 어원만 해도 지도자의 어려움과 외로움이 짙게 배어 있다.

고대 민주주의의 발상지인 그리스 아테네는 왕이 없는 나라로 유명했다. 그러던 어느 날 아테네 바다 건너편에 있는 대제국 페르시아가 아테네를 침략하려고 대규모 원정군을 보낼 거라는 소식이 들려왔다. 아테네 시민들은 패닉에 빠졌다. 그처럼 강력한 군대가 쳐들어오면 의사 결정이 오래 걸리는 민주적인 방식으로는 군기를 유지하고 순발력 있게 작전을 수행할 수 없어 나라를 지키기 힘들기 때문이었다. 그리스 사람들은 신속하게 지혜를 모아 일시적으로 직접 민주주의 제도를 폐지하고 간접 민주주의 제도를 선택하기로 결정했다.

아테네는 투표로 머리 좋고 인품도 훌륭한 시민 대표 10명을 뽑아 일종의 국방위원으로 일하도록 했다. 그리고 그들끼리 머리를 맞대어 작전을 수행하고 군대를 지휘하도록 하는 간접민주주의 제도를 만들었다. 고대 그리스어로 '리드하다'가 'agein'이고 '큰 집단'은 'stratos'였기 때문에, 여기서 뽑힌 군사 지도자들을 strategos스트라테고스라고 했다. 《플루타르크 영웅전》을 보면 여기서 뽑힌 테미스토클레스 등 10명의 군사 지도자들 지휘로 수백 개의 도시국가로 나뉘어 있던 그리스가 하나로 힘과 꾀를 합쳐 대제국 페르시아의 군대를 물리칠 수 있었다고 한다.

테미스토클레스는 그리스 역사상 가장 유명한 스트라테고스 중 한 명이었다. 그는 전략적 사고에 탁월했다. 페르시아와 그리스 군대는 마라톤이라는 들판에서 맞닥뜨려 치열한 전투를 벌인 적이 있다. 그리스는 말이 귀해 기마대가 없던 반면 페르시아에는 1,000명의 정예 기마대가 있었다. 페르시아 기마대가 그리스 군대를 에워싸고 빠르게 빙빙 돌면서 계속 군인들의 후면을 위협하면 제대로 싸울 수가 없었다. 꾀를 낸 테미스토클레스 장군은 수적으로 우세한 페르시아군의 오만함을 이용하기로 했다. 페르시아 기마대가 정찰 나간 틈을 타 병사들 수가 두 배 이상 많은 페르시아 진영을 정면으로 공격한 것이다. 이를 얕보고 기마대 없이도 이길 수 있다고 판단한 페르시아 장군은 그리스 군대를 향해 정면 돌진했다. 그러나 테미스토클레스는 그리스 최고의 군대를 옆쪽에 매복시켰다가 자신만만하게 공격하는 페르시아 군대를 U자 모양으로 포위해 그리스에 대승을 안겼다. 전투가 벌어졌다는 소식을 들은 기마대가 허겁지겁 진영으로 돌아왔을 때 이미 승리 고지는 테미스토클레스의 손 안에 있었다.

테미스토클레스 장군은 페르시아의 수십만 대군이 한꺼번에 그리스 섬에 상륙해 이들이 기세를 하나로 모아 몰아닥치면 그리스 군대의 힘만으로는 막을 도리가 없다고 판단했다. 그래서 그리스의 험난한 지형을 이용해 섬 안으로 들어오는 길목의 좁은 계곡을 막아 페르시아 군인들이 한꺼번에 움직이지 못하고 한 줄로 길게 서서 소규모로 나뉘어 이동할 수밖에 없게 만들었다. 아무리 군인 수가 많아도 하나로 뭉칠 수 없게 했던 것이다. 또 그리스는 땅이 척박해 수십만 대군을 먹일 수 있는 대량의 식량을 구할 수 없었기 때문에, 계속 페르시아 군대를 산으로 끌어들여 교란 작전을 피고 시간을 허비하게 해서 식량 조달 문제로 상대편을 조급하게 만들었다. 테미스토클레스 같은 그리스의 스트라테고스, 즉 장군들이 여러 꾀를 내서 자국보다 수적으로 훨씬 우세한 적군을 쳐부수는 전과를 올렸기 때문에, 오늘날까지 비즈니스나 정치 리더들이 짜는 조직 운영 전략을 '그리스 장군의 일', 즉 'strategy'라고 부른다.

그리스를 패망 위기에서 구해낸 테미스토클레스는 그리스의 영웅이 되었고, 사실 그는 그런 대접을 받을 만했다. 하지만 그가 스스로 그리스를 구했다는 영웅담을 너무 많이 떠들고 다녀 사람들이 점차 거부감을 갖게 돼 그는 오히려 왕따가 되고 말았다.

아테네에는 시민들이 깨진 항아리 조각에 싫어하는 특정 인물의 이름을 쓰고 거기서 이름이 많이 나오면 도시에서 추방하는 제도가 있었다. 어느 해, 테미스토클레스의 이름이 적힌 항아리 조각이 쏟아져 나와 그는 추방령을 받고 자기가 구한 고국의 땅을 밟지 못하는 신세가 되었다. 나라를 위기에서 구했지만, 대가를 원하는 것에 대해서는 시민들이 동의하지 않은 것이다.

겉으로 볼 때는 대중들이 리더가 세운 공을 끝까지 알아주고 칭송할 것 같지만, 사실은 군중들도 위기 관리를 위해 리더를 일시적으로 이용하는 것이기 때문에 쓸모가 없어지면 무섭게 내친다는 것을 보여주는 사례이다.

옛날부터 유럽의 군주들은 민중의 변덕 때문에 많은 고생을 했다. 16세기의 이탈리아 철학자 니콜로 마키아벨리는 "인간이라는 것은 변덕스럽고, 가식적이고, 욕심 앞에 눈이 멀어 있다"라는 말을 남겼다. 그는 리더가 아랫사람들의 사랑과 존경을 진심으로 받아들이면 상처를 받는 것은 물론 조직도 제대로 운영할 수 없다고 주장했다. 17세기의 네덜란드 철학자 스피노자는 일찍이 "사람들은 이성보다는 열정에 끌려다니기 때문에, 특히 다수가 한곳에 뭉치면 이성보다는 평화, 공포, 복수심 등 공통된 감성들이 뭉쳐져 마치 광기를 가진 사람처럼 된다"고 말했다. 그래서 성공적인 인생을 위해서는 때를 잡아 좋은 자리를 차지하는 것도 중요하지만, 언제 내려놓고 나와야 할지를 파악하는 것이 더 중요하다는 것이다.

서양 인문학자들의 말처럼, 시시각각 마음이 변하는 군중의 리더가 된다는 것은 힘들고 외로운 일이라는 주장은 이와 같은 오랜 경험의 결과일 것이다. 이런 사고방식은 할리우드 영화 속에서도 볼 수 있다. 미국의 크리스토퍼 놀란 감독이 만든 〈배트맨〉 시리즈는 스스로 범죄에 맞서 싸우는 리더의 역할을 선택한 배트맨의 외로움을 아주 잘 묘사했다. 영화 〈다크 나이트〉에는 배트맨이 흉악한 범죄자를 열심히 잡아들여 수많은 사람을 구해도 단 한 번의 실수로 인명 피해라도 내면 사람들이 즉시 배트맨을 잡아들이라고 외치는 장면이 자주 나온다. 후속편인 〈다크 나이트 라이즈〉는 악당들이 뉴욕에서 경찰을 없애고 범죄자들을 풀어주자, 군중들 스스로 끔찍한 독재 국가를 만들어, 약자들에게 살얼음판처럼 얇게 얼어 있는 허드슨 강을 건너 뉴욕을 떠나라고 경고하고는 뒤에서 총을 쏴 잔인하게 죽인다. 배트맨은 이런 군중들 때문에 항상 꼭지가 돌기 직전이다. 다른 악당들도 그랬듯 언제 민중에 대해 환멸과 자괴감에 빠져 자기도 악당이 될지 모른다는 공포 속에서 산다. 배트맨은 그래서 "영웅으로 일찍 죽든지, 아니면 악당이 될 때까지 살아 있든지"라고 중얼거린다.

이런 리더와 리드받는 사람의 이해관계를 잘못 이해해 큰 봉변을 당한 사람으로 한때 미국 최고의 CEO로 각광받던 잭 웰치를 들 수 있다. 잭 웰치는 1990년대부터 2000년대 초 세계에서 가장 존경받는 CEO였다. 발명 천재 에디슨이 세운 미국 경제의 자존심인 GE가 위기에 처했을 때 CEO로 부임해 과감한 구조조정과 혁신적인 경영 철학으로 GE를 단기간에 정상에 올려세웠다. "우리가 속한 모든 업계에서 2등 안에 들지 않으면 그 업계에서 철수한다"라는 모토로 회사의 고속 성장을 견인했다. 그는 GE를 주축으로 뒤처져가던 미국 경제의 경쟁력을 재정비하고 미래의 경영 모델을 만든 선구자로 전 세계 기업의 주목을 받았고, 우리나라 CEO들도 잭 웰치가 만든 경영 학교에 들어가려고 줄을 지어 기다릴 정도로 존경받는 경영자의 롤모델이었다. GE가 그야말로 갈 길을 찾지 못하고 갈팡질팡할 때 확실한 방향을 제시한 길잡이, 즉 리더였던 잭 웰치를 직원, 주주, 미국 일반시민 모두 열렬히 추종했다.

그런데 잭 웰치가 정년퇴직을 하고 회사의 고문 자리로 옮겨

앉자 주주들은 그에게 완전히 등을 돌리고 그의 명예를 잔인하게 끌어내리기 시작했다. 그가 회사에 수조 원을 벌어준 공로로 고문직을 맡았지만 CEO 때와 똑같이 개인 제트기를 타고 다닌다고 손가락질하면서 언론에 널리 알렸다. 수천 억 달러짜리 아파트에 있는 귀한 나무옷걸이 가격까지 문제로 지적하며 그의 명성에 철저히 먹칠했다. 사실 잭 웰치가 그동안 GE의 주주들에게 벌어준 거액의 돈과 비교하면 그가 사용했다는 개인 제트기 연료비나 아파트값 정도는 병아리 눈물 정도였다. 하지만 잭 웰치가 더 이상 돈을 벌어주는 위치가 아니게 되자 주주들은 그가 회사 돈을 단 한 푼이라도 더 쓰는 것을 그토록 아까워했다.

사람들이 어떤 니즈로 나를 리더 자리에 올려주었는지를 파악하지 못하고 아랫사람에게 '사랑'을 요구하는 것만큼 무지한 리더십은 없다. 이는 사회 시스템과 인간관계가 급속하게 바뀌는 현대 사회를 살아가는 우리나라 리더들에게도 시사하는 바가 크다. 테미스토클레스의 사례를 잘 알고 있던 미국 초대 대통령 워싱턴은 대통령 재선까지 한 후, 사람들이 아직은 아쉬워할 쯤에 은퇴를 했다. 리더가 필요할 때 이끌고, 필요 없을 때 내려왔기 때문에, 워싱턴은 수백 년이 지난 오늘까지 미국인들에게 '국부Father of the Nation'라는 이름으로 칭송받는다. 리더는 올라가서 하는 행동도 중요하지만 내려오는 시기로 평가받는 것이다.

권력을 지키기 위해
스스로
서커스 단원이 된
로마 코모두스 황제

Circus 인기에 집착하지 마라

고대 로마시대 귀족층은 항상 리더의 자리는 불안하다는 점을 잘 알고 있었다. 로마 최초의 황제였던 시저 아우구스투스가 "군인들은 너무 굶겨도 반란을 일으키지만 너무 밥을 많이 먹어도 반란을 일으킨다"라고 말했을 정도였다. 그런 로마에서도 군중들의 비위를 맞추며 끌려다니다가 비극적인 결말을 맞은 황제들이 여럿 있었다. 그중 한 명이 로마 검투사 이야기를 다룬 미국 영화 〈글래디에이터〉를 통해 극화된 코모두스 황제였다.

로마제국의 국력이 최절정에 다다랐을 때, 코모두스는 아버지

의 뒤를 이어 로마 황제 자리에 올랐다. 코모두스의 아버지는 검소
와 절제를 중요시하고 오늘날까지 많은 사람들의 존경을 받는 훌
륭한 황제였다. 그러나 아들 코모두스는 아버지와 달랐다. 그는 아
버지가 죽자 그동안 아버지의 감시 때문에 할 수 없이 억제했던 방
탕한 생활을 시작했다. 시도 때도 없이 파티를 열고 개인적으로 총
애하는 노예들에게 제멋대로 시민권을 주어 정부 고위직에 앉혔
다. 로마 의원들은 황제가 자기들의 특권을 빼앗아갔다며 항의했
지만 코모두스는 도무지 남의 말을 듣지 않았다. 당연히 코모두스
의 의회 내 입지가 땅에 떨어졌다. 코모두스가 얼마나 처세술이 부
족했는지 친누나가 암살을 시도한 적이 있을 정도였다. 이유는 코
모두스의 부인인 올케가 시누이 대접을 제대로 안 하고 모욕을 줬
는데도 동생인 코모두스가 아무런 조치도 취하지 않았다는 것이었
다. 코모두스의 누나는 정부 고위 관료 두 사람을 유혹해 그가 극
장에 가는 시간에 맞춰 암살하려고 했지만 칼이 빗나갔고 코모두
스는 극장에서 도망쳐 나왔다. 코모두스는 누나를 황제 암살 미수
혐의로 체포해 외딴섬으로 귀양을 보냈다가 그곳에서 죽였다.

가족과 귀족을 원수로 만든 코모두스는 민중들의 인기를 얻어
야만 신변을 보호받을 수 있다고 생각했다. 그런데 민중은 정치보
다 검투에 관심이 높아 황제 이름을 기억하는 사람보다 유명한 검
투사 이름을 기억하는 사람들이 훨씬 많았다. 로마에서는 시내 한
가운데에 있는 큰 원형 공터에서 검투 경기가 자주 열렸고 그럴 때

마다 로마인들이 구름처럼 몰려와 열렬히 응원하며 관람했다. '아주 크다'가 라틴어로 'maximus'이고 '동그라미'는 영어의 'circle' 처럼 'circus'여서 로마인들은 이 경기장을 '대원형 경기장', 즉 서커스 맥시머스 Circus Maximus라고 불렀다. 오늘날 기묘한 구경거리를 '서커스'라고 부르는 것은 여기서 유래한다.

사람들의 시선을 확실히 끌어들이려면 로마인들이 가장 좋아하는 훌륭한 검투사가 되어야 했다. 코모두스는 근엄한 황실의 위엄을 버리고 인기를 얻기 위해 서커스 스타 황제가 되기로 결심했다. 코모두스는 로마 곳곳에 헤라클레스의 모습을 한 자신의 동상을 세워 검투 경기에 출전한다는 것을 대대적으로 홍보했다. 평생검투 연습을 하며 사는 진짜 글래디에이터와 겨루다가 지면 큰 망신이기 때문에 길거리를 돌아다니는 장애인, 전쟁에서 부상을 당하고 전역한 군인들을 떼로 붙들어다가 거인의 옷을 입혀 손수 칼로 쳐 죽이는 쇼를 펼쳐 큰 인기를 얻었다. 로마의 지식인들은 그의 이런 미친 행동이 역겹다며 손가락질했지만, 군중들은 열렬히환호했다. 군중들의 환호에 힘입은 코모두스는 로마의 여러 정복지에서 잡아온 기묘한 동물들을 잡아 죽이는 조금 더 자극적인 쇼로 업그레이드했다. 코모두스가 하루에 사자 100마리를 풀어 표창을 던져 죽이거나 타조를 풀어놓고 뛰어가게 하고는 다트를 던져죽이는 등의 쇼로 피에 굶주린 로마 군중들의 환심을 사려고 노력했다는 기록들이 지금까지 생생히 전해진다. 기린, 코끼리 등 아프리카 식민지에서 온 동물들도 로마인들의 끝없는 피에 대한 갈증

해소에 이용되었다.

그러나 몇 년 동안 코모두스 황제를 암살할 계략을 세운 귀족들이 드디어 그를 살해하는 데 성공하자 코모두스에게 열광하던 그 많은 일반 시민들은 자기가 따르고 좋아하던 황제를 위해 손 하나 까딱하지 않았다. 오히려 귀족들이 로마에서 발생한 모든 혼란이 코모두스 때문이라고 군중들을 선동하자, 지금까지 추종하고 열광했던 코모두스가 여기저기 세워놓은 동상과 석상들을 마구 부수고, 심지어 비석에 새겨진 그의 업적들까지 문질러 없애버렸다.

코모두스는 자기 행동에 불만이 많던 귀족들의 분노를 시민들의 지지로 뒤덮고, 권력을 유지하기 위해 서민들과 손을 잡았다. 하지만 서민들의 환심을 사기 위해 황제의 위엄을 포기해가면서 무서운 동물들과 경기장에서 목숨을 걸고 싸우는 쇼를 벌인 노력은 한 순간에 수포로 돌아갔다.

인기의 허무함은 코모두스 외에 몇 명의 로마 황제들의 경험을 통해서도 알 수 있다. 로마의 네로 황제도 코모두스와 비슷한 길을 걸었다. 사록은 당시의 로마 군중들이 정치보다 노래와 춤에 관심이 더 커서 네로 황제가 군중들의 마음을 사로잡기 위해 직접 길거리로 나가 악기를 연주하고 노래를 부르게 되었다고 기록했다. 그는 서민들 사이에서 인기가 있는 편이었는데, 그 인기가 무너지게 된 계기는 로마의 대화제 사건이었다. 당시 네로 황제가 로마 시가지를 불태우며 노래를 불렀다는 소문이 무성했는데, 사록은 로마 시가지가 불타고 있을 때 네로는 시내에 없었으며, 오히려 시가지가 불타고 있다는 소식을 듣자 사비를 풀어 부서진 가옥들을 재건하고, 궁중 마당을 개방해 난민들을 머물게 하는 등 군중들에게 사랑받을 만한 일을 멈추지 않았다고 전한다.

그러나 그렇게 선심을 썼음에도 반란이 일어나 황제가 수세에 몰리자 최측근인 근위대마저 밤 늦게 몰래 도망쳐 황제를 지켜줄 사람이 한 명도 없었다고 한다. 또 로마의 상원 의원은 네로가 실각하자 군중들을 향해 네로를 '공공의 적'으로 선포하고 군중들이 길거리에서 돌을 던져 죽이도록 하는 형을 선고했다.

이 소식을 들은 네로는 비서에게 자신을 칼로 찌르라고 하여 자살했다. 네로의 생전에는 그를 위대한 예술가라며 추앙하던 로마 시민들이 네로의 비참한 죽음에 대해서는 입을 다물었고 오히려 폭군이 죽었다며 만세를 불렀다고 한다. 사실 네로는 재위 중에 군인들을 무척 잘 챙겨주었는데, 군인들 역시 네로를 사랑했으나 분위기에 휩쓸려 대부분 반란에 가담했다고 로마의 역사가 수에토니우스가 전한다.

오늘날 많은 직장인들과 사업가들은 '인맥 관리'라는 것을 잘못 이해하여, 친구들을 불러 모아 식사를 하고 술을 사거나 하는 것에 큰돈을 투자하는 경우가 많다. 하지만 막상 필요한 순간에는 친구들이 나타나지 않는다며 한탄을 하는 경우도 흔하다. 사람들에게 향연과 오락을 제공하는 데 평생을 바친 코모두스, 칼리굴라,

네로 등이 로마 시민들에게 가장 혐오스러운 이미지로 남았다는 것을 생각하면, 그러한 '인맥 관리'라는 명목 아래 단지 자신의 불안감이나 허무함을 달래고 있는 건 아닌지 반성하게 하는 대목이 아닐 수 없다.

거느리는 후궁 숫자로
자신의 건재를
과시했던
중국 황제들

Royal 리더는 빈틈을 보여서는 안 된다

지도자를 뜻하는 영어 단어들의 어원을 알면 리더십의 역사적 의미를 제대로 이해할 수 있다. 영어로 '왕과 관련된'은 royal이다. 왕은 오랜 옛날부터 사람들에게 특별 대우를 받았기 때문에 우리는 흔히 '로열' 하면 고급스러운 분위기를 연상한다. 예컨대 로열 살루트 Royal Salute라는 위스키 브랜드는 고급 술의 대명사로 친다. 로열은 '왕'을 뜻하고 살루트는 '경례'이다. 합쳐서 '왕에 대해 경례!'이다. 원래 로열 살루트는 엘리자베스 여왕 시절, 해군 전함이 템스강을 지나가며 여왕 앞에 다가가기 전에 여왕 방향으로 대포 21발을 동시에 쏴서 경례를 하는 의례를 말했다.

엘리자베스 여왕에게는 배다른 언니가 있었다. 두 사람은 치열한 왕위 다툼을 하며 수많은 사람들을 죽게 했다. 역사는 항상 승자의 편이기 때문에 언니를 이기고 왕이 된 엘리자베스 여왕은 영국을 빛낸 최고의 여왕으로 기록되었고, 언니 메리는 사람을 많이 죽였다고 해서 '블러디 메리'라는 무시무시한 이름으로 남았다. 그러나 실제로는 엘리자베스 여왕도 만만치 않게 많은 사람들을 가두고 고문하고 잔인하게 죽였다.

메리가 배다른 여동생 엘리자베스에게 패배해 왕권을 빼앗기자 메리의 외가가 영국을 침략할 거라는 소문이 돌았다. 메리의 외가는 무적함대를 자랑하는 유럽 최고의 강대국 스페인 왕실이었다. 엘리자베스는 스페인 함대가 영국으로 쳐들어올 경우를 대비해 큰 전함을 많이 만들도록 했다. 당시에는 해군 함정 한 척 만드는 데 드는 비용이 워낙 고가이고 만들기도 힘들어 전함은 국가의 소중한 자산이었다. 이를 널리 알리기 위해 함정 한 척이 완성될 때마다 요란한 발대식을 거행했다.

발대식은 주로 템스 강변에 여왕이 행차하고 런던 시민과 귀족들이 강변에 텐트 치고 지켜보는 가운데, 새로 만든 전함이 강변을 거슬러 들어오는 것으로 시작되었다. 그런데 엘리자베스 여왕의 측근들은 새로 만든 함선의 선장이 여왕의 목숨을 노릴 수도 있다는 의심을 버릴 수가 없었다. 스페인의 뇌물을 받거나, 메리 여왕을 그리워하는 함장 한 명이 나쁜 마음을 먹고 행사 때 여왕 쪽으로 대포 한 발만 발사하면 나라가 큰 혼란에 빠질 수 있기 때문이었다.

엘리자베스 여왕의 측근들은 이 문제를 해결할 수 있는 기발한 꾀를 냈다. 당시에는 바다에서 두 대의 배가 멀리 교차하면 서로 대포 한 발씩을 쏴 인사를 나누는 전통이 있었다. 이에 착안하여, 이 행사는 여왕 앞에서 치러지는 만큼 모든 배의 함장들이 함정에 장착된 대포 21발을 동시에 발사하면서 여왕에게 인사를 하도록 했다. 당시의 대포는 장전 시간이 길었다. 여왕 앞에 다가오기 전에 경례를 하면서 포탄을 다 쓰면 여왕 앞을 지나갈 때까지 다시 대포를 장전할 수 없어 그렇게 여왕의 신변을 지킬 수 있었다.

이후 영국에서는 어떤 행사에서 전함이 왕 앞을 지나가려면 도착 전에 21대의 대포를 동시에 발사해 왕의 목숨을 해칠 의도가 없음을 알리는 경례를 하는 전통이 생겼고, 이것을 '로열 살루트'라고 부르게 되었다. 오늘날까지 '경례'라는 뜻으로 알려져 있는 salute는 원래 '건강'이라는 뜻이다. 유럽의 경례는 대부분 윗사람을 해칠 의도가 없다는 표시가 분명해야 했다. 기사들은 왕 앞에서 반드시 투구를 벗고 칼을 땅에 꽂거나, 창을 하늘 쪽으로 향하고 경례를 했다. 총이 발명된 이후로는 방아쇠를 당길 수 있는 손을 최대한 무기에서 먼 곳에서 추켜올리는 방식으로 경례를 했다. 이런 경례 방법은 모두 윗사람이 조금이라도 빈틈을 보이면 누군가가 윗사람을 죽이거나 해치려고 했다는 것을 역설적으로 보여준다. 서구의 역사 속에서 평화롭게 제명에 죽은 왕은 매우 드물다.

사람들은 리더가 조금이라도 약해지면 반역을 꾀하기 때문에 역사 속 리더들은 여러 방법으로 자신의 남다른 건강을 백성들에게 알리려고 했다. 특히 고대의 왕들은 자신의 건강과 후손 생산 능력을 동시에 알릴 수 있는 후궁 숫자로 자신의 건재를 증명해 보이곤 했다.

거느리고 있는 후궁 숫자로 왕의 건강을 과시하던 문화로는 중국이 최고였다. 기원전 3세기경에 중국 천하를 통일시킨 진시황은 정복한 나라들의 공주와 왕비들을 모두 후궁으로 맞이해 약 10,000여 명의 후궁을 거느렸다고 전해진다. 중국 문명이 발전하고 중국 황제의 위용이 전 세계로 알려지면서 황제들이 거느리는 후궁 숫자는 더욱 늘었다. 중국의 위상이 전 세계적으로 가장 빛나던 당나라 시대의 현종은 양귀비와의 러브 스토리로 유명한데 사실 양귀비는 40,000명의 후궁 중 한 명에 불과했다. 중국 황제 '진무제'는 매일 밤 수많은 후궁 중 누구의 처소에 들지 결정하는 것이 큰 고민거리였다고 한다. 그래서 양들이 끄는 마차를 타고 액정掖廷이라 불리는 후궁들의 처소가 모여 있는 곳으로 가 양에게 알아서 후궁 처소를 고르도록 했다는데, 이를 사자성어로 액정양차掖庭羊車라고 한다. 하루라도 더 왕의 선택을 받으려고 처소 앞에 양이 좋아하는 죽순이나 물그릇 같은 것들을 내놓아 양을 자기 처소로 유인하려는 후궁들의 보이지 않는 경쟁이 치열했다고 전해진다.

중세 인도네시아의 마자파힛 왕국은 정글에서 쑥쑥 자라나는 목재와 약초를 인도와 중국에 활발하게 거래해 부유했다. 이곳의 왕 이름은 라자사나가라였는데 당시 인도네시아의 사록인 〈데

사왈나나〉를 보면 왕이 너무 잘생겨서 강제로 여자를 후궁으로 삼을 필요도 없었다고 적혀 있다. 왕이 새로운 마을에 도착하면 모든 여자들이 왕을 보려고 옷이 훌훌 벗겨지는 것도 모르고 달려 나왔다고 한다. 이 책에는, 평소 남자를 멀리하고 정글 깊은 곳에서 고행을 하던 여인들마저 왕을 한 번 보면 꿈속에서 왕이 '사랑의 신'의 모습으로 나타나 잠을 설치고, 꿈에서 깨어나면 왕의 손길을 느껴보고 싶어 저절로 몸이 꼬여 괴로워했다고 적혀 있다. 이렇게 전 세계의 거의 모든 왕들은 자신이 건재하고, 또한 자신의 뒤를 이어나갈 아들도 얼마든지 만들 수 있다는 사실로 백성들을 안심시켜 자신을 믿고 따르게 하려는 시도를 많이 했다.

한편 프랑스 왕권 시대의 마지막 왕 루이 16세는 왕비인 마리 앙투아네트와 밤일이 잘 안 된다는 소문에 시달렸다. 왕의 정력이 형편없다는 소문이 돌자 왕의 위상이 땅에 떨어졌다. 그는 끝내 프랑스 시민혁명으로 왕위를 빼앗기고 혁명가들에게 잡혀 단두대의 이슬로 사라졌다.

그래서 리더는 자기가 병들어 괴로워하는 모습을 외부에 노출시키는 것을 절대로 금했고 아랫사람 앞에서는 항상 건강하고 대범한 모습만 보이려고 노력했다. 18세기 프랑스 사교계를 제패한 한 귀족 여성은 어렸을 때부터 손님들과 식사하는 자리에서 자기 허벅지를 스스로 포크로 찌르면서도 눈 하나 깜짝하지 않고 웃는 연습을 해두었다고 한다.

몇 년 전만 해도 회식에서 술에 취해 비틀거리며 헛소리를 하는 상사를 열심히 달래 택시에 태워 보내고도 내색하지 않는 부하직원이 많았다. 그러나 아랫사람들은 술에 취해 비틀거리는 윗사람을 마음으로부터 존경하지 않는다. 아랫사람들은 예나 지금이나자기 윗사람은 어떤 경우에도 흐트러짐 없는 건강하고 굳건한 사람이어야 따르고 싶어 한다. 술을 아무리 마셔도 취한 티 내지 않고 항상 온화한 미소, 엄중하고 엄선된 말투, 어깨가 펴져 있는 건장한 몸을 보여주는 것이 리더의 기본 자세였던 것이다. 우리 선조들도 "아랫것 앞에서는 속옷을 보이지 마라"라고 가르쳤다.

사랑받는 왕
루이 15세의
특별한
능력

Charisma 제압이 아닌 힐링하는 사람이 리더이다

세상에는 말 한마디만으로도 많은 사람들이 자신을 순순히 따르게 할 수 있는 마법 같은 매력의 소유자들이 있다. 우리는 이런 사람을 한마디로 '카리스마 있다'고 말한다. 그런데 카리스마의 의미를 오해하는 경우가 많다. 흔히 성격이 강하고 저돌적이어서 자기 의견을 밀어붙이는 기 센 사람을 '카리스마 있다'고 생각하는 경우가 많은데, 원래 카리스마는 '힐링 능력'이라는 뜻이다.

카리스마charisma는 기독교에서 기도로 병을 치유하는 신비한 능력을 가진 사람을 일컫는 말에서 나왔다. 서양 인문학에서 리더십의 정수는 성경 속 모세 이야기에 있다. 어느 날 신의 계시를 받은 모세는 오랫동안 이집트에서 노예생활을 하던 이스라엘 민족을 이끌고 나와 신이 약속한 '젖과 꿀의 땅'을 향해 사막을 가로질러 수십 년 동안 긴 여행을 해야 했다. 수십만 명의 이스라엘 백성들을 이끌고 사막을 건너고 또 건너야 하는 길고 어려운 여행이었다. 이때 하느님께서 모세에게 강력한 리더십 무기를 보내주셨다. 힐링의 힘, 바로 카리스마였다.

한번은 이스라엘 권력자들 250명이 모세에게 따지러 왔다. 오랫동안 노예생활을 한 이스라엘 사람들에게 자유를 찾아 떠나자는 제안을 하고 수많은 위험에서 구해준 모세에게 고마워하기는커녕, 이집트에서의 안락한 삶을 포기하고 잘 알지도 못하는 새로운 곳으로 떠나도록 부추겨 자기들을 고생시킨다며 모세에게 따지러 온 것이다. 성경의 〈민수기〉 16장에서는 그들의 말을 이렇게 전한다.

네가 우리를 젖과 꿀이 흐르는 땅에서 이끌어내어 광야에서 죽이려 함이 어찌 작은 일이기에 오히려 스스로 우리 위에 왕이 되려 하느냐? (…) 네가 우리를 젖과 꿀이 흐르는 땅으로 인도하여 들이지도 아니하고 밭도 포도원도 우리에게 기업으로 주지 아니하니 네가 이 사람들의 눈을 빼려느냐?

모세는 이들의 치사한 행동에 기가 막혔다. 이들을 노예생활에서 해방시키려고 모세에게 리더 역할을 맡기신 하느님도 너무 화가 나, 갑자기 땅이 갈라지게 해서 사람들을 삼켜버리고 무시무시한 전염병이 퍼지도록 해 남은 이들도 혼쭐을 냈다.

전염병이 창궐하자 모세를 도와 이스라엘 사람들을 이끌던 아론이 하느님께 기도를 했고 그제야 전염병이 멈췄다. 성경은 14,700명이 순식간에 전염병으로 죽었지만 '신이 죽음과 삶 사이에 서 있어' 더 이상 질병이 퍼질 수 없었다고 전한다. 아론이 기도로 병을 치유하는 기적을 보인 후로 잠시 이스라엘 사람들은 모세와 아론의 지시에 잘 따랐다.

이렇듯 성경에 보면 하느님은 자신이 선택한 예언자나 지도자들에게 '병을 치료하는 능력'을 부여해 민중의 지지를 얻게 한 경우가 많다. 고대 그리스어로 '카리스'가 '축복'이다. 사람의 병을 치료할 수 있는 '신의 축복'을 받았다고 해서 치유 능력을 가진 사람을 '카리스마타'라고 했다. 사람들은 자신의 아픔과 고민을 치유해 주는 사람을 잘 따르기 때문에, 카리스마는 점차 '사람을 이끄는 능력'으로 의미가 발전했다.

카리스마의 의미를 제대로 이해하고 활용한 리더로는 프랑스 왕 루이 14세를 꼽을 수 있다. 프랑스 왕은 대관식 때 랑스 신의 축복을 받은 성스러운 기름을 머리에 뿌리는 의식을 행해 왔다. 루이 14세는 이 기름을 머리에 붓는 순간 프랑스 왕들은 신의 가호 즉 '카리스마'를 내려받아, 아픈 백성에게 손을 얹기만 하면 건강한 몸으로 돌아가게 하는 능력이 있다고 널리 소문을 퍼트렸다. 당시는 미디어 전파 속도가 늦어 루이 14세가 죽은 후 등극한 손자가 큰 혜택을 보았다. 손자 루이 15세는 나라를 돌보지 않고 여자들에 둘러싸여 놀기 바빴고 기분 내키는 대로 전쟁을 일으켜 국고를 펑펑 썼지만, 아버지가 적극 퍼트린 왕의 힐링 능력에 대한 소문 덕분에 백성들의 열렬한 사랑을 받아 '사랑받는 루이Louis le bien-aimé'라는 별명까지 얻었다.

이 시대를 배경으로 하는 프랑스 영화 〈조소Ridicule〉를 보면 한 순진한 시골 영주가 자신이 다스리는 마을에 전염병이 돌아 고민하다 나중에 동네 늪지대의 모기들이 전염병을 옮긴다는 사실을 알고 물 빼기 공사 예산을 배정받으려고 파리의 궁전으로 떠나는 장면이 나온다. 영주는 떠나기 전 전염병에 걸려 죽어가는 마을의 어린아이를 방문한다. 이 아이는 영주에게 "진짜 왕이 한 번 만져주기만 하면 병이 낫나요?"라고 물어보며 왕을 만나러 가는 영주를 부러워한다. 그만큼 인간은 '아플 때 자신을 낫게 해주는 사람'을 마음으로부터 따르는 것이다.

힐링 능력은 오늘날의 리더십에도 변함없이 크게 적용된다. 미국 흑인 배우 덴젤 워싱턴이 주연을 맡은 영화 〈타이탄을 기억하라〉는 미국 고등학교 미식축구 코치와 선수들의 실화를 영화화한 것으로, 최근 스포츠 영화 중 최고 걸작으로 꼽힌다.

인종차별이 극심하던 시절, 미국 남부의 한 시골 마을에서 최초로 백인과 흑인이 통합된 고등학교 미식축구 팀이 생겼다. 흑인이 그 팀의 코치로 임명되었다. 전형적인 백인 마을에 흑인 코치가 부임하자 주장을 중심으로 백인 선수들이 똘똘 뭉쳐 코치의 말을 들으려고 하지 않았다. 그러나 코치가 새로운 훈련 방식과 전술로 팀을 승리로 이끌자 학생들도 새 코치의 진정성을 깨닫고 서서히 따르기 시작한다. 그러던 중 인종차별적 사고가 가장 심한 한 백인 학생이 끝까지 흑백 선수 간의 팀워크를 깨뜨리자, 주장은 코치보다 더 오래 한솥밥을 먹었던 동료를 제명해야만 팀이 살 것 같은 생각이 들어 깊은 고민에 빠진다. 고민을 혼자 해결하기 벅찬 주장은 조용히 코치를 찾아가 고민을 털어놓는다. 코치는 "원래 주장이란 어려운 결정을 하는 사람"이라며 학생의 마음을 달래준다. 그리고는 주장이 스스로 자신을 찾아와 고민을 털어놓고 치유를 원하는 모습에 드디어 선수들이 자신을 코치로 인정해주기 시작했다고 믿는다.

이렇듯 학교, 스포츠 팀, 정부, 기업 등 여러 조직 리더의 최종 목표는, 아랫사람들이 자신을 믿고 언제든지 모든 고민과 아픔을 털어놓을 수 있게 하는 것이 되어야 한다.

요즘 전 세계적으로 부드러운 카리스마, 소프트 파워가 유행이다. 그런데 서양 인문학에서는 고대부터 지금까지 항상 열려 있는 사람, 아프다고 말하면 치유해주고 고민이 생기면 언제든지 찾아가 털어놓을 수 있는 사람을 따르는 것이 인간의 본성이라고 주장해 왔다. 리더는 아랫사람이 어려우면 언제든지 찾아와 몸을 기대 울 수 있는 사람이어야 하고, 고민을 말하면 들어주고 수용해주어 스스로 더 잘하고 싶게 만들어주는 사람이어야 한다는 것이다. 미국 경영학의 선구자 피터 드러커도 "알 수 없는 것은 조정할 수도 없다"라는 말을 남겼는데, 아랫사람들의 속마음을 헤아리지 못하는 사람은 그들을 리드할 수 없기 때문에 리더는 아랫사람이 속마음을 터놓을 수 있도록 항상 노력해야 한다는 의미로 해석할 수 있다.

우리나라는 언제부턴가 '윗사람은 지시하고 아랫사람은 무조건 듣고 복종한다'는 관계가 당연시되었다. 사적인 자리인 회식에서도 부장이나 팀장 혼자 이야기하고 나머지 사람들은 모두 경청한다. 하지만 '아랫사람은 말하고 윗사람은 토닥여준다'는 관계로 전환될 때, 형식적인 리더십이 진정한 리더십으로 전환된다는 것이 서양의 종교, 인문학, 경영학의 공통적 결론이다. 그리고 이런 리더십 밑에서 사람들은 무엇인가를 생산하는 힘을 얻게 되는데 이런 자발적인 힘이 다름 아닌 오늘날 모든 조직이 추구하는 '창의력'이다.

스탈린이
러시아 최고의 지도자로
오래 군림할 수
있었던 이유

Standard 리더의 행동이 곧 조직의 규범이다

'standard'는 '규격' '기준'을 뜻한다. 한국 정부가 상품을 만들 때 특정 상품에 대한 일정한 기준을 정해두고 거기에 들어맞는 상품으로 인증을 하면 KS Korean Standard 마크를 붙일 수 있고, 상품이 글로벌 시장에서 사용되는 ISO의 여러 기준에 부합된다면 ISO 인증을 받을 수 있다.

비즈니스에서 '스탠다드 선점 전쟁'이 화두다. 스탠다드 전쟁의 교과서적인 사례는 비디오테이프가 처음 출시되던 때 일본의 소니사와 미국의 JVC사가 벌인 치열한 경쟁이다. 소니와 JVC는 비슷한 시기에 비디오테이프 제작 기술을 개발했다. 그런데 두 회사의 테이프는 사이즈와 감기는 속도가 달랐다. 소니는 비디오 재생 기술에 베타맥스라는 이름을 붙이고 자체적인 VTR을 만들어 판매할 계획이었다. 기술을 독점하기 위해 다른 회사에 공개하지 않고 최상의 기기 만드는 데 집중했다. 이에 비해 미국의 JVC는 다른 회사에게 자사의 비디오테이프 제작 기술을 공개했다. VHS 테이프 사이즈 등 규격만 맞으면 어떤 회사의 VTR에서도 비디오 테이프를 재생해서 볼 수 있도록 규격, 즉 스탠다드를 전파한 것이다. 그러자 여러 회사가 VHS용 VTR을 생산했고 이를 보유한 사람들이 소니 기기를 보유한 사람보다 훨씬 많아지면서, 비디오 대여점에서는 VHS 테이프만 취급하게 되었다. 점차 가정집에서도 베타맥스 테이프와 소니사의 비디오 재생 기기인 VTR이 사라졌다.

오늘날까지 방송 기술자들은 소니의 베타맥스가 VHS에 비해 화질이 뛰어나고 크기가 작고 가벼워 사용이 훨씬 편리한 좋은 기술이라며 아쉬워한다. 소니는 이처럼 훨씬 더 좋은 기술을 개발하고도 시장의 테이프 사이즈와 포맷의 규격, 즉 스탠다드를 선점하지 못해 JVC에게 시장을 내주어야 했다.

이 사건 이후로 세상의 거의 모든 기업들은 자사 개발 기술 규격을 가장 많은 유저들이 사용하도록 스탠다드를 선점하는 것을 중요한 경영 노하우로 여기게 되었다. 이에 따라 휴대폰, 태블릿 PC 등에서도 자사 개발 플랫폼을 가장 많은 사람들이 사용하게 하기 위한 '스탠다드 전쟁'이 치열하게 벌어졌다.

사실 스탠다드를 서로 차지하려는 전쟁은 유럽 중세기에 본격적으로 시작되었다. 원래 '스탠다드'는 '부대의 깃발'을 의미했다. 유럽에서는 전쟁이 잦았고 전쟁이 날 때마다 깃발을 빼앗긴 부대는 패배할 수밖에 없었기 때문에 깃발, 즉 스탠다드를 지키기 위해 목숨을 걸곤 했다.

1300년대의 일이다. 프랑스 왕 필립 4세는, 프랑스에서 독립하려던 플랑드르(오늘날의 벨기에)의 후작과 치열한 전쟁을 치렀다. 필립 왕은 페벨 언덕이라는 작은 산 위에 진을 친 플랑드르군의 요새를 포위했고, 플랑드르군은 독 안에 든 쥐처럼 요새 안에서 굶주리는 처지가 되었다. 필립 왕이 이긴 전투나 마찬가지였는데, 막다른 골목에 놓이게 된 플랑드르군이 죽기살기로 포위를 뚫으려고 파벨 언덕에서 내려오기 시작했다. 필립 4세 왕의 군대와 플랑드르 군대가 맞닥뜨렸다.

그런데 전투로 혼란해진 동안 필립 왕이 50명의 기사와 함께 프랑스군 본진에서 분리되고 말았다. 플랑드르의 기마대는 때를 놓치지 않고 본진과 떨어진 왕을 포위했다. 플랑드르 기마대 수백 명에게 둘러싸인 왕의 근위대 50명은 죽을 힘을 다해 싸웠다. 그런데 그때 항상 왕 옆을 지키며 왕의 깃발, 즉 스탠다드를 관리하는 군인인 앙소 드 셰브루스가 조용히 깃발을 들어올려 프랑스 본진에게 왕 옆으로 집합하라는 신호를 보냈다. 그사이 페벨 언덕을 반쯤 올랐던 프랑스 본대가 왕의 깃발을 보았고, 산에서 굴러 내려오는 바위의 기세로 달려와 플랑드르 기사들의 측면과 후면을 쳤

다. 전장은 말과 병사들의 비명소리와 창검소리로 뒤덮였다. 결과
는 프랑스군의 대승리였다. 전쟁이 끝날 무렵에야 프랑스군은 갑
옷을 입은 채 말발굽에 밟혀 죽은 기수 앙소 드 셰브루스의 시체를
발견했는데, 죽은 채로 왕의 깃발을 하늘 높이 쳐들고 있었다고 한
다. 무전기가 없던 시대의 군인들은 '스탠다드를 따르라'는 단 하나
의 행동 기준만으로 작전을 수행했기 때문에, 스탠다드만 잘 잡고
있어도 전쟁에서 이길 수 있었던 것이다.

　총이 발명된 후에도 스탠다드 전쟁은 계속되었다. 나폴레옹
이 이탈리아에 쳐들어갔던 18세기 말, 오스트리아군과 프랑스군이
리볼리라는 곳에서 결전을 벌였다. 전해지는 이야기로는 나폴레옹
부대의 기수가 칼싸움을 하다가 죽자 오스트리아 군인들이 재빨리
프랑스 깃발을 빼앗았다고 한다. 그런데 프랑스 군인 중에는 베르
나르라는 병장이 있었다. 그는 이미 거의 적진으로 들어간 아군 깃
발을 쫓아가 오스트리아 군인을 죽이고 깃발을 되찾았다. 물론 혼
자 적진으로 달려간 그는 한꺼번에 20발의 총알을 맞고 죽었지만,
그의 뒤를 따라 깃발을 쫓아온 프랑스군은 사기가 높아져 쉽게 적
진을 부수고 깃발을 되찾을 수 있었다. 베르나르 병장은 죽으면서
"전우들이여, 당신들이 이 깃발을 지켜낸다면 나는 행복하게 저승
으로 가겠다"라는 말을 남겼다고 한다.
　무전기가 없던 시대의 병사들은 깃발만 보고 자신이 어느 줄
에 서야 할지, 어느 방향으로 움직여야 할지, 공격할 시점인지 도망

갈 시점인지를 즉시 구분했다. 깃발을 들고 다니는 기수가 적의 공격으로 쓰러지면 병사들은 자신의 위치나 움직일 방향의 기준점을 잃게 돼 동물적 생존 본능에 의존해서 뿔뿔이 흩어져 도망쳤다. 하지만 '깃발을 따르라'는 행동 규정하에 뭉치면 병사들은 즉시 대열을 잘 갖춘 씩씩한 군대가 되었다. 전쟁터에서의 부대 깃발은 곧 조직이고, 조직은 곧 깃발이었다. 18세기 프랑스 군대를 여러 번 승리의 길로 이끈 오베르 장군은 이런 말을 남겼다. "군대라는 조직은, 서로 먼 지역에서 모여 20개의 다른 언어를 쓰고 서로 다른 종교를 믿고 서로 다른 조상을 가졌으며 배웠거나 그러지 못한 수많은 사람들을 하나로 묶어 세상 모든 사람이 가슴으로 이해할 수 있는 말 한마디로 움직이도록 해야 하는데, 그것을 할 수 있는 것은 깃발밖에 없다."

병사들은 아무 생각 없이 깃발을 따라다녔다. 깃발이 앞으로 가면 전진하고, 깃발이 뒤로 가면 후퇴하고, 깃발이 넘어지면 흩어졌다. 그렇게 깃발의 행동이 부대 전체의 행동 기준이었기 때문에 부대기가 넘어지지 않도록 한 사람들은 역사적 영웅이 되었고, 부대기를 뜻하던 standard라는 단어는 다른 사람들이 따르는 모범, 규범이라는 뜻이 되었다.

세계적인 리더들은 자신의 일거수일투족이 마치 거울에 비친 것처럼 조직원들의 행동을 통해 그대로 돌아온다는 것을 알고 있었다. 그래서 병사들에게 목숨을 내놓으라고 하기 전에 스스로를 처형하거나 사랑하는 자식을 죽음으로 내몬 경우가 많았다.

고대 그리스 신화를 보면 그리스의 왕 아가멤논이 사냥 중에 임신한 토끼를 죽였다고 한다. 당시 임신한 동물을 죽이는 일은 도리에 크게 어긋나는 행동으로 아가멤논 왕은 사냥의 여신 아르테미스의 커다란 분노를 샀다.

어느 날 아가멤논은 바다 건너에 있는 트로이라는 도시를 침략하기로 결심했다. 트로이 전쟁에 출전할 그리스 모든 도시국가의 왕들을 설득해 1,000대의 전함을 집합시켰는데, 화가 풀리지 않은 아르테미스가 계속 폭풍을 보내 출전 날짜가 기약 없이 미루어졌다. 아가멤논은 군인들 앞에서 전쟁을 성공으로 이끌 수 있다면 어떤 행동도 불사하겠다는 맹세를 한 후 폭풍이 멈추지 않는 이유를 물었다. 성직자는 아가멤논이 지난날 임신한 토끼를 사냥한 죄 때문에 풍랑이 멈추지 않는 것이니, 아가멤논이 가장 소중히 여기는 것을 희생시켜야 폭풍을 멈추게 할 수 있다며 여신 아르테미스의 뜻을 전했다. 아가멤논에게 세상에서 가장 소중한 것은 사랑하는 딸이었다. 그는 아내인 왕비에게 급히 전갈을 보내, 딸과 그리스 최고 용사인 아킬레스의 혼사가 이루어졌으니 딸을 즉시 자신의 부대로 보내라고 했다. 그리고 딸이 도착하자 아가멤논 왕은 모든 그리스 용사들이 모인 자리에서 딸을 묶어 제단 위에서 불태웠다.

폭풍 때문에 출전을 꺼리던 그리스 여러 도시국가에서 온 왕들은, 세상에서 가장 사랑하는 딸을 죽여서라도 그리스 군인들과의 맹세를 지키는 흔들리지 않는 잣대 같은 아가멤논을 믿고 따라,

10년 동안 가족과 고향을 등지고 멀리 떨어진 트로이에서 병사들을 이끌고 목숨을 건 전쟁을 벌여 마침내 트로이를 멸망시켰다.

제2차 세계대전에서 러시아를 승리로 이끈 스탈린 역시 비슷한 일화를 남겼다. 그에게는 야코브라는 아들이 있었다. 러시아에 독일이 침공하자 야코브는 아버지의 권유에 따라 군에 입대해 포병 중위가 되었다. 독일군이 튼튼한 신형 탱크와 고속 폭격기들을 앞세워 폭풍처럼 러시아로 밀고 들어오던 때, 야코브는 독일군의 포로가 되었다. 독일군은 러시아군의 사기를 떨어뜨리기 위해 폭격기를 동원해 다음과 같은 내용의 전단지를 러시아군 진영에 대량으로 살포했다. "스탈린의 아들은 자기 목숨을 구하는 길을 선택했다. 스탈린의 아들이 이 전쟁에 목숨을 바치지 않는다면 당신들도 목숨 바쳐 싸울 필요가 없다." 리더를 역할 모델로 여기는 군중심리를 이용해 러시아 군인들의 마음을 흔든 것이다.

그때 마침 독일의 유능한 장군 한 사람이 러시아의 포로가 되었다. 독일군은 '스탈린의 아들'이라는 중요한 인물 정도라면 러시아의 포로가 된 독일 장군과 맞바꿀 만하다고 생각하고 스탈린에게 두 포로의 교환을 제안했다. 그러나 스탈린은 리더답게 대처했다. "장군과 소위를 1:1로 교환하는 법은 없다"며 단호히 거절한 것이다. 결국 그의 아들은 독일군 총에 맞아 숨졌고, 친아들을 살리는 것보다 군법을 조금도 어기지 않는 길을 택한 스탈린은 여러 악행에도 불구하고 구부러지지 않는 잣대로서의 리더로 인정받아 제

2차 세계대전 이후에도 러시아 최고의 지도자로 오랫동안 군림할 수 있었다.

사람들은 계속 바뀌는 상황과 위험 속에서도 변함없이 믿을 수 있는 규격과 잣대를 필요로 한다. 지도자가 구부러지지 않는 잣대 역할을 하면 따르는 사람들은 목숨 걸고 그를 따른다. 그래서 리더의 행동은 항상 앞뒤가 같아야 하는 것이다. 현대 조직 운영학의 아버지라고 알려진 허버트 사이먼은 이것을 '명령 일치Unity of Command'라고 불렀다. 즉 윗사람이 논리적으로 상반된 두 가지를 동시에 요구하는 명령을 내리면 리더 자격을 상실한다는 것이다.

요즘 많은 디자이너들이 SNS에 상사가 "모던하고 심플하면서도 클래식한 상품을 만들라"는 지시를 내렸다며 푸념을 종종 올린다. 모던은 현대적인 것이고 클래식은 그 반대 개념인 고전적인 것이다. 두 지시가 상반되어 디자이너들로서는 일의 방향을 찾을 수 없는 것이다. 한 부대에 두 개의 깃발이 있으면 안 되는 것처럼 한 상사가 두 개의 상반된 명령을 내리면 따르는 사람들이 명령대로 움직일 수 없게 된다. 만약 상사가 "은은한 톤으로 디자인 하라"고 지시하고는, 디자인을 다 마치니 "글씨를 노란색으로 해주면 안되겠나?"와 같은 지시를 한 달 간격을 두고 내렸다고 하자. 상사는 예전 지시를 잊어버렸을 수 있지만 실무를 맡은 아랫 사람은 상사의 상반된 지시에 깃발을 잃은 병사처럼 갈팡질팡하지 않을 수 없게 될 것이다. 이런 상사는 아랫사람들에게 지도자ruler, 즉 잣대로서의 기능이 없는 무시해도 되는 상사로 인식될 수 있다.

　미국의 한 목사는 "아이들이 말을 안 듣는다고 불평할 것이 아니라, 당신을 항상 쳐다보고 있다는 것을 두려워해라"라고 말했다. 아내가 아이들 앞에서 남편을 하찮게 대하면 아이들도 아버지에게 막말을 하게 된다. 윗사람과 아랫사람은 엄연히 다르기 때문에 윗사람은 아무렇게나 해도 된다고 생각하는 것은 큰 착오다. 조직이나 일 관계에서도 마찬가지여서 자신의 후배, 가르치는 학생, 부하 직원들의 보기 싫은 모습은 자신의 모습일 가능성이 많다. 아래 직원들의 행동에 대해 불평하기 전에 스스로 거울을 한번 들여다보라고 서양 인문학은 우리에게 말한다.

Chapter 3

인문학으로 배우는
창의성

모차르트의
영감은
뮤즈의 선물이
아니었다

Creative 창의성은 서서히 자라는 것이다

요즘 학교는 물론 정부단체, 기업에서까지 '창의성creativity'이 뜨거운 화두다. 똑같은 문제에 대한 살짝 다른 접근만으로도 비용 절약, 신상품 개발, 새로운 마케팅 전략 등 경쟁사를 견제할 수 있는 엄청난 파워가 생긴다는 점이 알려져서이다. 정부, 학교, 기업 등의 조직은 조직원들에게 창의적인 인재가 되라고 강조한다. 그러나 정작 창의성의 비밀은 오묘하기만 하다.

뉴욕의 사진가 척 클로스는 창의성에 대한 많은 명언을 남겼다. 화가로서 손이 마비되는 위기를 겪은 척 클로스는 오히려 이 상황을 창의의 기회로 승화시킨 사람으로 더욱 유명해져 미술 역사에 남아 있다.

척 클로스는 뉴욕에서 열린 예술 장려를 위한 행사 시상식에 참석했다가 시상식 연설이 끝나자 갑자기 쓰러져 병원으로 실려 갔다. 그는 병원에서 갑작스런 신경근육계 마비로 남은 인생을 반신불수자로 살아야 한다는 진단을 받았다. 고통스럽고 지루한 물리치료 끝에 팔을 간신히 움직이고 몇 걸음 걸을 수 있는 정도로는 회복이 되었지만 온전한 몸을 되찾지는 못했다.

섬세한 붓 터치로 명성을 얻은 그에게 손을 자유롭게 쓸 수 없게 된 것은 가장 큰 아픔이었다. 그러나 척 클로스는 손목에 붓을 묶어 그림을 그리며 계속적인 작품활동을 해나가면서 새로운 기법과 스타일을 창조했다. 가벼운 붓 터치를 하는 대신, 사진 위에 무딘 손놀림으로 그릴 수 있는 큰 사각형을 여러 개 그려 멀리서 보면 사람의 얼굴이 입체로 보이게 하는 새로운 표현법을 개발했다. 그는 장애와의 싸움을 '현실주의 사진Photorealism'이라는 새로운 예술 형식으로 발전시켜 나갔다. 사람들의 얼굴을 클로즈업으로 찍고 그 위에 잉크, 콩테, 붓 터치로 얼굴의 질감과 입체감을 표현하는 창의적인 기법으로 명성을 얻었는데, 사실 그의 창의적인 사진 스타일은 반신불수가 된 장애를 이겨내려는 여러 시도에서 수십 년에 걸쳐 완성된 것이다.

척 클로스는 언론이 "어려운 여건 속에서도 새로운 예술 기법을 발명할 수 있었던 창의성이 어디서 나오는지" 그 비결을 묻자,

"아이디어가 나올 때까지 계속 작업을 하면서 이것저것 해본다"라고 단순하게 답변했다.

그런데 그가 '이것저것 해보는' 기간은 사실 아주 길었다. 그는 한 작품을 무려 13년에 걸쳐 제작하기도 했다. 척 클로스의 대표작 중 하나는 현대음악가이자 유명 영화음악 작곡가인 필립 글라스의 초상화이다. 그는 이 사진 한 장을 가지고 1969년에는 흑백으로 작업했고, 1978년에는 스탬프와 손가락 자국을 이용해 다시 작업했다. 그리고 1982년에는 회색 수제 종이에 다시 작업해 걸작을 완성했다. 즉, 척 클로스는 하나의 작품이 서서히 자라도록 13년 동안 세 번에 걸쳐 새로운 기법으로 재작업해 전혀 새로운 스타일의 사진 예술을 완성한 것이다.

척 클로스는 "영감을 어디에서 얻는가?"라는 질문에 "영감? 영감은 아마추어들이나 찾는 것이죠. 우리 '프로들'은 그냥 아침에 작업실에 일하러 갑니다. 꾸준히 작업을 하는 행동 자체에서 무엇인가가 자라나기를 기다립니다. 일하다 보면 새로운 문이 발견되고, 그럼 그 문을 발로 걷어차죠. 그냥 앉아서 '위대한 예술적 아이디어'만 찾는다면 상상도 할 수 없는 길이 나타납니다. 이런 규칙적인 반복은 오히려 예술가를 자유롭게 해줍니다. 매일 새로운 것을 해야 한다는 압박을 없애주니까요. 오늘 내가 무슨 일을 해야 하는지는 누구나 다 알죠. 어제와 같은 일을 할 테니까요. 그리고 내일도 오늘과 같은 일을 하게 되겠죠. 그 일을 꾸준히 하면서 어느 기간 동안 버티면 뭔가는 되게 되어 있습니다"라고 창의성에 대한 명쾌한 해답을 내놓았다.

우리는 보통 창의성 높은 사람을 만화로 그릴 때 머리 위에 전구가 갑자기 '뿅' 켜지는 것 같은 그림을 함께 그린다. 아이디어가 허공에서 나타난다고 생각하기 때문에, 일부 천재들의 선천적 재능이나 전위예술가의 타고난 재능 같은 것을 창의성이라고 생각하기 쉽다. 하지만 예술가들은 척 클로스처럼 창의성은 갑자기 튀어나오는 것이 아니라 '자라나는 것'임을 잘 알고 있었다. creative라는 단어의 원래 의미는 스위치를 누르면 단숨에 켜지는 전구와 관련이 없고 무엇인가를 천천히 길러내는 농사와 관계가 깊다. creative는 아기, 동물, 곡식 등이 '자라다'를 뜻하는 라틴어 crescere가 어원이다.

사실 creative의 어원은 우리가 잘 아는 단어 속에 들어 있다. 예를 들면 음악에서 소리가 점점 커져 절정에 이르는 것을 '크레셴도crescendo'라고 한다. 또 초승달이 자라면 반달이 되고 반달이 자라면 보름달이 되기 때문에 초승달 모양의 빵을 '크루아상croissant'이라고 부르고 있다. 이렇게 creative는 전구가 켜지는 것처럼 '갑자기 툭 튀어나오는 생각'이 아니라, 시간이 경과하면서 초승달이 점점 동그랗게 차오르는 것, 밭에 씨를 뿌리면 식물이 서서히 자라는 것, 음악 소리가 천천히 올라가다가 절정에 달해 콘서트 홀을 가득 채우는 것처럼 서서히 '자라나는' 것이다.

사실 창의성에 대한 오해는 예술가들의 마케팅에 기업가들이 속아 만들어진 면이 있다. 프랑스 시인 알퐁스 드 라마르틴의 경우 그 오해와 진실을 가장 잘 보여준다. 라마르틴은 자신의 시 쓰는 방법에 대해 "정원을 걸으면서 명상을 하다보면 갑자기 하늘에 쓰여 있는 시구가 보인다"며 말하고 다녔다. 하지만 라마르틴 사망 후 발견한 그의 유품에서 같은 시를 수백 번 수정한 노트가 나왔다. 결국 라마르틴의 탁월한 시적 능력은 뮤즈가 갑자기 내려준 영감이 아니라 시간적 여유를 가지고 쓰고 또 쓰고 고쳐 쓰다가 자라난 결과물이었던 것이다. 하지만 라마르틴은 자기가 천재라는 이미지를 만들어 시집을 많이 팔았고, 그가 만든 천재의 이미지가 인문학 안에서 자리잡았다.

사람들이 흔히 신동의 표본으로 뽑는 모차르트의 경우도, 그의 아버지 또한 음악가였다는 사실을 간과해선 안 된다. 아장아장 걷던 아기 때부터 공교육을 받는 대신 아버지의 공연장을 쫓아다니며 음악에 젖어 살았던 모차르트는 이미 13살 때 음악과 공연 경력이 10년 넘는 경력자였다. 그럼에도 모차르트의 아버지는 '신동'이라는 이미지로 모차르트의 공연 티켓을 팔았다. 그것은 어디까지나 마케팅이었으며 오페라, 교향곡, 소나타를 수백 곡 지어낸 모차르트의 창의적 파워의 본질은 음악적 재능을 조기에 발굴하고 오래 숙성시킨 결과물인 셈이다.

이런 관점에서 보면 창의력의 가장 큰 적은 '빨리빨리' 문화이다. creative는 '키워낸다'는 뜻인데, 새싹이 나오는 중에 더디게 자란다며 손으로 끌어당긴다고 더 빨리 자라는 것도 아니고 달에게 빨리 커지라고 고래고래 소리를 지른다고 초승달이 더 빨리 보름달이 되는 게 아닌 것은 당연하다.

얼마 전 〈창의성과 시간〉이라는 제목의 유튜브 비디오가 전 세계적으로 크게 주목을 받았다. 초등학생들에게 시계를 1분 안에 그리라고 했더니 아이들이 모두 같은 모양의 시계를 그렸다. 그런데 그 아이들에게 다시 5분 동안 그리라고 했더니 이번에는 여러 가지 재미있는 그림이 나왔다.

한국 관리자들은 보고서 등의 과제 제출이 임박해서야 자기가 원하는 것을 정확하게 말해 직원들이 허겁지겁 일을 하게 만드는 경우가 많다. 과제를 명확하게, 미리미리 제시해 직원들이 여유 있게 일을 끝낼 수 있도록 해주어야 창의적인 결과가 나온다는 것을 인문학을 통해 알 수 있다. 또 조직원들의 입장에서는, 미리 과제가 주어졌는데도 마감일이 임박해서 일을 하면 절대로 창의적인 아이디어가 나오지 않는다. 미리 일을 끝내 놓고 남은 시간에 한두 번 더 들여다보면 처음에는 절대로 보이지 않던 아이디어가 나오는 것이다.

한 한국인이 디트로이트에 있는 미국 자동차 회사에 취직했다. 일을 열심히 하려는 마음에 기한이 1주일 주어진 과제를 이틀 만에 제출했는데, 해고를 당했다고 한다. 미국 자동차 회사가 이틀 만에 끝낼 수 있는 일에 1주일의 시간을 준 것은 그 사람의 능력을

과소평가해서가 아니라, 5일 동안에 자기만의 아이디어를 보태라
는 뜻이었는데 그는 이를 간과했기 때문이다.

미켈란젤로가
설계한
튼튼한
8각형 요새

Art 창의성은 경험에서 나온다

세상에는 원래 창의적인 일을 전문적으로 하는 사람들이 따로 있었다. 바로 아티스트들이다. 최근에 갑자기 창의성이 주요 화두로 떠오른 것 같지만, 옛날의 왕실, 군대, 종교 조직들도 창의성을 중요시해 항상 아티스트들과 공생해 왔다.

르네상스 시대에 교황의 자리에 오른 율리우스 2세는 고민이 있었다. 유럽의 왕들이 자꾸 교황의 권위를 무시하고 군대를 앞세워 바티칸 시에 쳐들어오는 것이었다. 율리우스 2세는 교황청의 권위가 바로 서려면 최소한 바티칸이 자주국방력을 갖춰야 한다고 생각했다.

로마에서 가까운 곳에 치비타베키아라는 도시가 있었다. 교황은 이곳에 있는 허름한 성을 재건해 바티칸 군인들의 요새로 사용하려고 했다. 그런데 이 시대에는 대포가 많이 보급되고 있어서 중세기 공법으로 지은 성벽은 대포 몇 발이면 무너졌다. 창의적인 솔루션이 필요했던 율리우스 2세는 기술자를 찾아간 것이 아니라 당시 교황청의 시스틴 예배당에서 〈천지창조〉를 그리고 있던 화가 미켈란젤로를 찾아갔다.

미켈란젤로는 사실 천주교에서 좋아하기 힘든 인물이었다. 일단 미켈란젤로는 다른 신도들 앞에서 교황에게 대드는 아주 무례한 인물이었다. 교황이 자기 그림에 대해 조금이라도 비판을 하면 하던 일을 당장 때려치우겠다며 물감과 붓을 내동댕이치며 고함을 질러댔다. 미켈란젤로는 성격만 별난 것이 아니었다. 천주교에서 소돔과 고모라의 죄인이라고 해서 금기시하던 동성애자였다. 미켈란젤로는 공공연히 남성 모델들과 연애편지를 주고받았고, 남자 모델에게 버림을 받아 우울증에 빠지기도 했다. 오늘날도 미켈란젤로 하면 몸을 비틀고 있는 남성 누드화가 유명하다. 그는 교황청 천장화에 남성 누드를 너무 섹시하게 그려 추기경들 사이에 선정성 논란을 빚기도 했다. 실제로 율리우스 2세가 죽은 후 후임으로 즉위한 교황은 성전에 게이 예술가가 그린 남성 누드가 있는 것을 허용할 수 없다며 시스틴 천장화 전체를 긁어내라고 명령하기도 했다.

율리우스 2세는 이런 미켈란젤로를 수용했는데, 이것은 단지 율리우스 2세가 미켈란젤로의 그림과 조각을 좋아해서가 아니다. 그는 뛰어난 아티스트가 창의적인 솔루션을 제공하는 최고의 싱크탱크라는 것을 잘 알고 있었던 것이다.

율리우스 2세는 튼튼한 요새를 짓기 위해 창의성이 탁월한 미켈란젤로에게 대포 공격을 가장 잘 견뎌낼 수 있는 요새를 그려보도록 했다. 당시의 대포알은 직각으로 맞아야 파괴력을 발휘할 수 있었는데, 미켈란젤로는 요새의 모든 벽면을 비스듬하게 지으면 대포알이 튕겨 나가 위력이 없을 것이라고 설명하며, 벽면들이 비스듬하고 하늘에서 보면 8각형 모양인 요새를 그렸다. 율리우스 2세는 미켈란젤로의 아이디어대로 요새를 지었고, 이 디자인의 효과가 확실하게 증명되어 유럽 건축에서 중세기의 성이 사라지고 8각형 모양의 요새가 여기저기 건설되었다. 이렇게 율리우스 2세는 창의적인 아이디어를 가진 예술가를 곁에 두면 여러모로 유용하다는 점을 잘 알고 있었다.

이런 아이디어가 어디서 나왔는지 잘 이해하지 못했던 옛 사람들은, 하얀 백지를 아름다운 문장으로 채워나가는 시인, 평평하고 단순한 천이나 종이 위에 간단한 붓놀림으로 지상과 천상과 심상의 형상들을 그려내는 미술가에게 '신기'가 있다고 생각해 아티스트들을 신성시했다. 하지만 사실 아티스트라는 단어의 어원은 창의력의 원천이 천재적인 구상이 아니라 끊임없는 실수와 실패를 통해 길러진 '감'과 '촉'임을 알려준다.

중세기 후반의 이탈리아에는 갑옷을 만들거나 천을 짜거나 약을 짓는 등의 일을 하는 각 분야의 전문가들이 많았다. 그런데 이런 전문가들의 돈벌이가 좋다 보니 자꾸 농민들이 논밭을 버리고 도시로 이사해 도시에 사람이 너무 많아졌다. 이탈리아 도시국가들은 오늘날의 '의사협회' '변호사협회' 같이, 같은 전문직에 종사하는 사람들끼리 '직조공 협회' '대장장이 협회' 등을 만들고 협회 멤버만 가게를 열 수 있는 엄격한 법을 만들어 전문직 종사자 숫자를 제한하고 상품의 품질도 보호했다. 이탈리아 사람들은 이 협회들을 '연마된 기술'이라는 뜻의 라틴어를 빌려 아르테arte라고 불렀고, 이 협회에 속한 사람들을 '아티스타artista', 영어로 '아티스트artist'라고 불렀다. '아르테' 회원이 되려면 협회가 인정한 전문가가 운영하는 회사에 들어가 약 6년간 견습을 받아야 했다. 물을 길어오고 화로에 불을 때고 재료를 준비하고 공구를 정비하는 등 잡일을 하며 6년이라는 긴 시간을 버텨내야만 독창적인 작품을 만들수 있는 자격을 인정받았던 것이다. 또 그것만으로는 부족해 이들은 자기 고향 협회의 추천서를 받아 전 유럽을 돌며 같은 분야에서 가장 이름난 스승들을 찾아가 몇 년씩 배웠다.

이 '여행기간journeymanship'이 지나면 마침내 자기만의 독창적인 작품을 만들 수 있는 자격이 주어졌고, 조합arte의 멤버라는 뜻의 아티스트라는 타이틀을 쓸 수 있었다.

지금 우리는 미술가들을 지식인이라고 생각하지만 오늘날 우리의 감탄을 자아내는 건축물, 그림, 조각품을 만들어낸 당시 아티스트들 중에는 글을 읽지 못하고 미술사나 미학에 대해 아무것도 모르는 사람들이 대부분이었다. 일본 소설《냉정과 열정 사이》의 소재로도 유명한 이탈리아 피렌체 성당의 돔 지붕을 건설한 이탈리아 르네상스 건축가 브루넬레스키는 '실크 및 금 제조 조합'의 멤버였고 건축이 부업이었다. 초기 르네상스 최고의 화가로 알려진 마사쵸는 약사협회의 멤버였다. 그는 약을 만들면서 배운 화학 지식을 물감에 응용해 화가가 되었다고 한다. 머리에서가 아닌 6년 동안 돌, 물감, 금속과 함께했던 그들의 몸속에서 새로운 작품 아이디어가 나왔던 것이다.

창의력은 가만히 앉아서 구상을 하는 사람에게 찾아오는 것이 아니라 오랜 경험에서 나온 손재주와 '감'이 바탕이 된다고 art의 어원은 분명히 말해준다. 그런데도 우리는 머리에서만 아이디어를 얻으려고 하는 경우가 많고 실습보다 컴퓨터 앞에서 하는 공부와 일을 중요시한다. 2000년대 초에 주목받았던 한 IBM 광고에, 어떤 사무실을 방문한 비즈니스맨이 바닥에 주욱 누워 있는 직원들의 모습을 보고 놀라는 장면이 나온다. 비즈니스맨이 누워 있는 그 회사 직원들에게 도대체 뭐하는 것이냐고 묻자 "우리 아이디에이팅 중이에요"라고 대답한다. 이 광고가 인기를 끌면서 아이디어 짜내는 중이라는 의미의 신조어 '아이디에이팅'이 유행을 했지만, 사실이 광고는 가만히 앉아서 아이디어가 찾아오기만을 기다리고 있는 사람들을 비꼬았다.

이런 '감'은 세계적인 기업가들에게도 중요한 자산이었다. 스페인 출신 패션디자이너 발렌시아가는 세탁소를 운영하는 어머니 밑에서 10대가 되기 전부터 바느질을 배워 명품 옷을 만들 수 있었다. 수백 년 동안 이탈리아 최고의 와인회사 중 하나를 운영해 온 '프레스코발디' 가문은, 와인 생산 교육을 3살 때 아버지와 같이 와인통을 만들 목재의 냄새를 맡는 것에서 시작했다고 말한다. 스티브 잡스는 어렸을 때부터 실리콘밸리에서 살며 수많은 테크놀로지 회사 간부들의 말을 들었고, 자기도 십대부터 사업의 성공과 실패를 경험하며 벤처 '아티스트'가 되었다. 이런 창의력의 근간은 절대로 책상 앞에 앉아서 배울 수 없다.

뉴욕 '플랫아이언 벤처'의 투자자로 일하던 시절 제프 콜로나는 "대부분의 벤처 사업가는 4번 망해본 다음에 성공한다"라고 했다. 유럽 최고의 에너지 회사 로열 더치 셸의 창의성 부서 '게임체인저'는 "기름 없는 곳에 드릴을 박아라"라고 가르친다. 그래서 젊은 나이부터 책상 앞에 앉아 있는 시간보다 수많은 경험을 해본 사람이 결국 성공하는 경우가 많다. '떨어져본 새가 날아오른다'는 옛 아랍 속담처럼 말이다.

그리스 의사 히포크라테스의 명언 "Ars Lunga Vita Brevis"를 한국인들은 대부분 "예술은 길고 인생은 짧다"라고 번역한다. 그런데 원래 라틴어로 'Ars'는 그냥 '일'을 뜻하기 때문에 제대로 번역하면 "일 하나 똑바로 배우려면 평생 해도 모자란다"이다. 이론이 전부라면 이런 말이 나올 리 없을 것이다. 창의적인 인재가 되는 것이란 실패와 경험을 바탕으로 하는 아주 느린 과정이라는 것을 고대 그리스의 한 의사가 이미 경험했던 것이다.

시인
페트라르카가
황량한 산에
올랐던 이유

Culture 창의력의 씨를 뿌리려면 마음의 밭부터 갈아라

아무리 오랫동안 실전 경험을 쌓아도 창의성이 길러지기는커녕 기계처럼 같은 실패를 반복하는 사람들이 있다. 서양 인문학에서는 준비가 되지 않은 사람의 경험은 헛된 것이라고 말한다. 로마시대부터 서양 인문학은 농부가 씨를 뿌리기 전 밭부터 갈듯 일을 배우는 사람도 건강한 몸과 마음이라는 밭을 갈아두어야 한다고 강조했다. 이렇게 마음의 밭을 가는 것을 '인문학'이라고 했다.

유럽 근대사에서 처음으로 '인문학자'라 불리는 사람은 14세기의 이탈리아 시인 페트라르카이다. 페트라르카는 괴짜로 유명했다. 그는 이탈리아 피렌체 출신이지만 교황청에서 일하는 아버지의 프랑스 발령으로 주로 프랑스에서 살았다. 그는 유난히 로마 인문학에 관심이 많았다. 예를 들면 로마의 시인 유베날리스의 시에서 "건강한 몸에 건강한 마음"이라는 구절을 읽고 너무 큰 감동을 받아 몸소 남프랑스의 방투 산을 등반했을 정도였다. 방투 산은 나무가 자랄 수 없는 하얀 석회로 뒤덮인 데다가 작열하는 태양볕과 거센 바람만 휘몰아치는 삭막한 곳으로 사람이 오를 만한 곳이 못 되었다. 부잣집 아들이 치렁치렁한 실크옷과 꽃신을 신고 모래바람을 맞으며 이 황량한 산을 오르는 것을 보고 사람들은 고개를 저으며 정신이 돌아버렸다고 놀렸다. 그런데 나중에는 심신을 단련하기 위해 산을 오르는 등산이 오히려 유행이 되었고, 페트라르카는 유럽 역사상 처음으로 산을 오른 레저등반가로 기록되어 있다.

페트라르카가 이렇게 로마에 관심을 가진 데에는 이유가 있었다. 당시 지식인들은 유럽이 옆 중동 국가에 비해 경제, 과학, 의학 모든 면에서 뒤처져가는 것에 대해 고민하고 있었다. 이탈리아인인 페트라르카는 세계를 호령했던 로마인들의 노하우가 유럽을 위기에서 구해줄 것이라고 생각하고 선조들의 정신세계를 연구했던 것이다.

로마제국의 시민계급은 수많은 이민족을 정복하고 그들을 데려다가 노예로 삼아 잘 먹고 잘살았다. 그들은 그 엄청난 부를 훈련되지 않은 자손들에게 그냥 물려준다는 것은 매우 위험하다는 생각을 했다. 그래서 어떤 상황에도 대응할 수 있는 강인한 몸과 유연하고 창의적인 사고를 갖추어 로마가 정복한 노예들을 힘과 지식으로 누를 수 있는 '자유인의 자격', 즉 'Liberal Arts'를 가르쳤는데, 주로 교훈으로 가득 찬 옛 영웅들의 성공담과 실패담을 통해서 가르쳤다. 이 교훈들 속에 로마의 성공 비결이 들어 있다고 생각한 페트라르카는 전 세계의 수도원을 돌며 로마인들이 후세 교육을 위해 쓴 책을 읽었다. 그러던 중 벨기에의 한 도서관에서 우연히 그동안 막연하게 존경해 온 고대 로마의 정치가 키케로의 책 한 권을 발견했다. 그는 이 책에서 '역사와 문학에 대한 공부가 자유인에게 꼭 필요한 인간성, 즉 'humanitas'를 연마하는 데 가장 필요하고도 좋은 방법'이라는 구절을 읽고 깊은 감동을 받았다. 페트라르카는 로마가 풍전등화의 위기에 처해 있을 때 나라를 구한 여러 영웅들의 인생을 소설로 재현했다. 미래의 리더들이 비슷한 위기에 처했을 때 영감을 받아 창의로운 아이디어로 대처할 수 있도록 하기 위해서였다. 페트라르카의 책이 큰 인기를 끌자 유럽에서는 로마 멸망 후 잊혀졌던 인문학 붐이 일었다. 그래서 오늘날까지 사람들은 페트라르카를 '인문학의 아버지'라고 부른다. 스토리텔링을 기반으로 한 창의성과 리더십 교육은, 전혀 새로운 것이 아니라 바로 인문학인 것이다.

인문학의 부활로 유럽이 얻은 놀라운 파워에 대해서는 세계 역사가 뚜렷이 증명해준다. 르네상스 이전만 해도 유럽은 세상에서 가장 지식 수준이 낙후된 미개한 땅이었다. 하지만 페트라르카가 인문학 공부를 부활시킨 후 갑자기 세계 무대에 등장해 이후 약 300년 동안 계속해서 전 세계의 경제, 문화, 풍습, 정치에 관한 창의적인 틀을 만들어내 세계 문명의 견인차가 되었다. 프랑스의 역사학자 장 델로모는 이에 대해 "르네상스란, 서구 사회가 나머지 모든 세계의 문명이 도저히 따라잡을 수 없는 가속을 시작한 시대다"라고 정의했다. 이런 역사적 경험을 가진 서구 문명은 1960년대까지만 해도 라틴어를 모르는 사람은 옥스포드 대학에 지원서조차 낼 수 없을 정도로, 옛 사람들의 삶의 지혜와 철학을 읽고 공부하는 것이 창의적인 지도자의 기본 소양이라고 굳게 믿어 왔다.

지금 미국 비즈니스 세계에서는 수리적 분석을 통해 주어진 문제를 최단기에 풀 수 있는 최상의 해결책을 찾는 데 익숙한 MBA 출신 경영진의 한계에 대한 논쟁이 분분하다. 이미 많은 미국 기업들이 인재 선발에 소수정예 인문계 대학인 LAC Liberal Arts College로 눈을 돌리고 있다. LAC는 많은 대학들이 경쟁사회 분위기에 휩쓸려 전문 지식 기반 교육으로 전환을 하는 동안에도 변함없이 중세 수도원처럼 전통적인 인문학 지식의 보루로 남아 있는 소규모 대학들이다. 교수는 학생과 직접 교정을 걸으며 고대의 지혜인 인문학 지식을 전수시켜 왔다. 당연히 여기서 공부한 학생들이 아이비리그 대학의 MBA 수업에서 배운 학생들과 달리 인간에 대한 근본적 질문을 던질 줄 알며, 글쓰기, 표현법, 남과의 소통에 뛰어나다는 점에서 미국의 많은 회사들이 이곳에서 배출된 인재 영입에 눈

독을 들이기 시작한 것이다.

　스위스 철학자 알랭 드 보통은 인문학의 역할은 예나 지금이나 변함이 없다고 주장한다. 예를 들면 인문학 없이는 비즈니스에서 고객의 니즈를 제대로 파악할 수 없다는 것이다. 고객은 사람이기 때문에 자신의 문화, 심리 상태, 사회적 위치에 따라 니즈가 다르기 때문이다. 알랭 드 보통에 의하면, '비즈니스 논리'는 "어떻게 하면 다른 호텔의 경쟁을 뿌리칠까?"이지만 '인문학'은 "도대체 인간의 내면 어디에 호텔에 대한 니즈가 있을까?"라고 질문하는 데서 출발한다고 말한다. 호텔 경영의 '경제학적 접근'은 "사람들이 왜 여행을 가고 싶어 하는지 알아내기보다 당장 다음 휴가철에 몇 퍼센트의 요금 할인이 고객 유치에 유리한지에 관심을 기울인다"며 "고객을 철학적 관점에서 바라보지 못하고 경제적 관점에서만 보는 회사는 결정적 경쟁력을 갖지 못하는 경우가 많다. 새로운 시장 가능성을 보지 못하고, 가격이나 마진만 가지고 장난치게 만든다"라고 말했다. _〈허핑턴 포스트The Huffington Post〉, 2013년 10월

　자본주의 역사가 시작되던 15세기경의 유럽에서 서양 최초의 재벌 총수가 된 코지모 메디치도 겉으로는 한가해 보이지만 실제로는 기본 소양을 열심히 닦을 시간을 갖는 여유가 한 개인의 사고 수준을 결정짓는다는 것을 잘 파악하고 있었다. 코지모 메디치는 마음의 밭을 갈기 위한 여가를 충분히 가져 창의적이고 유연한 마인드를 유지하는 것을 매우 중요시했다. 밭을 가는 동안에는 작

물이 자라는 모습을 가시적으로 볼 수 없지만, 사실은 가장 중요한 일이 바로 이처럼 영양분이 고갈되지 않도록 땅을 쉬게 해주고 지력을 높여주는 것이다. 코지모 메디치는 사람의 정신도 이와 같다고 생각하고 자신의 스케줄을 한가한 시간(라틴어로 '오티엄')과 바쁜 시간(라틴어로 '네코티엄', 오늘날 '네고하다'의 어원)으로 나눴다.

메디치는 북적대는 도시 밖에 정원으로 둘러싸인 별장을 짓고 이곳에서 비즈니스와 관계없는 음악가, 미술가, 철학자 등이 기거하도록 경제적으로 지원했다. 메디치는 여기서 이런 특이한 생각을 가진 사람들과 교류하며 문화생활을 하는 것으로 평소 부지런히 마음의 밭을 갈았던 것이다. 메디치 시대의 갑부들은 수준 높은 독서, 예술 감상, 토론을 'culture'라고 불렀는데, 말 그대로 '밭을 갈다'라는 뜻이다. 마음의 밭을 갈아둔 사람은 경험과 지식이라는 씨에서 창의성이라는 곡식이 무럭무럭 자랄 수 있는 기반을 가지고 있다는 의미이다.

창의성은 어디선가 갑자기 나타나는 것 같아도 실은 평소에 여유를 가지고 읽어둔 책, 들어둔 음악, 해온 생각 속에서 쉬지 않고 지속적으로 갈고 다듬어져 나온다. 즉 부지런히 기본 소양을 닦아두는 사람만이 창의적인 생각을 할 수 있는 토양을 갖게 되는 셈이다. 클린턴 전 미국 대통령은 색소폰을 잘 부는 등 세계적인 리더들은 대부분 음악, 문학, 철학에서 지혜를 얻기 때문에 사람들은 오늘날까지 문화 수준이 높은 사람을 존경한다.

굿이어가
포드 자동차와의 사업에
성공할 수 있었던
비결

Engineer 기술자를 예술가로 존중하는 조직은 성공한다

빌 게이츠, 스티브 잡스, 마크 저커버그 등은 세계인의 삶의 형태를 한순간에 통째로 바꾼 획기적인 기술제품들을 내놓고는 "나는 천재가 아니고 엔지니어일 뿐이에요"라는 망언을 했다. 엔지니어를 단순한 '기술자'라고 생각하는 우리는 이해하기 힘든 표현이다. 기술자는 창의적인 사람들이라기보다는 수학 문제를 잘 풀고 사소한 것에 집착하는 융통성 없는 사람이라는 인식이 팽배하다. 그런데 원래 엔지니어는 '타고난 창의성의 천재'를 뜻하며 서양에서는 엔지니어를 예술가들만큼 괴팍하고 오리지널한 사람들로 인정해 왔다. engineer라는 단어는 전쟁으로 얼룩진 중세기 영국의 역사에

서 나왔는데 당시 영국인들은 이들을 예술가와 마찬가지로 신비로운 존재로 우러러보았다.

  '엔지니어'라고 불리는 사람들을 처음으로 고용한 사람은 프랑스 귀족 기욤 드 노르망디이다. 그는 프랑스 북부 하얀 기암괴석들이 장관을 이루는 노르망디라는 지역의 공작이었다. 언젠가 왕이 되겠다는 야망에 불타던 그는 영국이 혼란에 빠진 틈을 타 급습, 영국 왕과의 전투에서 승전했다. 그 이후로 노르망디의 젊은 공작은 영국과 프랑스 양국을 다스리는 왕이 되었고 '정복자 윌리엄 (기욤의 영국식 발음)'이라는 별명으로 불리며 유럽 역사에 길이 남게되었다. 그러나 당시의 영국 국민들은 프랑스에서 나고 자란 데다 영어조차 모르는 윌리엄을 자신들의 왕으로 인정하지 않고 이방인 취급했다. 이런 사정을 잘 아는 윌리엄은 자신이 데리고 온 몇 안 되는 프랑스 기사들을 얄보고 영국인들이 떼로 뭉쳐 반란을 일으킬 것에 철저히 대비하기 위해 목공, 석공들 중 머리가 비상하고 재주가 탁월한 사람들을 소집해 싱크탱크를 만들었다. 우리도 번지르르한 말로 사람을 잘 속이거나 꾀가 많아 특이한 일을 손쉽게 해내는 사람을 보면 "타고났다, 타고났어"라며 감탄한다. 라틴어로 genius는 '타고난 사람'이라는 뜻이기 때문에 사람들은 정복자 윌리엄의 싱크탱크를 '머릿속에 꾀가 잔뜩 든 천재 기질이 있는 사람'이라는 의미로 '엔지니어 in-geniu-ior'라고 불렀다.
  윌리엄의 엔지니어들은 '성 castle'이라는 특이한 장치를 개발했다. 영국 곳곳의 크고 작은 도로는 물론 배가 지나다니는 물길 요지에 높은 사각형 돌담을 쌓았다. 성의 담벼락은 안에서 몸을 숨겨 다가오는 적에게 활을 쏘아 공격할 수 있는 구멍들이 숭숭 뚫려 있었다. 벽에는 미끄럼틀 모양의 구멍을 뚫어 적이 다가오면 성 밖으로 커다란 바위를 굴려 적의 접근을 막을 수 있었다. 성의 대문은 대체로 철과 나무의 이중문으로 만들었고, 철문이 뚫리면 그 위에 설치해둔 끓는 기름 솥이 쏟아져 대문 안으로 들어서는 적들에게 화상을 입혀 모조리 죽일 수 있었다. 만약 적군이 운 좋게 벽을 넘어 안으로 침입하면 아군들은 성탑 안으로 들어가 문을 걸어 잠그고 밖으로 활을 쏘아 성 안에 잠입한 적군을 퇴치할 수 있었다. 탑의 벽은 적이 타고 기어오르기 힘든 직각으로 되어 있고 창문도 사람 몸이 통과할 수 없을 정도로 좁아서, 적이 대문 안으로 들어오더라도 성탑 안에 숨어 공격하는 병사들과 싸워서 이기기는 힘들었다. 실제로 윌리엄의 엔지니어들이 건설한 로체스터 성은 수백 년 후 영국에서 내전이 일어났을 때 반란군들이 도피처로 사용했는데, 이곳에서 97명의 기사들이 왕실 군대 전체를 막아냈을 정도였다. 머릿수가 아니라 기술력을 동원해야 전쟁에서 이길 수 있는 시대가 온 것이다.

정복자 윌리엄이 영국을 공격한 300년 후에는 아예 엔지니어들이 나라 흥망의 열쇠를 쥐고 있었다. 1453년 터키의 황제는 로마제국의 수도인 콘스탄티노플을 침략했다. 당시 콘스탄티노플의 성벽은 엔지니어링의 최고봉이었다. 삼중으로 설계된 성벽에는 적군이 절대로 뚫고 들어올 수 없는 수많은 장치들이 부착되어 있었고, 건축 공법도 너무나 훌륭해 넘을 수 없는 벽이라는 소문이 자자했다.

당시 콘스탄티노플에는 우르반이라는 엔지니어가 있었다. 그는 원래 대포 만드는 기술자였다. 당시 대포는 청동으로 만들었는데, 갑자기 공기에 노출이 되어 대포 일부분의 열이 식으면 대포가 쩍 갈라져 쓸 수 없게 되었다. 그래서 대포를 만들면 공기가 닿기 전에 땅에 묻어 천천히 식혀야 했다. 또한 그렇게 처리를 해도 대포가 갈라지지 않을지 전전긍긍해야 했다. 콘스탄티노플 황제는 성미가 급했다. 당장 터키 군대가 쳐들어온다는데, 우르반의 기술이 완성되는 것을 기다리는 동안 성이 함락당할 것이라며 그의 연구비를 증액하는 대신 말과 화살을 사는 데 돈을 썼다. 반면 라이벌인 터키의 황제는 우르반이 오랜 경험과 창의적인 사고를 토대로 아무리 큰 대포도 갈라지지 않도록 주조하는 기술을 개발할 수 있다고 평가했다. 그래서 적국 시민인 우르반에게 자기 밑에서 일해달라며 스카우트 제의를 했다. 우르반은 자신의 기술력을 알아주는 터키 황제의 제안을 받아들였다.

콘스탄티노플의 삼중 성벽을 부수려면 적어도 40마리의 소가 끌 만한 거대한 대포를 만들어야 했다. 그때까지 아무도 해본 적 없는 엄청난 프로젝트였다. 우르반은 터키 황제에게 자금을 충분히 받아 거대한 실험실을 만들어놓고 여러 가지 실험을 했다. 아무리 새로운 합금법과 건조법을 사용해도 대포는 계속 쩍 갈라졌다. 당연히 실험 시간이 오래 걸렸다. 그러나 터키 황제는 대포가 완성될 때까지 인내심을 가지고 우르반을 계속 물심양면으로 지원해주면서 그의 천재성에 대한 신뢰를 거듭 표현했다.

그 결과 역사상 최대의 대포인 우르반 포가 발명되었다. 우르반의 창의적인 합금법 덕분에 이 대포는 몇 달 동안 밤낮 가리지 않고 포를 쏘아대도 포신이 터지지 않아 삼중 성벽을 박살냈으며, 터키 황제는 1,200년간의 종묘사직을 자랑하던 로마의 오만함을 꺾고 마지막 남은 로마의 수도 콘스탄티노플을 차지했다.

엔지니어직에 가장 많이 고용되는 사람들은 다름 아닌 예술가들이었다. 천재 레오나르도 다빈치의 공책에는 기발한 발명품이 많이 그려져 있다. 하늘을 날 수 있는 기계, 장갑차 등 수많은 공성 무기들이 그려져 있는데, 이것은 피렌체 출신의 '천재' 레오나르도가 밀라노에서 실제 엔지니어로 일했기 때문이다. 이런 전통에 비추어 볼 때 기술과 예술의 혼합이 서구권에서는 별난 것이 아니라 당연한 것이었다. 서양에서는 인문학과 기술은 애써 접목하는 것이 아니라, 기술자가 곧 인문학자였던 것이다. 사실 다빈치뿐 아니라 당시의 모든 엔지니어들은 이런 공책을 가지고 다녔고, 평화 시에는 건축 디자인이나 그림 그리기, 농경지 개간, 둑 건설 같은 일을 했다. 다시 말하면 엔지니어들의 창의력은 이과와 문과의 구분을 허물 수 있는 넓은 지적 호기심에서 나왔다는 말이다.

거꾸로 예술가들이 과학적인 아이디어를 응용하거나 새로운 기술을 이용해 성공하는 경우도 많다. 화가들은 사람들의 시각을 자극하는 작품을 만들기 위해 항상 고민한다. 미국의 화가 조셉 알베즈는 물리학을 공부하던 중, 사람이 어떤 물건을 주시할 때 배경과 주변 물건의 색에 따라 완전히 다른 색깔로 볼 수 있다는 사실을 발견했다. 매일 물감을 가지고 일하는 알베즈에게 아주 재미있는 발견이었다. 알베즈는 여러 색을 배치해 어느 각도에서 보느냐에 따라 색깔이 바뀌는 신기한 작품을 만들어 미국 아방가르드 예술의 선구자로 성공했다. 이탈리아 예술가 보쵸니는 고속 사진 촬영 기법이 처음 개발되었을 때, 말이 달리는 모습이나 스포츠카가 지나가는 모습을 고속 촬영한 필름을 잘라 겹쳐 보면서 과연 사람이 속도감을 어떻게 경험하는지를 예술로 표현해 '미래주의'라는 새로운 미술 형태의 창시자가 되었다. 문과, 이과라는 틀을 벗어나는 것이야말로 창의력을 개발시키는 가장 쉬운 출발일 수도 있다.

경영자의 입장에서도 마찬가지이다. 엔지니어링이 일종의 예술이라는 것을 인정하고 기술자들을 '선생님' 대접한 조직은 크게 성공한 예가 많다. 어느 날 고무 사업에 종사하던 굿이어 사장은 자동차왕 헨리 포드에게 엄청난 제안을 받았다. 그는 자신이 자동차 대량생산이라는 기발한 아이디어를 내서 곧 보통 사람들도 자동차를 몰고 다니는 시대가 열릴 것이라고 말했다. 자동차 대량생산에 따른 대량의 타이어 공급자가 필요한데 필요한 물량을 공급할 수 있느냐는 질문이었다. 굿이어는 깊은 고민에 빠졌다. 자동차는 대량생산이 가능하지만 고무 생산량은 쉽게 늘릴 수 없었기 때문이다. 당장 고무나무를 심는다고 해도 고무가 나올 때까지 7년은 기다려야 하고, 고무나무의 진액을 채취해서 고무 타이어를 만들어야 하는데 노동력이 너무 많이 필요한 데다가 미국에서 고무나무가 자라지 않으니 동남아 등 먼 지역에서 운반해 와야 했다. 굿이어는 혹시나 하며 자사 연구실 사람들에게 인조 고무를 만들 수 있는지 마음껏 실험해보라고 했다.

굿이어는 내심 그런 대규모 타이어 시장을 놓치게 될까 봐 조바심이 났다. 그러나 티 내지 않고 기다렸더니 실험실에서 희소식이 들려왔다. 어떤 연구자가 와인에서 추출한 에탄올을 가지고 실험을 하던 중 고무 비슷한 질기고 방수가 잘되는 소재가 나왔다는 것이다. 굿이어는 즉시 실험실로 달려갔다. 당시 미국에서는 석유가 펑펑 나오고 있었는데, 석유에서 에탄올을 추출할 수 있으니 이것이 사실이라면 포드 자동차에 타이어를 대량으로 납품해 떼돈을 벌 수 있는 절호의 기회를 잡을 수 있었다. 이렇게 해서 발견된 질기고 방수가 잘되는 섬유질은 비노, 즉 와인에서 뽑아냈다는 뜻에서 '비닐'이라고 부르게 되었다. 이 실험 결과 굿이어사는 인조 고무로 만든 타이어를 포드사에 납품하고 세계적인 대기업 반열에 올라 오늘날까지 탄탄대로를 걷고 있다.

창의적인 인재가 되기 위해서는 엔지니어일수록 미술과 문학에 관심을 가져야 하고, 인문계 전공자일수록 과학을 많이 배워야 한다는 것을 알 수 있다.

　많은 경영자들은 기술자 다루는 것을 어려워한다. 그런데 기술 아이디어가 예술 아이디어와 원천적으로 같다는 것을 알면, 훨씬 그들을 이해하기 쉬워진다. 엔지니어들은 예술가들처럼 홀로 생각할 수 있는 개인 공간을 무척 중요시한다. 그들을 비즈니스나 마케팅 쪽 직원과 같이 쓰는 오픈오피스에 밀어 넣으면, 주변과의 소통이 더 잘되기보다 개인 공간을 침해당했다는 불편함만 키우기 쉽다. 또한 실험에 몰입 중인데 갑자기 상사가 예고없이 들이닥쳐 친절하게 말을 거는 것도 몰입을 깨트리기 때문에 작업 방해로 느끼는 기술자들이 많다.

　엔지니어의 창의성이 예술가의 그것과 같다는 점을 이해하면, 화가에게 주제를 주고 그 자리에서 그림을 그려내라고 독촉할 수 없듯 엔지니어에게도 무엇인가 해결책을 찾으라고 지시하면 그가 홀로 생각에 잠겨 창의적인 솔루션을 찾아낼 때까지 기다리는 것이 옳다는 것을 알 수 있다. 엔지니어란 어려운 문제들을 풀어가면서 지속적으로 거기에 창의적 에너지를 쏟을 수 있는 사람임을 인정해야 좋은 결과를 얻을 수 있는 것이다.

　예술 작품을 평가할 때 예술가의 인생관, 철학을 함께 보듯, 엔지니어의 인생관과 철학도 창의성에 막대한 영향을 준다. 그 때문에 서양 인문학은 엔지니어들을 예술가로 존중하는 조직들이 역사적으로 좋은 결과를 얻었음을 증명해준다.

레이 크록의
맥도날드는
배고픔에서 비롯된
사업 아이템

Vision 때론 독특한 영적 경험을 하라

외국의 잘 알려진 기업가들은 우리나라 회장님들과 무언가 분위기가 다르다. 열기구를 타고 세계 일주를 하는 영국 버진 그룹 회장 리차드 브랜슨은 항상 히피족 특유의 긴 머리를 찰랑이며 엉뚱한 짓을 해 전 세계의 주목을 받곤 한다. 애플의 창업자인 스티브 잡스는 대학을 중퇴하고 먼 인도에서 수행을 하고 돌아와 애플사를 대형 사업체로 키워 유명세를 탔다. 페이스북의 창업자 마크 저커버그는 세계에서 손꼽히는 부자가 되고도 좁은 방에 침대 없이 매트리스만 깔고 잔다는 소문으로 사람들의 시선을 집중시켰다. 넥타이를 반듯하게 맨 근엄한 회장님 이미지에 익숙한 우리들에게는 그런 괴짜들이 대형기업체 회장이라는 점이 선뜻 이해되지 않을 수 있다. 사업에 성공하려면 반드시 '비전vision'이 있어야 하는데, 원래 비전이란 '사막을 배회하거나 명상, 가스를 마실 때 나타나는 환각'이라는 뜻이었으니, 괴짜 회장들의 '예언자' 이미지는 서구의 오랜 인문학 전통에 기반을 두고 있는 것이다.

고대 그리스는 작은 도시국가들로 나뉘어 있었는데 자립 경제를 위해 서로 자기네 도시로 더 많은 사람들을 불러들여야 했다. '델피'라는 도시국가는 조직의 '비전'을 잘 잡아 그 점에서 크게 성공했다. 델피의 건국신화를 보면, 수만 년 전 어머니 지구 가이아의 자궁에서 거대한 용이 잉태되었다고 한다. 어둡고 뜨거운 지하에서 수만 년 동안 썩은 흙이 꿈틀거리다가 마침내 길고 둥그런 모양의 용으로 빚어져 땅을 뚫고 올라왔다. 이 용은 그리스의 델피라는 도시에 둥지를 틀었다. 델피에는 바위가 쩍쩍 갈라져 그 틈으로 지하의 열기와 유황 같은 가스들이 올라오는 곳이 있었는데, 땅에서 솟아오른 용이 어머니 대지 여신의 숨결을 느낄 수 있는 바로 그 바위 앞에 둥지를 틀었다고 한다.

이 용은 신 중의 신 제우스의 아내인 헤라의 측근이 되었다. 헤라는 남편 제우스가 소문난 바람둥이여서 남편 애인들에게 용을 보내 겁을 주곤 했다. 한번은 헤라가 제우스의 한 애인이 임신한 사실을 알게 되었다. 분노한 헤라는 용에게 임신한 제우스의 애인을 붙잡아오도록 했다. 제우스의 애인은 용에게 쫓겨 다녀 임신 기간 내내 잠시도 쉬지 못하다가 겨우 아이를 낳았는데 그 아기가 자라 태양의 신 아폴론이 되었다. 아폴론은 자신을 임신 중이던 엄마를 괴롭힌 용이 무척 괘씸했다. 자라서 자기도 신이 되자 용을 찾아내 죽였고, 사람들이 용이 살던 동굴 앞에 아폴론의 신전을 지었다고 고대 로마의 문학가 히기누스가 전한다. _가이우스 줄리우스 히기누스, 〈우화〉

어느 날 아폴론의 신전을 지키는 여제사장에게 이상한 증상이 나타났다. 급격히 시력이 감퇴하고, 발작과 환각을 일으켰다. 지금의 상식으로는 갈라진 바위틈으로 새어 나오는 유황과 각종 유해 가스 중독 현상이라는 점을 금세 알 수 있지만, 과학 상식이 전무하던 고대 사람들은 제사장이 대지의 기운을 받아 미래를 예지하는 남다른 초능력을 갖게 되었다고 해석했다. 이 제사장의 초능력에 대한 소문이 나자 자신의 미래가 궁금한 수많은 그리스인들이 델피의 아폴론 신전으로 점을 치러 몰려들었다. 이후 델피로 다른 예언자들까지 몰려와 자신들이 눈을 감으면 앞에 있는 사람의 미래가 훤히 보인다는 소문을 내 자신의 미래를 알고 싶은 더욱 많은 사람들이 델피로 몰려들었다.

라틴어로 video가 '보다'이기 때문에 vision은 원래 단순히 '시력'을 뜻했다. 그런데 델피의 예언자들이 미래를 내다볼 수 있는 특별한 시력을 가졌다는 소문이 나면서 예언자들의 미래를 내다보는 능력을 '비전'이라고 불렀다. 델피 제사장의 비전 덕분에 신전으로 자기 조직의 미래를 보는 힘을 얻기 위해 세계의 왕, 장군, 사업가 들이 몰려들어 엄청난 돈을 뿌리고 갔다. 델피는 신전을 중심으로 하나의 거대한 사업체를 형성해, 운수 보러 온 사람들을 대상으로 신전에서 행하는 여러 공연의 표를 팔고, 고급 음식점과 스포츠 경기장, 심지어는 매춘 시설까지 갖추고 돈을 벌었다. 이렇게 델피의 아폴로 신전은 고대 그리스 최고의 기업으로 발전했다. 고대 그리스 시대에도 남이 보지 못하는 것을 보는 능력, 즉 '비전'은 사람을 모여들게 하는 힘을 가지고 있었던 것이다.

비전 하나로 세계적인 조직을 만든 리더로는 종교적 지도자들을 빼놓을 수 없다. 세계 3대 종교인 그리스도교, 불교, 이슬람교 창시자들은 하나같이 비전을 얻으려고 세상을 등지고 떠났다. 이슬람교 창시자 마호메트는 부유한 무역도시 '메카'에서 태어났지만 일찍 아버지를 여의었다. 고아로 자란 마호메트는 아랍의 사막에서 나는 보석과 향료, 은광석을 낙타에 실어 시리아까지 나르는 낙타 무역상에 취업했다. 사장은 돈이 엄청나게 많은 카디자라는 여자였다. 그녀는 마호메트가 일을 워낙 잘하자, 자신이 자본을 대고 마호메트가 사장을 해 회사를 더욱 확장시키자며 마호메트와 결혼했다.

당시 선진국이던 시리아와 무역을 하던 마호메트는 점점 시리아의 발전된 모습과 아라비아 사람들의 무지함이 비교돼 깊은 환멸에 빠졌다. 당시 아라비아 민족은 타 부족 여인들을 납치해 강제로 부인으로 삼는 등 사람답게 살 생각을 하지 않았다. 아랍인들은 장사 수완이 좋아 큰 부자가 되었지만 사는 방법은 너무나 미개했다. 아랍 최고 재벌 대열에 들어선 마호메트는 너무나 답답해, 이 문제를 해결할 수 있는 창의적 아이디어를 얻으려고 메카 인근의 동굴로 혼자 들어가 고민해보기로 했다.

마호메트는 동굴 안에서 여러 날 기거하는 동안 하늘에서 "읽어라!"라는 소리가 들렸다고 고백했다. 그 소리에서, 사회가 무지하면 문명의 삶을 살 수 없으니 사람들에게 교육을 시켜야 한다는 깨달음을 얻었다고 한다. 마호메트는 동굴에서 이와 같은 비전을 얻고 메카로 돌아와 인간 교육에 힘썼다. 그리고 그것이 이슬람교로 발전했다. 하늘에서 들린 "읽어라!"라는 말이 아랍어로 '코라'이기 때문에, 오늘날까지 그의 비전을 적어놓은 무슬림들이 읽는 책을 '코란'이라고 부른다.

마호메트는 사람과 멀리 떨어진 곳에서 은둔의 시간을 가지며 사회의 여러 문제들을 풀 수 있는 창의적인 비전을 얻을 수 있었다. 예수는 광야를 40일간 여행하며 비전을 얻었고, 부처는 보리수나무 밑에서 홀로 묵상하며 깨달음을 얻었다. 이런 연유로 많은 옛 예언자들이 비전을 얻으려고 일부러 눈을 뽑거나 머리카락을 안 자르고 수염도 안 깎은 초라한 행색으로 사막을 누비는 등의 고행을 자청했다. 고독, 고행, 고요, 묵상 등의 영적 경험, 또는 높은 산이나 사막으로 여행하는 '영적' 순간에 비전이 나타난다는 것이 고대로부터 이어지는 이야기라면, 오히려 너무 많은 자료, 회의, 연구는 창의적 비전을 얻는 데 방해가 될 수도 있을 것이다.

오늘날의 기업가인 리차드 브랜슨이나 스티브 잡스 같은 괴짜 CEO들은 서양 역사 속의 이런 비전 있는 선지자들의 이미지를 차용한 셈이다.

이런 영적 경험의 가장 기본적인 형태는 여행이다. 그중 맥도날드의 창업자 레이 크록은 사막을 누비다가 사업 아이템을 얻었다. 그는 원래 자동차를 몰고 매일 수백 킬로씩 운전을 해 돌아다니며 믹서기나 부엌칼 같은 주방 기구들을 파는 세일즈맨이었다. 미국 땅이 워낙 넓다보니 이동 거리 때문에 변변히 끼니를 챙겨 먹지 못해 건강이 많이 상했다. 그의 나이 53세. 그 일을 계속하기에는 건강도 안 좋고 다른 일로 새 출발을 하기에도 늦었다는 생각에 절망에 빠져 있던 그는 캘리포니아 인근에서 맥도날드 형제가 운영하는 햄버거 집을 발견했다. 자신의 미래를 고민하던 중에 갑자기 보게 된 맥도날드 햄버거 가게는 그에게 하나의 비전으로 나타났다. 그는 거대하기만 하던 미국 대륙에 포장도로가 놓이고 길거리에 자동차가 늘면서 자기처럼 장거리 여행을 다니는 사람들이 점점 많아져 그들 역시 제때 끼니를 해결하기 어려울 거라는 생각이 들었다. '맥도날드 형제가 운영하는 음식점처럼, 길을 가다가 싸고 빠르게 요기할 수 있는 음식점이 바로 미국 음식점의 미래 모습이 아닐까?' 하는 생각이 그의 머릿속을 번개처럼 스쳤다. 미국 중산층들이 자동차를 타고 고속도로를 달리다가 모두 맥도날드 같은 음식점에서 요기를 하는 미래 비전이 눈앞에 펼쳐진 것이다.

그는 맥도날드 형제의 음식점을 통째로 샀다. 그리고 곧 이 음식점의 분점을 미국 도로 방방곡곡에 차려 패스트푸드라는 새로운 음식 문화를 만들고 미국 역사에 남는 비즈니스 성공 스토리의 주인공이 되었다.

이처럼 익숙하지 않은 공간에서 새로운 것과 혼자만의 시간을 가지면 비전이 잘 떠오르게 된다. 그래서 수도원이나 절은 일반 사람이 가기 힘든 높은 산꼭대기에 있고, 동양에서도 도사들을 만나려면 산 위로 올라간다. 오늘날처럼 SNS, 텔레비전 등 다른 사람의 말에 둘러싸여 있는 사람들에게는 고요와 고독의 시간이 점점 더 중요해질 것이다. 독일의 소설가 헤르만 헤세는 "남에 집중하면 내 내면의 공허함과 함께하는 것이 점점 더 두려워진다"라고 말했는데, 그 공허함이 바로 내 창의력의 샘일 수 있다.

하느님도
오리지널한
부하는
싫어했다

Origin 삐딱한 생각도 인정해주어야 아이디어를 얻을 수 있다

흔히 창의적인 생각을 '오리지널original'하다고 말한다. 남에게 없는 자신만의 색채를 지닌 생각을 뜻한다. 그래서 이 단어는 상품 차별화가 중요한 마케팅에 많이 쓰인다. 예를 들면 어떤 브랜드가 처음 시장에 나왔을 때의 원초적인 분위기를 살린 상품을 '오리지널'이라고 부른다. 리바이스가 처음 나와 카우보이들의 청바지를 만들던 때의 분위기를 살린 상품을 '리바이스 오리지널 블루진'이라고 하고, 버드와이저가 아직 미국 시골의 작은 수제맥주 회사이던 시절의 맛을 되살린 상품 라인은 '버드와이저 오리지널'로 부른다.

오리지널이라는 단어는 원래 '밭을 갈아 곡식을 길러낸다'에

서 나온 크리에이티브_creative와 관련이 깊다. 오리지널의 어원은 '솟아오른다'로, 그리스어의 'or'은 태양이 솟아오르는 곳, 즉 동양을 뜻하는 오리엔트_orient의 어근이기도 하다. 오리지널은 밭을 갈아 씨를 뿌려 마침내 새싹이 고개를 쳐들고 올라오는 순간을 뜻하는 단어다. 새로 자라나는 떡잎은 모든 가능성을 품고 있다. 상품 역시 창업자의 초심이 들어 있어야 가장 멋져 보이기 때문에 '오리지널' 상품은 사람들의 마음을 쉽게 사로잡는다. 또 자유로운 사고와 문화 배경의 토양에서 아이디어가 싹트는 사람도 '오리지널'하다고 한다.

그런데 조직 내에서 오리지널한 사람을 수용하기란 어렵다. 인문학을 보면 조직의 리더들은 천지창조 때부터 오리지널한 사람과 애증의 관계를 이어 왔다. 자유로운 사고가 싹트면 남의 통제를 거부하고 타협을 무시하게 돼 단체의 화합을 해치게 되기 때문이다. 그래서 고대 유럽에서는 '오리지널'을 부정적 의미로 사용했다. 심지어 중세기의 기독교인들은 오리지널한 아이디어 때문에 인류의 역사가 꼬였다고 굳게 믿었을 정도였다.

성경의 첫 책인 〈창세기〉에는 하느님이 엿새 동안 천지를 창조하고 진흙으로 당신의 모습을 닮은 인간을 빚어 만물의 영장으로 삼으셨다는 내용이 나온다. 내용을 좀 더 들여다보면 하느님은 진흙으로 빚은 인간 아담을 배고픔, 슬픔, 늙음, 죽음 걱정이 전혀 필요 없는 에덴동산에 풀어놨는데, 너무 외로워서 아담의 갈비

뼈 하나를 뽑아 여자인 하와를 만드셨다. 에덴동산 한가운데에는 열매를 따 먹으면 '선과 악'을 구분할 수 있게 되는 '지혜의 나무' 한 그루가 서 있었는데, 하느님은 이 나무의 열매를 따 먹는 것만 엄격하게 금지시키고 다른 모든 자유를 허용해주셨다.

하와가 지혜의 나무 곁을 걷는데 뱀이 나타나 "하느님은 너희가 이 과일을 따 먹으면 자신과 같이 지혜로워질 것이 질투 나 따 먹지 못하게 하는 것이니, 과일을 따 먹어 신과 맞먹어보라"고 유혹했다. 하와는 뱀의 꼬임에 넘어가 과일을 따 먹었고, 아담과 하와는 하느님의 노여움을 사 평화롭고 아름다운 에덴동산에서 배고픔과 노동의 고통이 있는 지상으로 추방당했다. 하느님의 명령을 어기고 자기들 마음대로, 즉 오리지널하게 생각하고 행동한 결과였다. 이 삐딱한 행동을 통해 인간이 영영 고통과 죽음과 싸워야 했기 때문에 서양 인문학은 이 죄를 '오리지널 신original sin', 즉 원죄라고 한다.

이렇게 하느님도 오리지널한 부하는 싫어했다. 우리나라 선조들도 자손들에게 "모난 돌이 정 맞는다" "삐져나온 못이 망치 맞는다" 등 오리지널하게 살지 말라고 귀에 못이 박히도록 당부했다.

창의성이 중요해진 현대의 조직들도 오리지널한 한 개인의 생각을 조직 안에서 수용하기 힘든 것이 사실이다. 대다수의 일반적인 사고를 가진 직원들은 지금까지 살아온 대로 살고 싶은 문화적 관성이 강하기 때문에 오리지널한 사람들을 혐오한다. 창의적인 사람들은 조직에 뛰어난 아이디어를 공급하는 한편 조직의 화합을 망친다. 그래서 현대사회는 하느님이 아담과 하와를 내쳤듯이 이런 조직원들을 가차 없이 잘라버린다.

그런데 최근 오리지널한 사람들의 위력과 그들의 경영 방법을 설명한 인문학적인 작품이 있다. 우리가 깊이 없는 액션 영화라고 넘겨짚는 〈트랜스포머〉 〈아마겟돈〉 같은 미군이 등장하는 할리우드 영화들이다.

할리우드 영화 프로듀서 제리 브룩하이머는 1980년대의 히트 영화 〈탑 건〉을 제작했을 때부터 미군과 오랫동안 협력하며 미군의 조직 운영 철학을 영화에 잘 구현해 승승장구하고 있다. 그래서 그가 만든 영화들은 대부분 TFTask Force, 태스크포스 운영의 교과서 같다는 평가를 받는다. 그의 영화 〈아마겟돈〉을 예로 들면, 지구가 큰 운석에 부딪힐 위기에 처하자 NASA가 TF를 운영해 위기를 해결하는 감동적 스토리를 다뤘다. 스토리 내용을 조금 더 살펴보면, 운석이 지구로 다가오자 NASA는 사람을 직접 우주로 내보내 핵폭탄을 설치해 운석을 반으로 가르는 단 한 가지의 솔루션밖에 없다는 것을 깨달았다. 문제는 실행에 옮길 사람을 찾을 수 있는가였다. 이 일을 맡길 사람들을 모집하자 그동안 조직 생활에 적응을 못해 범죄, 오토바이 폭주, 원양해 석유 시추 같은 사회에서 격리된 생활을 하고 있는 사람들만 지원을 했다. 멀끔한 양복 차림의 NASA 공무원들이 이들이 모인 것을 보고 얼굴을 찌푸리지만, 책임자는 이들의 오리지널한 사고방식을 믿고 훌륭한 팀으로 만들어 지구를 위기에서 구한다.

　제리 브룩하이머의 영화들은 오리지널한 사람을 대하는 조직 내 보통 사람의 태도와 오리지널한 사람들의 능력을 리얼하게 대비해서 잘 그렸고, 이런 사고가 미국의 오랜 철학과 일치하기 때문에 영화마다 히트를 칠 수 있었다.

　요즘은 이렇게 오리지널한 사람들로 이루어진 소규모 팀을 만들어 일반 직원들과 격리해 특정 임무에 이용하는 것이 유행이다. 세계 최대의 에너지 회사 로열 더치 셸은 '게임 체인저'라는 자회사에 오리지널한 사람들을 분리 배치시켜 운영하고, IBM도 '이노베이터'라는 태스크포스를 일반 직원들과 분리시켜 운영한다. 또 창의성이 필요한 큰 기업은 이런 오리지널한 스토리나 창의적 솔루션을 가지고 있는 소수 엘리트 조직을 인수하기도 한다. 이들의 아이디어로 개발된 특정 기술을 대중적인 상품에 접목해 자사의 경쟁력을 유지하기 위해서다. 스위스 시계회사 스와치가 수백 년의 전통 수공업을 고집하며 기술 발전에 저항하는 '브리게' 등의 오리지널한 회사를 인수해 자회사 형식으로 분리 운영하는 것이 좋은 예다. 실리콘밸리에선 아예 내부 직원들의 오리지널 아이디어를 캐내기보다 젊은 창업가들에게 투자해 오리지널한 상품을 만들도록 하고 어느 정도 완성품이 나오면 거금을 주고 사는 것이 더 수월하다고 본다.

　이렇게 현대 경영학은 창의적인 인재를 다스리는 여러 방법을 만들어냈지만, 일반 직원들과 그들을 같은 틀 안에 섞어 놓으면 안 된다는 사실은 예나 지금이나 변하지 않았다.

　오리지널한 사람은 예나 지금이나 사회 속에서 독특한 위치에 있다. 한마디로 조직으로서는 다루기 힘든 존재들이지만 반드시 필요한 존재들인 것이다. 지금은 오리지널한 사람들은 건드리지 않고 내버려둘 때 가장 창의적인 아이디어를 많이 토해낸다는 점을 터득한 조직이 많아졌다. 하느님은 오리지널한 생각을 행동으로 옮긴 아담과 하와를 에덴동산에서 쫓아냈지만, 먼 훗날 자신의 아들 예수를 인간 세상으로 보내 오리지널한 아담의 후손들을 구하려고 했다. 결국 절대자에게도 말을 고분고분하게 듣는 동물보다 오리지널한 인간이 더 소중했기 때문이 아니었을까 생각하게 만드는 대목이다.

ASSET MANAGEMENT
CUSTOMER RELATIONSHIP

위기마다 나서서 위축 경제를 구한 월비츠의 공을 인정한 국무총리는
체비로움 이 동네의 customer로 인정했다. 월비츠는 신 멤버 지원다.

프라이버시 지키기 위
해 폭음을 혐시할 수

FRATERNITY
ENGINEER

엔지니어는 타고난 창
의성과 천재 중 못어
이 사회에서는 엔지니
어를 예술가들만큼 과
빛되고 오리지널한 사
람들로 인정해 왔다.
engineer라는 단어는
천임으로 결속된 동서

ROYAL
STANDARD
CHARISMA

어떤 브랜드가 처음
시장에 나왔을 때의
원초적인 분위기를 살
린 상품을 '오리지널'

CREATIVE
ORIGIN

ELITE

마음의 밧줄 잡아둔
사람은 권력과 지식이
라는 씨에서 한마샀이

CULTURE
MECENAT

ELITE
NOBLESSE OBLIGE

마음의 밧줄 잡아둔 사람은 권
력과 지식이라는 씨에서 한마
샀이라는 욕심이 뒤적무럭 지

Chapter 4

인문학으로 배우는
기업윤리

VISION
BOND

MECENAT
FAN

STOCK
KIND
MECENAT

ART

SERVICE

STANDARD
MIDAS-TOUCH

ASSET MANAGEMENT

후세인은
왜
비참한 최후를
맞게 되었나

Palace 사람들의 니즈를 외면하면 조직이 붕괴된다

서양 인문학은 리더나 잘나가는 조직에게 왜 무거운 사회적 책임이 뒤따르는지 잘 알려준다. 사람들은 자신의 욕구를 해결해주거나 해결 방법을 찾아주는 리더와 조직에게 충성을 바친다. 그러나 기대치에 미치지 못하면 칼처럼 돌아선다. 17세기, 여러 영주들과의 숱한 권력 싸움을 겪으며 프랑스를 오늘날의 통일국가로 만든 태양왕 루이 14세는 조직 운영의 여러 어려움을 겪어본 후 "왕은 선물을 주는 손이다 Le roi est le bras qui donne"라는 말을 남겼다. 받는 것이 아니라 주는 것이 '권력'임을 깨달았다는 뜻이다.

역사는 인간이 결정적인 순간에 절실한 욕구를 해결해주는 조직과 리더에게 진정한 충성심을 보이며 따른다는 점을 여러 사실로 증명한다.

로마를 건국한 로물루스는 레무스와 쌍둥이 형제로 부모에게 버림받았다. 삼촌 아물레우스가 있었지만 언젠가 조카의 칼에 맞아 죽을 거라는 예언에 겁먹은 그가 조카들을 강에 내다 버려, 둘은 늑대 젖을 먹고 자라 양치기가 되었다. 레무스가 양을 지키던 어느 날, 어떤 왕의 양치기가 나타나 허가 없이 양을 친다며 레무스를 끌어갔다. 이 왕이 바로 아물레우스였지만 이들은 서로 알아보지 못했다.

레무스가 어떤 왕에게 잡혀갔다는 소식을 들은 로물루스는 구출 계획을 세웠다. 자신을 따르는 양치기들을 모아 떼 지어 막대기를 들고 아물레우스의 궁전으로 쳐들어가 왕을 가차없이 때려죽였다. 예언이 두려워 조카를 내다 버린 아물레우스는 결국 예언대로 조카 손에 맞아 죽은 셈이 되었다.

로물루스와 레무스는 언덕 7개가 병풍처럼 솟아 있는 곳에 새로운 도시를 세우기로 했다. 그토록 사이가 좋던 쌍둥이 형제였지만 도시 세울 위치 정하는 문제로 의견이 갈리면서 다투게 되었다. 로물루스는 팔라틴 언덕에 도시를 세우자고 했고, 레무스는 싫다고 버텼다. 로물루스는 혼자 자신을 따르는 양치기 6명을 이끌고 팔라틴 언덕에 큰 저택을 짓고 울타리를 쌓아서 외부인들의 침입을 막기로 했다.

이 작업에 참여하지 않고 뒷짐 지고 투덜거리기만 하던 레무스는, 로물루스가 세운 울타리를 보더니 "이따위 울타리로 어떻게 사람들의 침입을 막겠어?"라고 비아냥거리며 울타리의 낮은 부분을 훌쩍 뛰어넘어 안으로 들어왔다. 화가 난 로물루스는 "내 도시의 성벽 안으로 침입하는 자들은 모두 죽을 것이다"라며 레무스를 쳐 죽였다. 이렇게 로마의 첫 번째 왕이 된 로물루스가 기거하게 된 곳이 '팔라틴' 언덕이었기 때문에 이후 모든 서방국가의 왕들은 이 언덕의 이름을 빌려 자신의 거처를 '팔레스palace'라고 부르게 되었다. 형제보다 새로 생긴 부족의 국경을 중요시하는 로물루스에게 양치기들은 충성을 맹세했다.

그런데 로물루스를 도와 도시국가를 세운 양치기들은 모두 장성한 남자들이었다. 결혼 적령기에 짝지을 여자가 없자 이들은 술렁대기 시작했다. 로물루스는 이들을 결혼시켜 성적 욕망을 잠재우고 자손이 번성하도록 해야 로마가 번성해질 것을 잘 알았다. 그리하여 이들에게 여자를 구해줄 방도를 궁리하기 시작했다.

삼면이 바다로 둘러싸인 반도에 자리 잡은 로마 사람들은 넵튠이라는 바다의 신을 섬겼다. 이들에게는 아주 오래 전부터 '넵튠의 날'을 만들어 화려한 축제를 벌이는 전통이 있었다. 축제 기간에는 전 주민들은 물론 군인들까지 무기와 갑옷을 풀어놓고 마음껏 먹고 마시며 놀았다. 인근 나라 손님도 초청하고, 초청받지 못한 손님들도 참석만 하면 모두 환대했다. 로물루스는 넵튠 축제 때 로마 인근의 공터에 딸 부자 나라인 사비나 사람들을 초청해 연회를 베풀고 이웃사촌끼리 잘 지내자며 귀한 술과 고기를 대접했다. 그러나 이들을 초청한 데는 계략이 숨어 있었다. 사비나인들이 축제에 정신 팔려 술에 잔뜩 취해 꾸벅꾸벅 졸기 시작하자 로물루스가 양치기들에게 수신호를 보냈다. 신호를 기다리던 양치기들은 술에 취해 정신을 잃은 사비나 여인들을 한 명씩 번쩍 안고 팔라틴 언덕으로 가서 아내로 삼았다. 그렇게 해서 사비나의 여자들이 로마인들의 어머니가 되었다고 로마 역사가 리비우스와 플루타르크는 기록해두었다.

인류 역사 최초로 '팔레스'에서 살 자격을 획득했던 로물루스는 자신을 따르는 사람들의 원초적 본능인 성욕과 자손 번식에 대한 욕구를 동시에 해결해주었고, 떠돌이 양치기 생활을 접고 꿈 같은 가정까지 이룰 수 있게 만들어주어, 양치기들은 로물루스에게 목숨을 걸고 충성을 바치는 로마제국 귀족계급의 시조가 되었다. 그러나 로물루스가 왕이 되고 다른 귀족 위에 군림하려 하자, 로마 귀족들은 반발했다.

어느 날 로마에 먹구름이 나타났고, 태풍이 불어오기 시작했다. 로마 귀족들은 천민들에게 "태풍이 그치도록 신들에게 예배를 드릴 것이니 다 나가 있으라"고 지시했다. 그리고 로마 시민들이 돌아왔을 때, 로물루스는 온데간데없었다. 귀족들은 시민들에게 로물루스가 제사를 드리는 동안 승천했을 것이라고 이야기했다. 하지만 로마 역사가 티투스 리비우스는 돈과 권력을 나눠주지 않는 로물루스를 귀족들이 죽여 제물로 썼을 것이라고 추측했다. 나라를 만든 사람도 파트너들보다 더 많은 돈과 권력을 차지하려고 하면 가차 없이 제거당했다는 것을 보여준다.

동양 인문학에서도 오랫동안 '민심은 천심'이라고 가르쳐 왔다. 아무리 막강한 권력을 거머쥔 조직이나 리더도 따르던 사람들이 갑자기 떠나면 권력 기반이 속절없이 무너져 망한다는 것을 처절하게 경험해본 후의 조언일 것이다. 이것은 2000년이 지난 지금의 리더십과 조직 경영에도 변함없이 적용되며, 현대 역사에서도 충분히 사례를 찾을 수 있다.

1991년 이라크 대통령 후세인은 쿠웨이트를 침략했다. 미국과 유엔이 철수하라며 경고했지만 받아들이지 않았다. 당시 미국 대통령 조지 H. W.는 '사막의 폭풍 작전'을 감행해 이라크를 총공격했다. 사실 우리는 미군이 막강한 힘으로 이라크를 간단히 이긴 것으로 알지만 실제로는 이라크가 미국에게 절대 쉬운 상대는 아니었다. 이라크에는 옆 나라 이란과 십 년이 넘는 전쟁을 치러 실전 경험이 차고 넘치는 군인들이 포진하고 있었다. 또한 이라크는 65만 대군을 보유하고 있었고 러시아제 전투기, 탱크, 방공포 등이 전국에 깔려 있었다. 그런데도 이라크는 미군과 제대로 싸워보지도 못하고 금세 손을 들었다. 오랫동안 군대에서 비인격적이고 가혹한 대접을 받아온 이라크 군인들이 미군이 쳐들어오자 싸우기는커녕 집단 탈영을 했기 때문이다. 이라크의 술라마니아라는 동네에서는 하루 만에 무려 30,000명의 군인이 무단이탈을 했고, 쿠트라는 도시에서는 20,000명이 싸우기를 거부하고 집으로 돌아갔다. 탈영한 군인들은 떼 지어 다니며 탈영병을 잡아들이려는 경찰서들을 파괴했다. 이라크는 마침내 탈영병을 잡아들일 시스템마저 잃었다.

상황이 이쯤 되자 이라크 정부는 부랴부랴 군인들의 봉급을 200% 인상시켜준다고 약속했지만, 이미 정부에 대한 신뢰가 땅에 떨어진 뒤였다. 그동안 봉급을 받지 못한 군인들은 자신이 몸담았던 군대라는 조직이 자신들의 안전과 봉급, 인간적인 생활 여건을 보장해주지 않았기에 결정적인 순간에 부대를 버리고 뿔뿔이 흩어진 것이다. 군대를 잃은 후세인은 미군에게 항복할 수밖에 없었다. 결국 절대 권력을 누리던 후세인은 흙구덩이 안에 숨어 살다가 비참한 최후를 맞게 되었다.

후세인의 사례는, 아랫사람에게 노력의 대가를 적절히 '나눠주고 보상해주는' 덕을 쌓지 않은 지도자는 결정적인 순간에 그들의 버림을 받아 무너진다는 점을 여실히 보여주었다.

기업도 마찬가지다. 미국의 물류기업 UPS는 아마존 등 인터넷 상거래가 붐을 이루기 시작하던 1990년 후반부터 급성장을 시작했다. UPS의 배달부들은 모두 회사의 로고가 박힌 유니폼을 입고 일했다. 회사는 배달부들의 유니폼을 회사의 상징으로 적극 홍보했다. 그러나 이 배달부들은 UPS의 정식 직원들이 아니라 낮은 시급을 받고 일하는 계약직들이었다. 이들은 평소 회사 처우에 불만이 많았지만 주문이 쇄도해 엄청난 수익이 날 때까지 참았다가, 결정적인 순간에 185,000명의 계약직 노동자가 동시에 일손을 놓았다. UPS 유니폼을 입고 행복하게 일하는 배달부 광고에 친숙했던 고객들은 이들이 저임금 계약직 노동자들이라는 사실을 알게 되자 노동자 편으로 돌아서 회사의 이미지가 급격히 추락했다. 파업이 길어지면서 수화물 배달이 하루하루 늦어지자 고객들의 불만은 쌓일 대로 쌓여갔고, 새로운 주문은 받을 여력도 없어졌다. 결국 UPS는 노동자들의 의견을 대폭 수렴한 새로운 고용 계약을 제안하고 간신히 사태를 마무리했지만, UPS는 이 사태로 무려 6억 달러(한화 7,000억 원)의 손실을 보았다고 발표했다.

2012년 파리와 런던은 올림픽 개최지 선정을 두고 치열한 경쟁을 벌였다. 그러나 평소 임금에 대한 불만이 가득했던 파리의 지하철공사 RATP 직원들은 올림픽위원회 심사단이 파리에 실사 조사를 나오던 날 파업을 단행해, 파리 시장의 꿈을 풍비박산 내고 런던에게 행운이 돌아가도록 했다.

이렇게 역사는 조직원들에게 평소 조금 더 베푸는 것이 절대 가외로 나가는 아까운 비용이 아니라고 가르친다. 평소에 조직원들의 노고를 알아주고 적절한 보상을 해주면, 갑자기 경기가 나빠져 조직에 위기가 와도 조직원들이 자진해서 휴가를 반납하고 허리띠를 졸라매며 회사를 살려내려고 노력한다. 그러나 평소 회사가 조직원들의 노고에 대한 대가 지불에 인색하고 그들의 노고를 하찮게 여기면, 조직원들은 회사가 자신들을 가장 필요로 하는 급성장기나 경제 침체기에 갑자기 등을 돌려 치명타를 입힌다. 이런 이유로, 예부터 동서양 인문학은 베푸는 것을 조직이나 리더들의 가장 기본적인 덕목으로 가르쳐 왔으며, 루이 14세도 받는 것보다 오히려 주는 것이 권력이라고 말했던 것이다.

《베니스의 상인》으로 알아본 비즈니스의 공정성과 법의 역할

Law 원칙은 절대 무너트려서는 안 된다

셰익스피어의 명작《베니스의 상인》은 16세기 유럽의 금융업을 도맡았던 유태인들과 일반인들 간의 갈등을 실감 나게 묘사해 오늘날까지 명작으로 평가받는다. 많은 사람들이 학창시절에 이 작품을 단순히 피도 눈물도 없는 유태인 고리대금업자와 사랑과 우정으로 가득한 착한 무역업자의 머리싸움으로 공부했지만, 사실 이 작품은 유럽이 비즈니스 중심 사회로 이행하는 과정에 꼭 필요한 공정성과 법의 역할을 잘 그려 명작으로 인정받았다고 할 수 있다.

이 연극의 내용을 보면, 무역업자 안토니오는 길거리에서 유태인 금융업자 샤일록과 마주칠 때마다 인종차별적 발언을 하면서 얼굴에 침을 뱉고 노골적으로 무시했다. 그 당시 유럽 사람들이 유태인 금융업자들을 공개적으로 경멸했음을 잘 보여준다. 그런데 샤일록을 그토록 오랫동안 대놓고 무시하던 안토니오는 친구를 위해 갑자기 큰돈이 필요해졌다. 베네치아에서 그 많은 돈을 빌려줄 수 있는 부자는 샤일록밖에 없었다. 안토니오는 자존심을 굽히고 샤일록을 찾아가 돈을 빌려달라고 했다. 샤일록은 그동안 당해온 모욕들을 단번에 보복할 수 있는 절호의 기회로 보고 안토니오에게 살 1파운드를 담보로 하면 돈을 빌려주겠다고 말한다. 안토니오는 멀리 외지로 떠난 자신의 무역선이 곧 싣고 들어올 물건들을 경매하면 그 정도의 빚은 금세 갚을 수 있을 것 같아 샤일록이 요구하는 담보를 제공하기로 하고 돈을 빌렸다. 하지만 무슨 악운인지, 무역선이 심한 풍랑을 만나 하나둘 부서지더니 단 한 척도 항구에 들어오지 못했다. 완전 파산을 한 안토니오는 샤일록의 빚을 갚지 못하게 되어 법정에서 재판을 받아야 했다. 샤일록은 드디어 복수의 시간이 왔다며 사람들이 보는 앞에서 안토니오의 살을 도려낼 작정으로 잘 드는 칼과 톱까지 챙겨들고 법정으로 달려갔다.

법정에 따라온 안토니오의 친구들은 재판장인 공작에게 "이 계약서는 말이 안 된다"면서 재고해줄 것을 간곡히 청했다. 그러나 공작은 몇 번씩 샤일록에게 잔인한 계약을 철회하는 대가로 원금을 두 배로 보상해주겠다며 달래는 것밖에는 뾰족한 수가 없었다. 중세기의 공작은 사실 평생 외부인으로서 멸시와 증오의 대상으로 살던 유태인을 달랠 필요가 전혀 없는 직위였다. 그러나 비즈니스

허브라는 베네치아의 경제 지위를 지키려면 멸시받는 계층인 유태인이 베네치아 시민을 상대로 한 비인간적 계약 이행도 막을 수가 없었다. 이에 대한 설명은 《베니스의 상인》에서 샤일록이 토해내는 열변에 자세히 나타나 있다.

> 만약 당신 노예들을 자유롭게 풀어주고 당신들의 장남과 결혼하라고 한다면?
> 왜 당신들의 일 때문에 그들이 땀 흘리는지 물어본다면?
> 그들의 침대도 당신 침대만큼 부드럽게 만들어주고,
> 그들의 입에도 당신들이 먹는 진미로 양념을 해줘야 한다면?
> 당신들은 "노예는 내 것이오. 내가 돈주고 샀소"라고 말하지 않겠소?
> 마찬가지로 이 1파운드의 살은 내 것이오. 아주 비싸게 주고 샀소.
> 만약에 거절한다면 베네치아의 법은 엉터리가 되오.
> 베네치아의 법은 아무런 효력도 가질 수 없게 되는 것이오.

베네치아는 그동안 다른 지역 상인들이 이곳에 와서 맺은 모든 계약까지 법으로 철저히 보호해준다는 원칙을 지켜 세계적 무역 허브가 되었고, 그 덕분에 국가가 엄청난 부를 누릴 수 있었다. 만약 법원이 인정을 앞세워 그때그때 계약 내용을 다르게 적용하도록 판결을 내린다면, 기독교와 전혀 다른 정서를 가진 아프리카나 중동 상인들이 절대로 베네치아로 건너와 상거래를 하지 않을 것이며 베네치아는 금세 무역 허브로서의 가치를 잃게 될 것이었다. 이 작품은 다행히 법정으로 남장을 하고 온 현명한 여자 판사가 샤일록에게 계약서의 허점을 들어 "한칼에 정확하게 1파운드의 살을 도려내고 피는 한 방울도 흘리면 안 된다. 즉 계약대로 명확하게 하라"고 판결을 내려 샤일록 스스로 담보를 포기하게 만드는 것으로 끝나지만 기업과 법의 관계를 명료하게 정의한 점은 두고두고 회자된다.

실제로 중세기 유럽에서 베네치아가 비즈니스의 허브로 자리 잡고 엄청난 부를 누리게 된 이유는, 이처럼 시민들의 정서에 다소 위배되더라도 일단 한 번 맺은 계약은 무슨 일이 있어도 계약대로 이행할 권리를 보장한다는 원칙을 고수했기 때문이었다. 세계 곳곳의 부자들이 굳이 베네치아로 와서 비즈니스를 했던 이유는 이곳에서 계약을 맺으면 반드시 이행될 것이라는 믿음이 있었던 것이다. 베네치아는 이미 외지인들도 안심하고 공동투자, 동업, 주식발행, 선물거래, 외상과 같은 신뢰 기반 경제활동을 할 수 있는 환경을 조성해 두었다.

그에 비해 비슷한 시기에 왕 한 명의 기분이나 변덕 심한 국민정서를 앞세워 그때그때 다르게 계약을 해석했던 프랑스에서는 비즈니스 하기가 너무나 힘들었다. 15세기의 프랑스 무역업자이자 대부호였던 쟈크 꿰르는 그가 가진 무역선 함대가 프랑스 정부가 소유한 군대보다 컸을 정도로 엄청난 부자였다. 프랑스가 다른 나라와 해전을 벌이면 개인 소유 무역선을 보내 열심히 정부를 도왔다. 그러나 프랑스 왕과 귀족들은 그의 이런 행동을 고마워하기는

커녕 대부호인 그에게 돈 값을 생각조차 하지 않고 열심히 돈을 꾸어 호사스런 사치 생활에 펑펑 썼다. 그리고 갚아야 할 빚이 너무 많아지자 쟈크 꿰르가 왕의 애인을 살해했다는 누명을 씌워 감옥에 가두고 전 재산을 몰수했다. 그 일로 쟈크 꿰르의 무역업이 순식간에 파산했고, 프랑스 경제를 쥐지우지하던 그의 파산과 동시에 프랑스는 지중해 무역에 대한 주도권을 놓치고 국가 재정마저 파탄 직전까지 몰리게 되었다.

독일 황제 칼 5세는 당시 오스트리아 최고 재벌 야콥 푹거에게 엄청난 돈을 빌려 썼다. 칼 5세의 아들은 푹거에게 빌린 돈으로 무적함대를 만들고 영국과 쓸데없는 자존심 싸움을 하다가 배를 몽땅 잃자 황제의 권한으로 돈을 갚지 않아 푹거 가문이 도산을 하고 오스트리아 경제도 함께 주저앉았다.

규제 없는 환경이 비즈니스에 유리할 것 같지만, 사실 규제가 없던 유럽의 중세기는 비즈니스보다 기사라는 폭력 조직의 활동에 훨씬 유리했다. 비즈니스는 오히려 베네치아처럼 무슨 일이 있어도 반드시 법을 지키던 원칙이 분명히 지켜지는 환경에서만 번성했다. 법이 사라지면 가진 것 많은 사람이 잃을 것도 가장 많다. 그래서 기업과 귀족이 앞장서 법의 모범이 되라고 가르쳤던 것이다.

오늘날도 미국의 경제잡지 〈포브스Forbes〉는 비즈니스 하기 좋은 나라를 뽑는 채점 항목 중에 법과 계약이 얼마나 원칙적으로 잘 지켜지느냐에 높은 점수를 할애한다. 사실 법과 원칙이 잘 지켜지는 비즈니스 하기 좋은 환경은 정부와 거대기업 등 큰 조직이 반드시 법을 지킬 때 실효성을 거둘 수 있다. 세계적으로 잘나가는 대기업들이 앞장 서서 중소기업이나 고용자들과의 계약을 반드시 지키고 타 기업이나 개인의 지적 재산권을 보호하는 이유는, 법이 존중받는 환경에서만 마음 놓고 기업을 경영할 수 있는 환경이 유지된다는 점을 잘 알기 때문이다. 그래서 장자크 루소는 그의 저서 《사회계약론》에서 "우리는 살해당하기 싫기 때문에, 우리가 살인자가 되었을 때 사형을 받아도 된다는 법을 받아들인다"라고 말했다.

전략적
메세나의
귀재,
코코 샤넬

Mecenat 왜 잘나가는 기업은 예술을 후원하는가

기업의 예술 후원을 '메세나'라고 한다. 요즘 메세나는 기업의 사회적 책임 중 하나로 크게 부각되고 있다. 서양 인문학은 다른 모든 사회적 책임이 그렇듯 메세나 활동도 단순한 선행이 아니라 효과적인 투자임을 분명히 알려준다.

2000년대는 메세나의 전성시대라고 말할 수 있을 정도로 세계적으로 많은 기업들이 메세나 활동의 일환으로 예술 창작 활동 지원에 나섰다. 아름다움이 사람들의 마음을 움직인다는 고찰 끝에 많은 기업들이 조직원들의 삶터를 고가의 창의적인 예술작품으로 꾸미는 데 아낌없이 큰돈을 쓰거나 사원들이 거주하고 고객들이 자주 방문하는 사옥을 아름답고 쾌적하게 만들기 위해 세계적인 건축가들을 동원하기도 한다. 프랑스의 명품 생산 및 유통 기업인 LVMH의 베르나르 아르노 회장은 사옥 단장을 위해 스위스 조각가 리처드 세라의 수십 톤이 넘는 거대한 철제 조각 작품을 헬리콥터로 파리 상공을 날아 옮겨 큰 화제를 모으기도 했다. 영국의 광고 재벌 카를로 사치는 광고업으로 번 어마어마한 돈보다 YBAYoung British Artist 프로그램 등 예술가 후원 사업으로 더 많은 주목을 받았다. 구찌 그룹의 회장 프랑수아 피노는 베네치아 비엔날레를 호스트하는 미술관인 팔라초 그라치 갤러리를 후원할 뿐 아니라, 크리스티 경매장을 인수해서 최고 예술작품의 유통 판도를 바꾸기까지 했다. 이처럼 메세나 활동 역시 기업의 중요한 투자 활동 중 하나라는 것을 인지하게 된 기업가가 늘고 있다.

우리는 메세나 하면 다빈치와 미켈란젤로를 후원한 르네상스 시대 이탈리아 최고 부자 메디치 가문부터 연상하게 된다. 그러나 기업의 예술가 및 예술 후원 방식의 메세나 아이디어는 메디치 가문의 것이 아니다. 메세나라는 단어는 로마시대부터 있었는데, 단어 자체가 로마시대의 귀족인 마케나스라는 사람 이름의 영어식 발음이다.

가이우스 마케나스는 고대 로마시대 인간관계의 달인이었다. 로마제국을 통틀어 주요 인물들과 단 몇 마디의 말로 각별한 인연을 만드는 것에 마케나스를 능가하는 인물은 없었다고 한다. 마케나스는 카이사르 장군의 양아들 아우구스투스가 최고 권력자 자리를 노리던 시대의 사람이었다. 마케나스는 아우구스투스 휘하에서 외교관으로 일했다. 아우구스투스는 정치적 야망에 보탬이 될 가문과의 혼약으로 권력을 확장시킬 야욕에 불탔다. 정치적 야망이 큰 아우구스투스는 정치자금을 확보하기 위해 돈 많은 집안의 딸을 아내로 맞고 싶었다. 그런 아내감을 찾던 중 로마 최고 부호의 조카인 스크리보니아에게 시선이 꽂혔다. 안타깝게도 그녀는 이미 결혼을 한 유부녀였다. 사록을 보면 아우구스투스는 마케나스를 이 문제의 해결사로 여자 집에 파견했다. 마케나스의 설득력이 얼마나 탁월했던지, 스크리보니아는 마케나스의 설명을 듣자 남편과 즉시 이혼하고 젊은 아우구스투수에게 시집을 왔다.

마케나스의 외교력은 아우구스투스에게 좋은 왕비를 얻어주었을 뿐 아니라, 아우구스투스를 위기에서 자주 구해주었다. 당시 아우구스투스가 가장 싫어한 인물은 한때 양아버지 카이사르 장군의 오른팔이던 안토니우스였다. 안토니우스는 이집트 총독 자격으로 현지에 파견 나가 카이사르의 옛 애인 클레오파트라 여왕과 사랑에 빠져 살림까지 차렸다. 클레오파트라에게는 카이사르와의 사이에서 낳은 '작은 카이사르'라는 이름의 아들이 있었다. 카이사르의 유산을 혼자 독차지한 아우구스투스는 이 아이가 커서 아버지 유산 중 자신의 몫을 달라고 찾아올까 봐 걱정이 태산이었다. 그는 안토니우스가 이집트 여왕 클레오파트라와 바람이 나서 로마의 국고를 탕진하고 있으니 징벌해야 한다는 명분으로 군대를 동원해 안토니오를 붙잡으러 이집트로 쳐들어갔다.

카이사르 휘하에서 동지였던 두 사람이 적으로 돌변해 로마인이 로마인을 죽이는 피비린내 나는 격전이 벌어졌다. 전투 중에 수세에 몰린 안토니우스는 끝내 자살하고 말았다. 클레오파트라도 안토니우스의 품속에서 자신의 아름다운 가슴을 독뱀의 이빨에 내주어 자살했다고, 로마의 역사가 리비우스가 전한다. 두 사람의 기구한 러브스토리는 후세에 영국의 문학가 셰익스피어의 작품 《안토니우스와 클레오파트라》를 통해 거듭 부활하곤 한다.

사록은 전쟁 초반에는 아우구스투스가 안토니우스에게 상당히 밀렸다고 한다. 아우구스투스는 어쩔 수 없이 안토니우스에게 거래를 제안하고 가능한 한 숨을 가다듬을 시간을 벌어야 했다. 안토니우스는 그 순간에 거래를 제안해 오는 아우구스투스의 진의가 의심스러웠지만 그가 파견한 마케나스의 설득에 넘어가 아우구스투스의 거짓 제안을 받아들였다. 힘을 회복할 시간을 번 아우구스투스는 전력을 가다듬고 다시 공격해 안토니우스가 수세에 몰려 자살을 선택하도록 했다.

마케나스의 최고의 자산은 탁월한 말솜씨였다. 하지만 그의 말솜씨는 타고난 것만은 아니었다. 수많은 시인들에게 배우고 익힌 결과물이었다. 마케나스는 부유한 귀족 출신으로, 로마 최고의 시인이던 베르길리우스와 호라티우스를 자기 소유의 궁전에 모셔 두고 먹여 살렸다. 그는 두 시인에게 궁전의 멋진 방을 내주고 하인들을 마음껏 부리며 창작에만 몰두하도록 적극 지원했다. 그리고 다른 시인들도 스승으로 대접하고 서슴없이 돈을 주었다. 베푼다고 해서 절대로 오만한 태도를 보이거나 무례하게 대하는 일 없이 항상 소박하고 진실하게 대했다. 자연스럽게 시인들과 자주 와인을 마시며 많은 대화를 나누게 되었다. 시인들과 솔직한 대화들을 나누며 마케나스가 얻은 것은 예술가들에게만 있는 인생에 대한 폭넓은 통찰과 탁월한 표현력이었다. 그렇게 자연스럽게 갈고닦은 예술가적 통찰력과 표현력은 그를 로마 최고의 외교관으로 만들어주었다.

이후부터 로마에서도 마케나스처럼 예술가를 후원하는 부호들이 하나둘 늘어났다. 그래서 재벌이나 기업이 예술가를 후원하는 것을 마케나스의 이름을 따 '메세나' 활동이라고 부른다.

메세나 활동은 단지 말솜씨를 기르고 창의적인 아이디어를 얻는 차원으로만 활용되어 온 것이 아니다. 예술은 사람의 보는 눈과 생각을 바꾸고 조직의 위상을 높여준다.

영어보다 먼저 국제 공용어로 사용되었던 프랑스어는 프랑스의 정치적 힘보다 예술적 인기 때문에 전 세계에 퍼져 국제공용어 위상에 올랐다. 18세기 프랑스 극작가 몰리에르의 코미디가 전 유럽에서 인기를 얻으면서 유럽 여러 국가의 몰리에르 팬들이 프랑스어를 배우기 시작했기 때문에, 지금의 프랑스인들도 프랑스어를 '몰리에르의 언어'라며 자랑스럽게 여긴다. 사람들은 이탈리아 하면 자동차 회사인 피아트FIAT나 패션 회사인 베네통처럼 국제적으로 잘나가는 기업이 아닌 다빈치나 미켈란젤로 같은 예술가를 떠올린다. 많은 조직들은 이런 예술의 힘을 이용해서 광고보다 훨씬 더 장기적인 홍보에 활용하기도 했다.

대표적인 예가 19세기 프랑스 패션 사업가 '가브리엘 코코 샤넬'일 것이다. 그녀는 자신의 상품 디자인 홍보를 위한 전략적 메세나의 귀재였다. 그녀는 아름답고 우아한 발레, 클래식 음악이 파리 사람들을 매료시키고 있는 동안에는 여성들 사이에 경쟁사들이 내놓은 파스텔 톤의 리본과 레이스 달린 여성스러운 옷들만 유행할 것이라고 생각했다. 그러나 그녀는 그런 치렁치렁한 여성복 유행이 여성들의 행동을 부자연스럽게 만든다고 보고 모든 여성들에게 활동적인 여성복을 입히는 새로운 브랜드를 런칭하고 싶었다.

샤넬은 사뿐사뿐 나비처럼 춤추는 발레가 대유행이던 그 시절, 근육질 몸매를 드러내고 야생적으로 춤을 추는 러시아 현지의 무용을 거액의 사비를 들여 샹젤리제 극장에서 공연하도록 하고 의상을 협찬했다. 이 공연을 본 발레 관계자들은 심한 야유를 퍼부으며 악평을 거듭했지만 샤넬은 파리 시민들의 대다수가 이 새로운 아름다움에 익숙해질 때까지 버텼다. 결국 "현대 예술은 현대적 감성을, 현대적 감성은 현대적 여성을 위한다"는 샤넬의 주장이 유행하기 시작했다. 당시로서는 매우 파격적이었던 샤넬의 활동적인 여성복은 이와 같은 메세나 운동을 통해 브랜드 충성도가 높은 고객층을 확보하고 전 세계로 퍼져나가 그녀의 사후인 오늘날까지 승승장구하고 있다.

　로마시대에 마케나스의 후원을 받으며 아름다운 시를 많이 지어 명성을 얻은 호라티우스는 마케나스의 시인 후원에 대해 "그는 자기과시나 아마추어적 감성 때문에 예술을 후원한 것이 아니다. 로마제국의 더 높은 비전을 위해서였다. 그는 시인들의 재능이, 식민지인들이 로마제국의 규범을 마음으로부터 환영하게 만들고 이미 이루어놓은 로마의 업적을 영광스럽고 경이롭게 여기도록 할 수 있다는 점을 아주 잘 알고 있었다"라고 평가했다.
　역사 속의 리더들이 예술처럼 투자 결과가 당장 눈에 보이지 않는 분야에 과감한 투자를 했던 이유는 자신이 후원한 예술이 세상을 어떻게 바꾸고 자신의 이익으로 얼마나 막대하게 돌아오게 할 수 있는지를 잘 알고 있었음을 말해준다.

아즈텍 제국은
사람 고기를
구워 먹다가
멸망했다

Barbeque 환경 보존은 조직의 안정과 직결된다

서양 인문학은 기업과 국가 조직은 안정된 정치, 변하지 않는 자연 환경, 예측 가능한 법과 원칙의 고수, 그리고 기업이 인간에게 도움이 된다는 사회적 합의가 합해질 때 경영의 자유가 생긴다고 말한다. 국가와 기업 조직은 안정적인 사회에 속해 있을 때 가장 안정적인 수익을 내고 오래 유지될 수 있기 때문에, 조직 스스로 사회를 위태롭게 흔드는 요소들을 잠재울 수 있는 사회적 책임을 다해야 한다는 것이 서양 인문학의 교훈이다. 사회 안전을 단번에 흔들어 무너트리는 가장 위험한 요소가 환경 파괴로 인한 갑작스러운 기후 변화였음을 역사는 분명히 보여준다.

중세기까지 멕시코 인근 지역을 모두 통일해 제국을 이룬 아즈텍은 환경 파괴에 대한 대가로 오늘날 겨우 흔적만 남기고 16세기에 완전히 망했다. 16세기에 스페인에서 배를 타고 남미로 넘어와 발가벗은 원주민 대신 엄청난 문명국을 보게 된 유럽인들은 아즈텍 제국의 위용에 숨을 쉴 수 없을 정도로 깜짝 놀랐다고 한다. 아즈텍의 수도 테노치티틀란(멕시코시티의 옛 이름)이라는 도시는 그 옛날 지금 우리나라 영종도처럼 거대한 멕시코 호수를 매립하는 첨단 건설 기술로 만든 인공 섬이었다. 아즈텍의 수도는 당시 런던 인구의 5배가 넘는 30만 명이 살고 거대한 무역 시장이 형성돼, 인근 국가에서 건너온 약 4만여 명의 외국 상인들이 활발하게 비즈니스를 벌이는 국제적 무역 허브였다. 당시 스페인에서 아즈텍으로 간 디아즈라는 사람의 일기를 한번 읽어보자.

물과 땅에서 솟아오른 도시와 마을들을 본 우리는 이 도시가 바로 마법의 도시라고 생각했다. 거대한 돌로 만든 탑들이 물속에서 솟아오른 모습 때문에 말이다. 우리와 동행했던 병사들은 꿈을 꾸고 있는 것이 아닌가 스스로를 의심하며 놀라워했다. 나는 글로 그 모습을 어떻게 전해야 할지 모르겠다. 내 눈으로 본 것은, 사람이 본 적도 들은 적도 심지어는 꿈을 꿔본 적도 없는 것들이니 말이다.

이 도시는 토속신을 섬기는 제사장들이 다스리고 있었는데, 이곳 제사장들의 리더십은 자연 파괴로 거의 모든 동물들이 멸종

되어 단백질 부족에 시달리는 사람들에게 고기를 먹을 수 있는 바비큐 파티를 열어준 데서 나왔다. 그런데 제사장들이 없는 고기를 구해 바비큐 파티를 열려고 얼마나 참혹하고 극단적인 방법을 선택했는지는 스페인에서 남미로 건너온 수도승 베르나디노 디 사하군의 기록에 자세히 남겨져 있다.

베르나디노는 도시 입구부터 도심까지 향하는 큰길 양쪽에 세워진 높은 벽에 날카로운 이빨과 발톱이 달린 귀신들이 해골을 씹어 먹는 무시무시한 내용의 조각과 벽화들이 끝도 없이 펼쳐지는 광경을 보며 등골이 서늘해졌다. 그곳을 통과하니 도시 한가운데에 눈부신 흰색의 거대한 피라미드가 있었다. 이 피라미드는 '윗질로포크틸리'라는 긴 이름의 아즈텍 신을 모시는 신전이었다. 아즈텍인들은 전쟁에서 잡아온 포로들을 일단 피라미드 꼭대기로 끌고 올라갔다. 4명의 제사장들이 각각 팔과 다리 하나씩을 붙잡고, 제사장 중 가장 직위가 높은 우두머리가 칼로 산 사람의 배를 열고 심장을 꺼낸 후, 피라미드 앞에 설치돼 있는 가파른 계단으로 시체를 굴려 떨어트렸다. 베르나디노의 기록 일부를 직접 읽어보자.

희생자의 심장을 뜯어내고, 피를 병에 받아 포로를 붙잡아 온 군인에게 상으로 내린 후 (제사장들은) 피라미드 꼭대기에서 희생자의 죽은 몸뚱이들을 굴려 떨어트렸다. 죽은 포로의 몸뚱이들은 피라미드 밑에 있는 조그마한 광장으로 떨어졌다. (그들은) 희생자의 몸뚱이를 신전으로 가져가 잘라서 구워 나눠 먹었다.

미국의 인류학자 마빈 해리스에 의하면, 아즈텍은 갑자기 너무 번성해 인구가 기하급수적으로 늘어 식량이 턱없이 부족하게 되었다고 한다. 그 해결책으로 멕시코 호수를 매립하고 '수상 정원'을 만들어 어마어마한 양의 옥수수를 길렀다. 그러나 수많은 사람들이 나무를 마구 채취해 숲이 황폐해져 동물 서식지가 줄고, 아직 동물들을 가축화하지 못한 상태에서 부자들이 너무 많은 동물들을 마구잡이로 사냥해 고기로 먹어치워 마침내 동물들의 씨가 말랐다. 갑자기 고기 공급이 중단되고 아직 콩으로 단백질을 섭취하는 기술도 몰라 아즈텍인들은 여기저기서 극심한 단백질 부족 현상을 겪으면서 민심이 몹시 흉흉해졌다.

아즈텍의 리더들은 그런 백성들에게 무슨 수를 써서라도 고기를 구해주지 못하면 나라마저 붕괴될 수 있다는 위기감을 느꼈다. 궁여지책으로 대규모 군대를 인근 부족들의 마을로 보내 포로들을 잡아와 모든 시민들이 볼 수 있는 높은 피라미드 위에서 엄숙한 의례를 겸한 공개 도살을 하고 사람 고기를 구워 먹여 주민들의 불만을 잠재웠다.

하지만 아즈텍 인근 부족들은 걸핏하면 군인들을 보내 자기네 가족과 이웃들을 포로로 잡아다가 동물처럼 구워 먹는 아즈텍인들에 대한 공포로 불안에 떨며 살다가, 스페인에서 정복자 코르테스가 오자 오히려 전에 본 적 없는 이상하게 생긴 이민족인 그를 도와 아즈텍 제국 붕괴를 재촉했다. 또한 유럽에서 남미로 건너온 사람이 사람을 죽여서 구워 먹는 모습을 보고 충격에 빠진 유럽인들은 아즈텍인들을 '아마 영혼이 없는 악귀들일 것'이라고 단정하고 전혀 양심의 가책 없이 이들을 몰살해버렸다.

아즈텍 지도자들은 각종 기술 개발로 식량 문제만 해결하면 이미 문명을 이룬 대제국 아즈텍이 절대 무너지지 않을 것으로 믿고 정작 환경 보호를 무시했다가 큰코다친 셈이다. 아즈텍은 극심한 환경 파괴로 동물의 씨가 말라 사람 고기로 단백질을 보충해야 하는 악순환을 초래해, 당시 남미에서 가장 강력한 사회 조직이었지만 허무하게 붕괴될 수밖에 없었다.

한편 아즈텍의 수도에서는 매년 4만 명이 넘는 무역업자들이 몰려들어 거래를 했다는데, 이곳 무역 시장이 없어지면서 이곳에 와서 사업을 하던 글로벌 무역 회사 4만 개도 제국과 함께 문을 닫고 몰락하는 비극의 길을 걸었다.

대만에서 제작된 영화 〈은의 제국〉은 청나라 말기 중국 최고의 금융 부호 가문의 부흥과 몰락을 묘사했다. 이 가문은 중국 서안에서 실크로드가 열리던 시대부터 상인들과 금융거래를 해온 거부였다. 영화의 첫 장면은 매년 한 번씩 중국 전역에 흩어져 있는 이 회사의 수많은 지사장들이 한데 모여 결산을 하는 화려한 주주총회의 모습을 담았다. 그런데 대문 밖에는 대기근으로 굶주림과 전염병에 찌든 수많은 서안 시민들이 누군가 대문을 열고 나오면 밥좀 달라고 떼쓸 기세로 몰려 있어 이 가문의 몰락을 암시한다.

중세 중국은 한 정권이 평균 60년 정도밖에 권력을 유지하지 못하고 대기근으로 나라가 뒤집혀 정권을 유지하기 힘든 곳으로 유명했다. 이유는 극심한 환경 파괴 때문이었다. 중국은 세계 4대 문명 발상지 중 한 곳으로 원래 황하강 상류에서 문명이 시작되었다는 설이 유력한데, 수천 년간 이어진 무차별 벌목으로 나무 뿌리가 붙들어 두었던 산과 들판의 황토들이 강으로 마구 방류되어 마침내 강물이 누런 황토색으로 변했다고 한다. 이 누런 강물이 싣고 다니던 황토들이 한곳에 빠르게 퇴적돼 몇백 년에 한 번씩 거대한 강의 흐름이 완전히 바뀌었는데, 강은 흐름을 바꿀 때마다 인근 마을들을 무자비하게 파괴하고 농지들을 범람시켜, 이곳에 터를 잡고 살던 농민들이 갑자기 도적떼로 변해 중국 대륙 이곳저곳을 누비다가 그중 한 지도자가 새로운 땅을 찾아 다음 왕조를 세우는 식으로 정권 교체가 거듭되어 왔다고 한다.

동양 인문학은 조직과 리더들에게 환경 파괴가 가져오는 무서운 재앙에 대한 경각심을 불러일으켜 정치 권력은 하늘의 명령, 즉 천명이 내려준 것이라고 주장해 왔다. 그 때문에 민중들은 갑작스런 기후나 환경 변화가 나타나면 황제의 천명이 다했다며 반란을 일으켜 왕조들을 무자비하게 무너트려 왔다. 환경 보호의 가장 큰 책임은 고대로부터 그 문명에서 가장 많은 혜택을 받은 조직과 리더들에게 있는 것임을 알게 해주는 교훈이라고 할 수 있다.

오늘날 서양의 환경조직인 WWF World Wildlife Fund 는 동물의 서식지를 보호하는 기구이다. 그런데 이 조직의 구성원을 보면 유럽 최고의 석유 기업인 BP나 로열 더치 셸의 임원 출신들과 유럽의 전통적 귀족 가문인 공작이나 왕들이 포진하고 있다. 이렇게 국가나 기업 조직들은 환경이 사회적 안전을 유지하는 데 가장 중요한 변수임을 인지하고 환경을 보호하는 것이 스스로를 보호하는 것임에 대해 새로운 자각을 하고 있다.

노블레스 오블리제의
시초는
유럽의
기사도 정신

Noblesse Oblige 기업의 사회 기여는 단순한 선행이 아닌 생존 보호막이다

요즘 우리 사회에서도 '기업의 사회적 책임'이 뜨거운 화두다. 우리는 기업의 사회적 책임을 논할 때 흔히 '노블레스 오블리제'라는 프랑스어 표현을 빌려 쓴다. 이 단어의 원래 의미는 '귀족의 빚'이다. 오블리제의 명사형인 'obligation'은 프랑스어로 '채권'이나 '채무'를 뜻한다. 부와 권력은 어떤 사회 구조 덕분에 특정 조직이 획득하게 된 이익을 얻기까지 사회에 대한 '채무'를 진 것이니, 그 빚은 반드시 갚아야 한다는 뜻이다. 실제로 역사는 막강한 부와 권력을 거머쥐게 된 조직에게 사람들이 빚쟁이처럼 사회적 환원을 요구하고 빚을 갚지 않으면 어떻게 그 조직을 참혹하게 파괴해 왔

는지를 보여준다.

노블레스 오블리제 개념을 정확히 이해하려면 유럽의 엘리트 군사조직이던 기사도가 민심을 잃기 시작한 약 1,000년 전의 유럽으로 돌아가야 한다. 기사계급은 중세기 유럽 최고의 엘리트 계급이었다. 유럽의 권력 핵심을 쥐고 있던 천주교회가 기사계급을 이슬람의 침략으로부터 기독교 국가를 보호하고, 도둑이나 강도를 때려잡아 민간인의 안전을 보호하는 일종의 경찰 같은 역할을 하도록 만들었다. 초기의 기사들은 이 임무에 충실해 사람들의 존경을 받았고 그 힘으로 (소왕국의) 영주로서의 권리까지 인정받아 경제적 부와 사회적 명예를 누리게 되었다. 그런 만큼 원래의 기사들에게는 사회적 책임이 막중했다.

1400년대 이탈리아 시인인 보이아르도는 초기 기사들의 법도를 이렇게 묘사했다.

기사나 왕관을 쓴 왕이,
능력이 있음에도 불의와 무도한 자를 벌주지 않으면
스스로가 범인이다.
신사로 태어난 모든 사람은,
기사의 도리에 의해
비겁한 자를 적으로 삼아야 하고
천박한 행위를 보복해야 하니,

이 임무를 무시하는 자는

인정이 없거나, 기사의 자격이 없다.

_〈사랑하는 오를란도Orlando Innamorato〉, 1482~1483년

그러나 자기 땅에서 마음 놓고 권력을 행사할 자격을 부여받은 기사들은 공인된 깡패로 돌변했다. 걸핏하면 패싸움을 벌이고 아무 동네나 갑자기 쳐들어가 교회의 상징인 금 성배를 약탈하는가 하면, 마을 부녀자를 겁탈하고 가난한 농가에서 밥까지 빼앗아 먹었다. 11세기 기사들의 이러한 횡포의 흔적은 지금도 남아 있다. 프랑스의 모이삭 수도원 정문 앞에는 의기양양하게 말을 타고 가다가 못된 짓을 해 하느님의 벌을 받아 말에서 떨어져 곤두박질치는 기사의 조각들이 곳곳에 남아 그들의 추악했던 옛 모습을 여실히 보여준다.

이처럼 기사계급이 존재할 명분이 사라지자 농민들은 기사계급인 성주의 눈에 띄지 않는 숲으로 도망쳐 도적 떼가 되었다. 그 대표적인 예가 영국의 홍길동이라 불리는 로빈후드이다. 유럽인들은 기사보다도 로빈후드처럼 숲으로 도망친 도적 떼를 이끄는 사람들을 존경하게 되었다. 성난 민심이 한꺼번에 들고일어나 유럽 이곳저곳에서 농민 봉기가 발발하고 유럽의 사회 조직이 송두리째 뿌리뽑힐 위기가 왔다. 당연히 기사들은 입지가 좁아지고 백성들의 분풀이 대상이 되어 곳곳에서 가혹한 보복을 당했다.

기사계급과 이 계급을 창조한 교황청은 특단의 조치를 취했

다. 유럽 최초의 노블레스 오블리제 정책인 '신의 평화PAX DEI 정책'을 펴기 시작한 것이다. 이 정책은 기사들이 지켜야 할 여러 규범을 만들고 이것을 지키지 않는 기사는 가차없이 작위를 박탈한다는 것이었다. '기사는 교회를 보호해야 하고, 적이 교회로 도망치면 절대로 무장한 채로 따라 들어오면 안 된다. 기사는 절대로 아이와 여자를 폭행하면 안 되고, 그들에게 폭행을 저지르는 사람을 목격하면 반드시 벌을 주어야 한다' 등의 일반인들이 보기에 모범이 될 만한 행동 규범들을 만들었다. 이것이 바로 노블레스 오블리제의 원천인 '기사도'라는 새로운 윤리관으로, 기사의 위상을 재정립하고 귀족 체제를 700년 동안 더 유지시킬 수 있게 했다. 그리고 교황은 마르탱 드 뚜르라는 로마시대 군인의 전기를 발굴해 위인전기를 출판하고 스토리를 통해 기사들을 교육시켰다.

어느 날 마르탱은 한 소도시를 여행하고 있던 중에 거지 한 명이 추위 속에서 부들부들 떨고 있는 것을 목격했다. 마르탱은 서슴지 않고 자기 코트를 반 잘라서 거지에게 주었다. 그날 밤 마르탱은 꿈속에서 "아직 세례도 마치지 않은 마르탱이 나에게 코트를 잘라 추위에서 구해주었다"라고 말하는 목소리가 높은 곳에서 들려와 올려다보니, 자신의 코트를 받은 거지가 바로 예수님이었고 그 목소리는 예수님이 천사들에게 자신에 관한 이야기를 하고 있는 것임을 깨달았다. 마르탱이 아침에 잠에서 깨어보니 거지에게 잘라 준 망토가 새것으로 복원되어 있었다.

추위에 떠는 거지에게 코트를 통째로 벗어 준 것도 아니고 반만 잘라 준 사람을 역할 모델로 내세운 것을 보면, 당시의 기사들이 얼마나 자신들만 호의호식하고 평민들의 고통에는 관심이 없었는지를 엿볼 수 있다. 어쨌든 이미 사치에 찌든 기사들을 설득하기 위해 코트의 반이라도 잘라 주도록 한 교황의 고심이 엿보이는 대목이다.

기사도 교육의 영향으로 기사들은 전투에 참가할 때 사랑하는 여인의 집안 가문 문장을 새기고 출전해 자신이 세운 공을 여자 집안에 바칠 정도로 기사도는 여성 존중을 중요시했고, 이후 서양 사람들이 여성을 깍듯이 대하는 '신사도'의 전통으로 이어져 오늘날의 기부 문화 등 서양 엘리트 덕목의 기초가 되었다.

천주교는 기사들이 전쟁터에서 아무리 승승장구해도, 기사들이 전쟁터를 오가는 동안 무기와 밥, 잠자리를 제공해주는 평민들 없이는 군대를 조직적으로 운영하기 힘들다는 점을 잘 알고 있었다. 기사가 여자와 아이들을 보호하는 영웅으로 보여야만 평민들이 호감을 가지고 기사에게 필요한 여러 편의를 제공해줄 것이었다. 그러나 기사가 아무 곳에서나 폭력을 휘두르며 비인간적인 횡포를 부리면 주민들은 기사에게 절대 들키지 않도록 꼭꼭 숨어 기사들은 어떤 도움도 받지 못할 것이며, 그들에게 작위를 준 교회마저 원망의 표적이 될 것이다. 또한 기사는 자신이 무력을 휘두를 수 있는 권리를 신의 이름으로 교회에서 받았기 때문에, 교회의 위상이 떨어지면 자신의 권한도 사라진다. 그래서 이후로 이 두 조직은 기사도를 중심으로 도움을 주고받는 상생의 구조가 되어, 1789년 프랑스 혁명 전까지 기독교 국가들의 영토를 보호하고 힘을 합쳐 무슬림과 싸웠다.

우리가 자주 사용하는 '노블레스 오블리제'라는 용어는 19세기 프랑스 소설가 발자크의 한 소설에 나온 말이다. 발자크는 이 소설에서 "내가 해줄 수 있는 모든 말을 한마디로 정리하겠다. 귀족은 빚진 사람처럼 행동해야 한다Noblesse Oblige"고 말했다. 사회가 자신에게 부여해준 지위는 공짜가 아니라 지위를 부여해준 사회가 빌려준 일종의 빚이니, 지위에 걸맞은 행동을 하지 않으면 사람들이 그 지위를 바로 박탈할 권리가 있다는 점을 강조한 것이다.

이 원칙은 어느 조직에게나 적용되며 당연히 기업에도 해당된다. 대부분의 기업들은 설립 취지에 '사회적 기여'라는 의미를 부여한다. 사회를 이롭게 하는 기업이라야 사람들의 호응을 얻어 원하는 바대로 자리를 잡을 수 있기 때문이다. 기업도 이런 사회적 책임을 무겁게 받아들이고 실행에 옮겨야만 사람들의 보호를 받아 장수할 수 있다. 유럽의 WWF에는 당시 스페인 국왕이던 후안 카를로스 1세도 있었는데, 그가 WWF의 이사들과 사냥을 나가 코끼리를 쏴 죽인 사실이 알려지면서 사람들의 큰 반발을 샀고, WWF 보이콧 운동 등 심각한 문제가 생겨 조직 붕괴 위기까지 맞은 적이 있다.

조직의 리더가 노블레스 오블리제를 단순히 '특권층의 의무'

정도로 해석하면 큰코다칠 수 있다. oblige의 명사형인 obligation
이 프랑스어로 '채권' '채무'인 만큼, 사회에서 그 조직의 특권을 인
정해주는 대가로 당연히 요구되는 빚이다. 은행에서 돈을 꾼 것과
마찬가지로 반드시 갚아야 하는 '채무'라고 생각해야 기업을 존재
하게 해주는 사람들로부터 호감을 사 생존을 오래 보장받을 수 있
는 것이다.

유태인이
세계의 금융시장을
좌지우지하게 된
배경

Bond 기업할 수 있는 사회 환경은 기업 스스로 만들어야 한다

기업하는 사람은 '부자가 하늘나라에 가기는 낙타가 바늘구멍을 통과하기보다 힘들다'는 성경 내용을 보면서 "왜 성실하게 일해 부자가 된 사람을 나쁜 놈으로 모는가?"라고 생각할 수 있다. "기업이 돈을 많이 벌면 손가락질하는 한국에서는 정말 기업해서 먹고 살기 힘들다"며 불평하는 기업가들도 간혹 보인다. 그러나 세계의 역사를 보면, 사실 기업이 이익 추구를 드러내놓고 마음대로 할 수 있게 된 것은 선배 기업들이 끊임없는 사회공헌을 통해 만들어낸 일시적 합의에 의한 것일 뿐이다. 기업들이 계속 사회에 긍정적인 영향을 미쳐야만 이 체제가 유지된다는 것이 역사가 남긴 뼈저린

교훈이다.

오늘날 전쟁으로 폐허가 된 이라크는 원래 인류 문명의 발상지 중 한 곳으로, 약 5,000년 전으로 추정되는 아주 먼 옛날 세상에서 가장 먼저 대도시를 건설한 곳이다. 19세기 영국의 학자들은 이라크를 탐험하다가 수천 년 전에 지은 피라미드를 방불케 하는 거대한 벽돌 건물을 찾아냈다. 남겨진 자료를 뒤져보니 이 시대에 이미 이곳에서 인간을 담보와 통화로 사용하는 무시무시한 거래가 이루어지고 있음을 알게 됐다. 이 거대한 건물은 '지구라트'라고 불리는데, 지금의 이라크에 있는 '우르'라는 고대도시의 신전이었다. '우르'의 제사장들은 추수 때면 농부들의 농작물을 거둬들여 지구라트에 저장하고 흉년이 오면 다시 내준다는 명분으로 엄청난 양의 곡식들을 이곳에 모았다. 또 주변 부족들의 침략에 대비해 높은 성벽을 쌓거나 자주 범람하는 강에 둑을 짓는 등 대형 공사를 많이 했는데, 주민들에게 임금 대신 약간의 음식을 제공하고 노예 비슷하게 부려먹었다고 한다.

지구라트에 비축된 재산이 늘고 신도 수도 크게 늘자 제사장과 사제들의 권한이 막강해졌다. 견물생심이라는 말이 있듯 제사장과 사제들은 돈맛을 알게 되었고 탐욕에 눈이 멀어갔다. 점차 신전 인근의 성벽도 없고 인구도 몇 안 되는 열악한 마을을 차례대로 정복해 그 동네 토속신앙을 없애고 강제로 '우르'의 신을 믿도록 했다. 정복당한 마을 사람들이 개종하지 않으면 노예로 끌어가거나 현장에서 칼로 쳐 죽였다. 저항이 심하면 바퀴에 칼이 달린 마차를 타고 마을을 빙빙 돌며 갈아 죽이기도 했다.

정복당한 부족 역시 신전에 곡식을 제물로 바쳐야 했다. 이렇게 해서 점차 우르 신전의 세력이 커져 수많은 인근 도시들이 추수 때마다 우르 신전에 곡식과 가축, 금속 등을 신에게 바치는 제물로 보낼 정도로 규모가 커졌다. 지금도 우르에서는 수많은 미술작품이 발견되는데, 소중하게 기른 곡식과 가축을 제물로 바치려고 들고 지구라트 앞에 줄을 서 있는 농민들을 그린 그림이 많다. 양 몇 마리와 밀 부대들을 어깨에 둘러메고 거대한 우르 신전에 들어온 농민들은 지구라트의 어마어마한 규모에 위압되었을 것이다. 비좁고 가파른 계단으로 오늘날 수십 층 건물 높이의 지구라트 꼭대기까지 짐을 잔뜩 지고 걸어 올라와 제사장 발밑에 제물을 바치고 돌아갔을 것인데, 당시 사람들에게는 하늘나라에 있는 신에게 직접 물건을 바치고 돌아가는 기분이었을 것이다.

우르의 사제들은 막상 흉년이 들자 씨 뿌리는 데 필요한 종자마저 무료로 돌려주지 않고 담보 대출로 빌려주었다. 그런데 당시에는 농기구도 마을 농민들이 공동으로 나눠 썼고, 땅도 공동 소유였다. 개인 재산이라고는 노동력을 가진 인간밖에 없었다. 우르 신전은 사람을 담보로 종자와 농기구, 곡식 등을 대출해주었다. 남자보다 여자의 담보 가치를 높이 쳤다. 여자는 노예로 끌어가면 또 다른 노예들을 계속 낳을 수 있어 장기 투자 가치가 높았고, 지구라트에 제물 바치러 온 농민들에게 몸을 팔도록 해서 부수적인 수

입을 늘리는 재원이 될 수 있었기 때문이다. 그래서 우르 신전은 가급적 농민의 어린 딸아이를 담보로 곡식이나 돈을 빌려주었다고 한다.

신전은 농민들에게 곡식을 빌려줄 때 터무니없이 높은 이자를 매기거나 무지한 농민에게 매우 불리한 대출계약서를 작성해 절대 갚지 못하게 만들었다. 나중에는 권력의 센터였던 우르의 신전으로 전 중동 땅의 젊은 여인들이 밧줄에 묶여 끌려왔다. 당시 중동의 가장들은 가세가 기울면 사랑하는 딸이, 그다음에는 부인이 밧줄로 꽁꽁 묶여 노예로 끌려가는 것을 속절없이 지켜봐야만 했다.

우르의 신전에 담보로 끌려간 농민의 딸들은 주로 청소, 요리, 보육 등 각종 가사 노동을 제공하는 노예가 되었다. 여자 노예들은 개돼지와 다를 바 없이 더럽고 비참한 환경에서 살아야 했고, 매 맞으며 성노리개로 이용당했다. 특히 사람들이 많이 모이는 큰 신전들은 조공 바치러 온 사람들을 상대로 여인숙과 술집도 운영했는데, 이런 곳으로 순진한 사람들을 끌어들이기에 여자만큼 유용한 것이 없었다.

영어로 '묶다'라는 동사가 bind인데, bond는 이의 과거형으로 '묶였다'는 뜻이다. 오늘날은 '채권'이라는 의미로 쓰인다. 두 물건을 꽁꽁 동여매듯 단단히 접착시키는 화학물질을 '본드'라고 부르는 것도 여기서 유래한다. 옛날에 빚을 갚지 못하면 꽁꽁 묶여 노예로 팔려 갔기 때문에 오늘날도 채무계약을 bond certificate, 즉 '묶이는 계약서'라고 한다.

성경은 사람을 담보로 금융업을 하는 중동의 악습이 수천 년간 지속되어 왔음을 알게 해준다. 그 오래된 적폐를 단번에 청산한 사람은 다름 아닌 예수였다. 성경의 〈마태복음〉에는 '예수는 신전의 정원으로 들어가 거기서 거래하는 자를 다 쫓아버리고, 돈놀이를 하는 사람의 책상을 뒤집어버리고, 비둘기 파는 장사꾼이 앉아 있던 벤치도 부수었다. 예수가 그들에게 말씀하시길 "나의 집은 기도하는 집이라고 쓰여 있는데, 너희들은 그 집을 강도들의 은신처로 쓰고 있다"'라고 쓰여 있다. 이렇게 태어난 기독교는 그동안의 적폐에 신음하던 중동 일부 지역에서부터 유럽까지 대대적인 환영을 받아 삽시간에 전 서구 사회의 정서를 완전히 바꾸어 놓았고, 친기업적 로마시대를 무너트리고 반기업적 중세기를 열었다. 유럽에서는 예수 탄생 이후 약 천 년 동안 이자 받고 금융업체를 운영하는 것이 엄격하게 금지되었다. 아무리 합법적이라도 조직의 행동이 일정한 '도'를 넘으면 사람들은 반기업적 정치제도나 종교로 대응한다.

중세 유럽의 왕들은 천주교 신자들에게는 금융업 진출을 엄격히 금지시키고 유태인들에게만 허가했다. 이유는 성경의 내용 때문이었다. 성경의 〈신명기〉 23절에는 '너희 형제에게는 돈이 되었건, 음식이 되었건, 어떤 물건이 되었건, 이자를 받고 꿔주지 말라'라고 쓰여 있다. '외국인에게는 이자를 받고 돈을 꿔주되 형제에게는 돈을 받고 꿔주지 말지어다'라는 말도 있다. 따라서 기독교인들끼리는 형제이기 때문에 돈을 꿔주고 돌려받을 수 없으니 '외국인'인 유태인들이 돈을 꾸어주는 일을 맡으라고 한 것이다.

중세 유럽 사회는 반기업 정서가 심해 기업을 일으켜 돈을 많이 벌더라도 마음 놓고 부를 누릴 수 없었다. 수많은 정치권력자들은 일반인들에게 퍼져 있는 반기업적 정서를 악용해 기업인들이 고생해서 번 재산을 한순간에 몰수해 자기 호주머니를 채우곤 했다. 1275년 영국 왕 에드워드 1세는 불필요한 전쟁으로 국고를 바닥내더니 '유대 고리대금법'이라는 새로운 법을 만들었다. 기독교인들에게 돈을 빌려주고 이자를 받는 행위는 신성모독이라며 300명의 유태인 금융가들을 한꺼번에 잡아들여 감옥에 집어넣고 그들의 재산을 몰수해 자기 금고를 채웠다. 또한 천주교 교황은 인기 유지를 위해 '쥬빌리움'이라는 것을 선포했다. 이것은 특정 교회 행사일에 지금까지 서로 꾸고 꿔준 돈을 없는 것으로 치는, 채권자에게는 매우 불리하고 채무자에게는 즐거운 행사였다. 이런 중세기에서 가장 피해를 본 것은 당연히 아무런 사회의 보호를 받지 못하는 기업가들이었다.

기업이 자율적으로 비즈니스를 할 수 있는 시장경제 시스템은 절대 공짜로 생겨난 것이 아니다. 세계대전을 전후한 19세기 이후에야 기업들이 전쟁에 소요되는 어마어마한 물건들을 생산하는 큰 공을 세우고 기술 발전과 일자리 창출의 선두 주자로 나섰기 때문에, 사람들이 기업이 잘되어야 나도 잘살게 된다는 사실을 인정하게 되어 자유경제를 기반으로 하는 자본주의가 꽃필 수 있었다. 그런 기반 위에 기업들이 마음 놓고 경영을 할 수 있는 토대가 형성된 셈이다. 불과 30년 전만 해도 자유경제체제에 반대하고 공산주의를 선택한 사람들이 전 세계 인구의 반이 넘었다는 사실을 기억한다면, 기업인들이 자유롭게 기업할 수 있는 환경 조성에 얼마나 많은 세월이 필요했으며 그것을 얻어내기가 얼마나 어려운 일이었는지 알 수 있을 것이다. 지금의 기업하기 좋은 환경은 사실 선배 비즈니스맨들이 기술 개발에 매진해 인류의 삶을 편하게 만들어주는 수많은 상품들을 개발하고 일자리 창출로 사람들의 전반적인 삶의 질을 높여주면서 자본주의의 이점을 대중들에게 끊임없이 증명해 보인 결과로 보아야 한다.

Chapter 5

인문학으로 배우는 경쟁력

로마인들은 비서를 'ser
일 즉 secret을 지키
는 사람'이라고 해서
secretary라고 불렀다

피렌체의 예술가 브루넬레스키와 도나텔로의 선의의 대결

Paragon 자주 싸워야 잘 싸운다

인간의 경쟁 심리는 대개 시기와 질투, 욕심이라는 원초적 본능에서 샘솟는다. 동양의 인문학은 타고난 본능인 질투심과 욕심을 가급적 억누르고 화합하고 이해하는 '덕'을 베풀라고 가르친다. 그래서 '모난 돌이 정 맞는다'는 말이 있다. 반면에 서양 주류 인문학은 싸움의 본능을 오히려 날카롭게 단련시키라고 한다. 그래서 '안 쓰는 칼은 녹슨다'라는 말이 있다.

고대 로마의 엘리트들은 매일 아침 대형목욕탕으로 가서 레슬링, 투창, 달리기 등 거친 운동으로 몸을 단련한 다음에 사우나와 목욕으로 근육의 유연성을 유지했다. 고대 로마의 장군 플라비우스 레나투스는 "평화를 원하는 자, 전쟁을 준비하라 Si vis pacem, para bellum"라고 말했을 정도로 로마인들은 평소의 전투력 유지를 중요시했다.

고대 그리스인들도 남자라면 매일 쉬지 않고 과격한 스포츠 등으로 언제든지 싸울 수 있는 체력을 단련해 두어야 한다고 믿었는데, 이것을 '파라곤paragon'이라고 했다. 한국에서는 아파트 브랜드 이름으로 쓰이지만 고대 그리스어로 '칼 가는 숫돌'이라는 뜻이다. 칼을 갈지 않고 쓰기만 하면 무뎌져 쓸모가 없게 변하는 것처럼 사람도 익숙한 방법에 파묻혀 살다보면 생각과 성격이 무뎌지기 때문에 자기보다 재능 있는 사람, 자기와 아주 다른 생각을 가진 사람들과 계속 부딪혀 몸과 생각의 칼날을 날카롭게 갈아두어야 한다는 의미이다.

르네상스 시대, 이탈리아 도시국가 피렌체는 고대 그리스의 '파라곤' 정신을 부활시켜 유럽 최고 문화도시로서의 경쟁력을 정비해 오늘날까지 명성을 떨치고 있다. 피렌체는 지금도 미술의 역사를 뒤바꾼 뛰어난 예술가들이 동시에 활약했던 예술의 고향으로 불린다. 그런데 원래 피렌체는 문화도시가 아니라 상업도시였다. 르네상스가 꽃피기 이전부터 이미 실크, 금속공예, 섬유 같은 돈 되는 사업을 독점해서 재벌이 된 가문들이 많았다. 비즈니스에 능한 피렌체 상인들은 공정한 규칙 속에서 치열하게 싸우면 경쟁력이 높아진다는 원칙을 예술에 적용해 피렌체의 문화 경쟁력을 업그레이드시켰다.

르네상스 시대가 시작되던 1400년대, 피렌체의 대성당 앞에 팔각형의 거대한 세례당이 있었다. 세례당에는 문이 두 개 달려 있었는데, 문 하나는 이미 100년 전에 유명한 조각가가 금빛으로 번쩍거리는 청동판에 성경 내용을 조각해 장식을 마쳤다. 그러자 반대쪽 문이 초라해 보였다. 피렌체의 한 상인조합은 도시를 미화하고 조합의 이미지를 좋게 만들기 위해 반대쪽 문을 조각할 비용을 기부하기로 하고 문을 조각할 예술가를 찾고 있었다.

이때, 전에 없던 전혀 새로운 아이디어가 나왔다. 르네상스 이전까지의 유럽 건축주들은 대개 친분 있는 사람, 아는 사람이 소개해준 사람 등을 건축가로 선정하고 일감을 몰아주는 것이 보통이었다. 따라서 건축가들은 인맥이나 명성으로 일감을 구할 수 있어서 굳이 새로운 아이디어를 찾을 필요가 없었다. 그런데 이번 작품은 공모전을 통해 이 일을 맡길 예술가를 뽑기로 한 것으로, 예술의 역사를 바꾸었다. 이 일을 추진한 상인조합은 피렌체에서 디자인 관련 일을 하는 사람들에게 소형 구리판에 성경 내용 중 한 장면을 새겨 정해진 날짜 안에 제출하도록 공고했다. 제출된 샘플을 보고 조합 임원들이 투표로 예술가를 선정하기로 했다.

브루넬레스키와 기베르티라는 두 젊은 금속공예가가 결승에 올랐다. 당시 예술가들은 스승에게 배운 스타일대로 주문받은 물건을 제작하는 것이 관행이었다. 하지만 공모전에 이겨야 일을 맡을 수 있게 되니 남보다 돋보이는 아이디어를 내기 위해 머리를 쥐

어쩌야 했다. 브루넬레스키는 이 공모전에 출품한 조각 작품에 가까운 것은 크게 그리고 먼 것은 일정한 비율로 작게 그려 입체 느낌을 주는 '소실점 원근법'의 원칙을 처음으로 도입했다고 사록은 전한다. 그의 라이벌인 기베르티의 작품은 역동적인 움직임을 실감 나게 표현하기 위해 손이나 발이 철판의 사각형을 벗어나게 하는 언발란스 기법에 승부를 걸었다. 협회는 기베르티의 손을 들어 주었다.

이 공모전은 두 예술가에게 신선한 충격을 주었고 피렌체 예술계 전체의 커다란 발전을 촉진했다. 처음으로 브루넬레스키의 원근법을 접한 다른 피렌체 예술가들은 그림, 조각에 모두 이 원칙을 활용하기 시작했다. 예를 들면 브루넬레스키의 먼 후배인 미켈란젤로의 유명한 '다비드 상'은 높은 교회 지붕 위에 올려질 것을 미리 계산해 다리보다 머리를 훨씬 더 크게 조각한 것으로 유명하다. 또한 첫 공모전에서 탈락한 것에 자극을 받은 브루넬레스키는 자기만의 스타일을 찾기 위해 로마로 유학을 떠나 고대 건축 기법을 공부한 후 피렌체 최고의 건축가로 컴백했다. 로마 유학을 다녀온 후 여러 건축 공모전에 잇달아 우승해, 지금도 피렌체 곳곳에 브루넬레스키가 디자인한 건물이 남아 있고 다른 건축가들이 그의 건축 작품들을 모델로 삼아 '르네상스 건축의 아버지'로 불린다.

브루넬레스키에게는 도나텔로라는 조각가 친구가 있었다. 두 사람은 가끔 일부러 비슷한 소재로 작업을 하면서 서로의 작품 스타일과 제작 기법을 보고 배웠다고 한다. 한번은 우연히 브루넬레스키와 도나텔로 둘 다 나무로 십자가에 매달린 예수상을 조각하게 되었다. 먼저 도나텔로가 예수상을 조각해 브루넬레스키에게 보여주었다. 그러나 그는 심드렁하게 "예수님이 아니라 농부 한 명이 나무에 매달려 있군"이라고 직설적으로 말해 도나텔로를 화나게 했다. 브루넬레스키는 며칠 후 그의 화를 풀어줄 겸 자신도 십자가에 매달린 예수의 목상을 제작하고 도나텔로에게 보여주려고 그를 저녁식사 시간에 집으로 초대했다. 도나텔로는 장을 본 뒤 브루넬레스키 집으로 저녁식사를 하러 가 벽에 걸린 예수상을 보게 되었는데, 너무나 훌륭해서 자기도 모르게 장 본 보따리를 놓쳐 마당에 음식을 모두 쏟았다고 한다. 이날 도나텔로는 자신이 나무보다 청동 조각에 더 소질이 있다는 것을 깨닫고 장르를 바꿔 이탈리아 최고의 청동 조각가가 되었다.

이와 같이 공모전은 예술가들을 끊임없이 긴장시키는 채찍이 되었고, 이기는 사람에게는 엄청난 돈과 영광이 주어져 끊임없이 새로운 작품이 쏟아져 나오게 하는 원동력이 되었다. '파라곤 정신'이 유럽 예술계에 미친 지대한 영향에 대해 16세기의 이탈리아 미술 역사가 바사리는 이렇게 말했다.

자연이 위대한 사람을 창조할 때는 항상 그 사람이 어떤 직종에 종사하건, 같은 시간과 장소에 비슷한 능력을 가진 라이벌들을 동시에 창조한다. 라이벌은 서로의 재능을 흉내 내고 서로 도울 수 있다. 이런 상황은 그 시대와 장소에 태어난 사람에게 큰 도움이 되는 것은 물론, 앞서 지나간 사람들과 비슷한 명성과 명예를 얻고자 하는 후세에게도 열정과 일하고 싶은 의욕에 불타게 만든다. 이것을 증명하는 것은 바로 피렌체의 필리포(브루넬레스키), 도나토(도나텔로), 로렌초(기베르티), 파올로 우첼로다. 이들은 원근법을 완성시킨 화가 마사치오와 같은 시대에 태어났다. 그들은 각자 자기 방식대로 위대한 사람들이었고, 그 시대까지 유행하던 거친 예술 스타일을 획기적으로 바꾸는 중요한 역할을 한 것은 물론, 그들의 아름다운 작품은 후세들의 마음을 움직여 예술이 지금의 위대하고 완벽한 형태로 발전하는 밑거름이 되었다.

이러한 '파라곤의 법칙'이 지금의 전 세계 비즈니스 업계에서 다시 뜨거운 화두로 떠올랐다. 특히 스타트 업계에서 '린 스타트업' 개념으로 정리되어 일반화되고 있다. '린 스타트업'은 신상품을 최소한의 비용을 들여 최소 규모로 제작해 일단 시장에 소개한 후, 여러 경쟁을 거쳐 살아남았을 때만 거금의 마케팅 비용과 영업 조직을 투여해 본격적인 상품화를 하는 것이다. 이전의 벤처기업들은 시장에서 검증이 안 된 신상품을 거금을 들여 완벽하게 제작하고 고액의 마케팅으로 홍보를 하면 된다는 식으로 경영했다. 하지만 시장이 외면해 기업이 도산하는 경우가 잦았다.

'린 스타트업'에서는 상품을 미완성 단계에서 출시해 시장에서 고객 점유를 위해 경쟁 상품과 혈투를 벌이며 날카로운 칼날처럼 갈아 완성도를 높이고, 완성도가 올라갈수록 더 많은 마케팅 비용을 투자한다. 린 스타트업의 기본 프로세스를 흔히 'build(만들고) 〉 measure(측정하고) 〉 learn(배운다)'라고 정리하는데, 이것은 이미 고대로부터 서양에서 '파라곤'이라는 개념으로 오랫동안 서양인들의 정서 속에 존재해 온 것이다.

프랑스를 군사 강국으로 성장시키고 유럽을 제패한 나폴레옹은 "나라가 군사 강국이 되려면 계속 전쟁을 하면 된다"고 말했다. 이탈리아 시인 보이아르도는 사랑과 전쟁이라는 고통이 모든 인간성의 기본이라며 "세 번째 하늘을 주관하는 사랑의 별(비너스를 말함)이여! 그리고 루비처럼 붉은 다섯 번째 광명(전쟁의 별인 마르스를 말함)이여! 그들은 영원한 하늘을 일 년에 두 번씩 돌며 세상의 모든 게으름을 황폐하게 한다. (…) 사랑과 전쟁은 편안함의 적이고 몸을 피로하게 하니, 노역과 고통을 거절하지 않는 모든 신사의 주업이며, 사랑과 전쟁에서 모든 건장한 영혼이 태어난다"고 했다.

그런데 아무렇게나 싸운다고 해서 싸움이 경쟁력의 밑거름이 되는 것은 아니다. 어떤 경쟁은 오히려 사람들을 불쾌하게 만들고 조직을 갈기갈기 찢어놓는다.

지는 것을
우아하게
인정하는 태도,
투셰

Concours 적은 최고의 선생님이다

서양의 '파라곤' 정신은 '투쟁 없이는 발전도 없다'는 게 그 핵심이다. 하지만 모든 경쟁이 다 생산적인 것은 아니다. 지는 것을 인정할 줄 모르는 사람들에게 싸움은 상처와 증오만 남기고 배움의 터가 되지 못한다. 그래서 유럽인들은 '스포츠'라는 인성 교육을 통해 지는 법을 교육시켜 왔다.

규칙 없는 경쟁의 파괴적 본성은 실리콘밸리의 상징이자 비즈니스 세계의 영웅인 빌 게이츠도 뼈저리게 경험했다. 빌 게이츠는 마이크로소프트사를 최고의 기업으로 성장시키기 위해 '스택 랭

킹'이라는 이름의 새로운 경영 시스템을 도입했다. 전 직원의 실적을 평가해 일정한 퍼센트로 톱 레벨, 굿, 평균, 하위 직원 등 총 4개의 그룹으로 나누었다. 직원들이 모두 톱 레벨 직원이 되기 위해 열심히 일할 것이라는 생각에서 나온 야심찬 프로젝트였다. 그런데 이 제도가 도입되자 그동안 사이 좋게 일하던 팀원들 사이에 소통이 마비되고 협업이 깨졌다. 예를 들면 10명으로 이루어진 한 팀이 프로젝트 하나를 할당받으면, 직원들은 열 명 중 어떤 2명이 톱 레벨로 분류되고, 누가 하위 직원으로 분류될지에 신경이 쓰여 일에 집중하지 못했다. 상대방에게 자신의 아이디어를 빼앗길까 봐 서로 눈치를 보아 협업이 불가능해진 것이다. 이로 인해 마이크로소프트의 집단적 창의력이 파괴되어 실적이 크게 저하된 사례가 있다.

무한경쟁이 실력 향상에 좋다는 사고가 그르다는 것을 말해주는 사례는 많이 있다. 2002년 필자가 다니던 뉴욕대학 경영학부 학장은 '스턴커브'라는 평가 시스템을 도입해 학생들의 경쟁을 부추겼다. 스턴커브는 학점을 상대평가로 전환해 전 학생의 상위 18%만 A학점을 받을 수 있게 하는 제도였다. 당시 뉴욕대 학생들은 자신의 기말 레포트 주제를 다른 학생이 훔쳐갈까 봐 교실에서 발표를 하지 않아 토론 수업이 마비되었고, 교수가 나눠주는 정보를 앞줄에 앉은 학생이 감춰 뒷줄에는 아예 전달되지 않거나, 결석한 학생에게 일부러 잘못된 정보를 주어 시험에서 틀리게 하는 등 학생들 간의 분열을 부추긴다는 모진 평가를 받았다.

영국의 마가렛 대처 전 수상도 "질투는 파괴할 줄은 알지만, 생산적인 것을 만들어낼 줄은 모른다"라는 말을 남겼을 정도로, 경쟁이 페어플레이 없는 감정 싸움으로 치달으면 파라곤의 경쟁 정신은 쓸모가 없어진다.

우리나라에선 예술가들끼리의 경쟁을 프랑스어를 빌려 '콩쿠르concours'라고 한다. 콩쿠르의 어원은 '싸우다'가 아니라 '같이 뛴다'이다. 모든 사람이 뛰어야 경쟁이 되는 것이지 일부 달리기 경기 참가자가 오토바이나 차를 타고 지름길로 빠져나가면 파라곤의 효과를 볼 수 없다. 또 영어로 '경쟁'은 'competition'인데 이 단어의 어원은 '가슴을 마주본다'는 의미였다. 정정당당하게 가슴을 마주보고 싸워야지 상대편이 한눈파는 사이에 갑자기 뒤통수를 치거나 옆구리를 찌르는 행동은 경쟁이 아니라 그냥 야비한 '폭력'일 뿐이라는 뜻이다.

숱한 전쟁으로 세계를 정복한 고대 로마제국의 군대가 오랫동안 막강한 전투력을 유지할 수 있었던 이유는 한 곳의 전투에서 패배하면 곧바로 패배의 원인을 분석하고 자신들을 이긴 적군의 전술과 무기 체제를 배우는 것을 주저하지 않았기 때문이다.

로마가 트라키아라는 나라를 침략했을 때의 일이다. 트라키아 군인들은 로마 군인들 투구의 목 뒷부분이 취약하다는 정보를 입수하고 손잡이가 아주 긴 낫 모양의 무기를 잔뜩 만들어두었다. 이 무기를 로마 군인 머리 뒤로 늘어트렸다가 잡아당기면 안쪽 칼날이 로마 군인의 목을 뒤에서부터 싹둑 베어버렸다. 로마 군인들은 이 전쟁에서 엄청난 병력 손실을 겪고도 트라키아 군인들이 남의 약점이나 노리는 치사한 인간들이라며 분노하지 않고 이들의 신무기를 막아낼 수 있는 새로운 투구를 개발했다.

로마는 전투에서 패배할 때마다 적군의 전술이나 무기를 들여와 오히려 더욱 강성해졌다. 로마제국을 상징하는 짧고 굵직한 칼은 로마 건국 때부터 적국이던 사비나족들의 무기였고, 사각 밀집 대형은 그리스군에게서 배워 온 것이다. 또 로마의 무서운 표창인 '파일럼'은 스페인 반도의 원주민들에게서 배워 온 것이다. 이렇게 로마는 전투에서 질 때마다 패배를 인정하고 더 강한 부대의 전술과 무기 체제, 문화의 우월성을 인정하고 적극적으로 받아들여 오히려 더욱 강해졌다.

고대 로마의 시인 오비디우스는 "적에게서라도, 배우는 것은 무조건 옳은 것이다"라는 말을 남겼는데, 적에게 배우려면 상대가 자신보다 우월할 때 그 점을 쿨하게 인정하는 아량이 있어야 한다.

서양의 엘리트들은 토론 중에 상대편의 논리가 자신의 논리보다 뛰어나면 '투셰'라고 말하고는 박수를 쳐주거나, 먼저 잔을 들어 건배를 청한다. '투셰'는 말 그대로 '터치되었다'라는 프랑스어로 펜싱 용어다. 펜싱은 워낙 진행이 빨라 상대편의 칼이 자기 몸을 건드렸는지 안 건드렸는지 본인만 아는 경우가 많다. 만약 칼을 맞고도 상대방에게 이 사실을 알리지 않으면 펜싱 경기는 무술을 연마한다는 목적을 달성할 수 없다. 그래서 칼 맞은 사람이 신사답게 자진해서 "저 터치되었습니다", 즉 '투셰'를 외치며 칼을 하늘 방향으로 올려 항복을 선언하는 것이 오래된 펜싱 규칙이다. 체스를 둘 때도 자신의 열세가 분명하면 시간 낭비하지 않고 왕 말을 스스로 넘어트리고 상대편에게 악수를 청하는 것이 예의이다.

　유럽은 르네상스를 맞아 갑자기 눈부신 발전을 이루었는데, '파라곤' 정신이 보편적 정서로 자리 잡은 것이 큰 이유로 뽑힌다. 이것은 '스포츠맨십'이라는 서구 특유의 미덕으로 이어져 지금도 면면히 내려오고 있다. 서양에서는 파라곤 정신을 바탕으로 하는 스포츠맨십을 중요한 인성 교육 방법으로 여겨 미국의 경우 중·고등학생들은 방과 후 학생들에게 스포츠 교육을 시킨다. 미국 학교의 스포츠 교육은 우리나라의 군대 훈련을 방불케 하는 힘든 체력 단련, 원정 경기 스케줄로 선후배와 코치 사이의 숨막히는 상명하복 관계를 감수하는 능력을 길러준다. 그러나 스포츠맨십의 가장 중요한 덕목은 피 튀기며 싸우더라도 진 사람은 패배를 쿨하게 인정하고, 경기를 마치면 경기 중에 생긴 모든 앙금들을 다 내려놓고 이후에는 순수한 우정으로 대하는 태도이다. 자기가 졌다는 것을 인정해야만 경쟁이 배움으로 승화되기 때문이다. 서양 스포츠맨십의 근본은 '지는 것을 우아하게 인정하는 태도'라고 말할 수 있다.
　반면 아시아의 직장인들 중에는 회의 시간에 윗사람들이 절대로 자신의 중요한 의견을 받아들이지 않는다며 "회의는 시간 낭비

일 뿐이다"라고 불평을 하는 경우가 많다. 직급과 체면을 중요시하는 문화 때문에 회의 중에 상사가 말단 사원에게 아이디어에서 밀리면 참지 못하고 감정적으로 대응하는 일이 많아서일 것이다. 그러나 윗사람이 말단 사원의 탁월한 의견을 듣고 스포츠맨들처럼 "내가 졌다"를 선언하면서 자기 의견을 접고 말단 사원의 발언에 힘을 실어주면 그의 아이디어는 바로 자기 것이 된다.

항상 이기는 사람이 경쟁력 있는 사람이 아니라 패배에서 배울 줄 아는 사람이 경쟁력 있는 사람이라는 것이 바로 인문학이 전해주는 지혜이다.

프랑스
최초의
M&A,
툴롱 강 협동조합

Rival 남과 같은 물을 나눠 먹지 마라

조용한 미국 마을에 한국인 한 명이 들어와 슈퍼마켓을 차리면 토박이 미국인 가게 주인들이 울상을 짓는다고 한다. 한국인들은 일찍 문을 열고 늦게 닫을 뿐 아니라 물건을 싸게 팔아, 손님을 빼앗길 것이 분명하기 때문이다. 그런데 한국인 한 명이 새로운 동네로 들어와 슈퍼마켓을 열고 사업이 잘된다는 소문이 나면 다른 한국인들이 우르르 몰려들어와 똑같은 슈퍼마켓을 차리는데 이때부터 미국 상인들은 회심의 미소를 짓는다고 한다. 조금 있으면 한국 상인들끼리 치열한 가격 전쟁을 벌이다가 모두 망해 나갈 것이 빤하기 때문이라는 것이다.

우리는 대체로 미국 사회의 '개성'을 그들만의 별난 문화로 여긴다. 그러나 미국의 '개성', 즉 '자기다움'은 남들과 차별화하지 않고 남들 하는 일에 마구잡이로 뛰어들면 경쟁력이 생기지 않는다는 오랜 자본주의 경험에서 나온 지혜라고 말할 수 있다. 같은 우물을 나눠 마시는 사람들끼리는 물이 조금만 줄어들면 서로 더 많은 물을 차지하려고 경쟁할 수밖에 없다. '숙적'을 뜻하는 영단어 라이벌rival은 '강'을 뜻하는 리버river의 친척 단어이다. 같은 강물을 나눠 쓰는 사람들끼리는 싸울 수밖에 없던 역사적 상황에서 나온 단어다.

프랑스 남부의 론 강 주변은 명품 와인이 생산되는 포도 농장들이 많은 옥토다. 로마제국은 프랑스의 비옥한 땅에서 수확한 곡식들을 밀가루로 빻아 로마로 가져가려고 항구도시 툴롱의 론 강하구에 둑을 쌓고 수백 개의 대형 물레방아를 설치했다. 물레방아들이 거대한 망치를 움직여 한꺼번에 수만 포대의 밀을 빻아 밀가루를 만들어냈다. 로마제국이 멸망한 이후에도 이 물레방아의 원동력을 이용한 공장들이 많이 생겨 론 강 하류는 큰 공업단지로 성장했다. 특히 밀 풍작으로 빻아야 할 밀이 넘치게 되면 인근 지역 농민들까지 곡식을 가져와 돈 주고 빻아갔다.

그러던 중 중류 마을 사람들이 이들의 부를 질투하기 시작했다. 똑같은 강가에서 사는데 하류 사람들만 돈을 많이 벌고 떵떵거리며 잘살자 배가 아팠던 것이다. 중류 마을 사람들은 마침내 방망

이와 곡괭이를 들고 하류 마을로 쳐들어갔다. 같은 강 사람들이니 강에서 번 돈을 자신들에게도 나눠줘야 한다고 생떼를 써 돈을 뜯어갔다. 중류 마을 사람들의 횡포가 심해지자 하류 마을 사람들은 갑옷 입은 기사들을 비싼 돈을 주고 고용해 중류 마을 사람들이 얼씬거리지 못하도록 했다. 화가 난 중류 마을 사람들은 아예 하류의 물레방아가 돌아가지 못하도록 강 중간에 둑을 짓고 자기네 마을에 물레방아를 만들어 이들과 경쟁하려고 했다. 강 상류에서 물을 막아버리니 하류의 물살이 약해져 대형 물레방아도 쓸 수 없게 되었다.

강에 대한 이권을 놓고 두 마을 사이에는 전쟁이 났고 이러한 싸움이 수십 년간 끊이지 않았다. 두 마을 간의 갈등을 지켜보던 상류 마을 사람들까지 가세해, 강 상류에도 댐을 지어 로마시대부터 엄청난 부를 제공해주던 론 강의 물줄기가 끊길 위기까지 갔다. 강물이 여기저기에서 댐으로 막혀 제대로 흐르지 못하자 물레방아 사업과 관련이 없는 선량한 농민들까지 굶어 죽을 형편에 처하게 되었다.

상황이 이쯤 되자 세 마을 사람들은 론 강을 다스리던 영주를 찾아가 시시비비를 가리는 재판을 해달라고 간청했다. 영주가 나서서 재판을 했지만 세 마을 사람들은 판결에 승복하지 않고 항소에 항소를 거듭해 무려 90년 동안 분쟁이 끝나지 않았다. 마침내 공작은 중재안으로 세 마을 사람들을 공동 주주로 하는 세 개의 협동조합을 만들고, 다시 세 개의 협동조합을 합병시켰다. 세 곳의 강둑 중 어디에서 수익이 나건 강변 사람들 모두에게 수익을 나누도록 조치한 것이다. 이것은 1200년대에 세워진 '툴롱 강 협동조합'이라고 불리는 주식회사가 되었으며, 프랑스 역사 최초의 M&A였다고 역사가 장 김펠이《중세의 기계》라는 저서에서 전한다. 장 김펠에 의하면 이 회사의 주식 체계가 800년 동안 이어져 오늘날 프랑스 수력발전공사EDF의 기본주가 형성되었다고 한다.

이렇게 같은 강물을 이용해 생계를 유지해야 하는 사람들끼리는 항상 치열하게 이권을 다툴 수밖에 없다. 론 강 사건 이후로 800년이 지났지만 이것은 조금도 달라지지 않았다. 지금 동남아의 라오스에서는 메콩 강 상류에 댐을 지어 저수지를 만들고 전기를 생산하겠다고 한다. 라오스를 관통하는 메콩 강은 캄보디아를 거쳐 베트남으로 흘러간다. 특히 베트남에서 메콩 강은 10갈래로 나뉘며 무려 600만 명의 농어민이 먹고 사는 거대한 젖줄이 된다. 베트남의 메콩 강변은 아시아 쌀 생산량의 40%를 차지하는 비옥한 곡창지대다. 만약 라오스가 메콩 강 상류에 댐을 완공하면 베트남은 큰 타격을 입을 것이다. 라오스, 캄보디아, 베트남 세 나라는 메콩 강을 나눠 쓰는 영원한 라이벌로 역사적으로도 절대 서로 친해질 수 없는 피로 얼룩진 숙적들이었다.

한국, 중국, 일본 역시 자동차, 전자제품, 모바일 기기 등 비슷한 강물로 먹고 산다. 이런 경쟁은 동아시아 3국을 서로 끊임없이 경계하고 갈등하게 만든다. 서구 사회의 경우 프랑스는 음식과 관광, 미국은 금융과 IT, 독일은 정밀기기를 생산해 서로 다른 개성을 살려 경쟁한다. 화합하고 힘을 모아 시너지를 내기에 훨씬 유리한 구도다. 이에 비해 아시아의 경제 구도는 국가들끼리 뭉치는 데 장애물이 되어 아시아 전체의 경쟁력을 약화시키는 중요한 원인으로 자주 거론된다. 중세 유럽의 도시들 대부분은 도시별로도 분업을 지향해 어떤 도시는 금융의 허브로, 어떤 도시는 대학도시로, 어떤 도시는 큰 성당을 가진 순례지로 특화해 서로 다른 분야에서 발전해 오늘날의 경쟁력으로 이어졌다.

서로 같은 강물을 나눠 먹으려고 치열하게 다투지 않고 각자의 개성을 살려 다양한 서비스와 상품을 제공해야만 조직 전체의 경쟁력이 커질 수 있다는 사실은 약 1,000년 전의 유럽 전사 민족인 바이킹들이 체험을 통해 보여주었다. 우리나라에서는 아들 딸이 많이 태어나면 복 받았다며 문 앞에 금줄을 매달고 축하 파티를 열었지만, 당시 바이킹들은 아들을 많이 낳아도 행복해할 수 없었다. 너무 춥고 땅에 소금기가 많아 농사를 지어 먹고 살 땅이 부족해 오히려 형제끼리 좁은 땅을 서로 차지하려고 싸우다가 모조리 죽었기 때문이다. 가난이 얼마나 심했는지 노르웨이의 한 부족은 한 집안에 두 명의 아들이 태어나면 두 아들을 자작나무 꼭대기에다 매달아놨다가, 먼저 겁을 먹고 우는 놈은 떨어트려 죽이고 용감하게 버틴 놈만 데려다가 키웠다고 한다. 그러던 중 바이킹들에게 신의 계시가 떨어졌다. 초록색 오로라로 물든 스칸디나비아의 별 많은 밤하늘에 큰 혜성이 동쪽에서 서쪽으로 하늘을 가르며 지나갔다. 바이킹들은 이것이 배의 닻을 올리고 서쪽으로 향하라는 하늘의 계시라고 해석했다. 이때부터 바이킹들은 빙하로 뒤덮인 북해를 용감하게 가로질러 비옥한 새 땅을 찾아 나서 영국, 프랑스, 이탈리아의 좋은 땅을 차지했다. 영국, 프랑스 사람들은 나라를 지키려고 싸웠지만, 수백 년 동안 한 줌의 땅을 차지하기 위해 매일처럼 목숨을 걸고 싸우던 바이킹족의 기에 눌려 항복하고 땅을 내주었다.

바이킹들이 이 나라 저 나라 퍼져 살기 시작하자 친척들 사이에 커다란 네트워크가 생겼다. 형님은 노르웨이, 동생은 영국, 작은동생은 프랑스에 살다보니, 매년 친척끼리 만나 선물만 교환해도 저절로 무역이 되었다. 프랑스 역사가 프랑수아 브로델은 이 바이킹들의 친척 행사가 근대 무역 항로의 기반이 되었다고 이야기한다. 이렇게 집을 떠난 바이킹 청년들 중에는 영국의 왕이 된 사람도 있고, 캐나다에서 새로운 품종의 포도를 발견한 사람도 있다. 시베리아 벌판에서 노예 사냥꾼이 된 사람도 있고, 러시아에서 용병으로 싸워 돈을 번 사람들도 있는데, 이렇게 각자 새로운 땅으로 가서 자기만의 개성을 발전시키자 바이킹들끼리 싸우는 대신 큰 경쟁력을 갖춘 상업 네트워크 조직을 갖추게 된 것이다.

요즘 모든 기업들이 이미 경쟁이 치열한 레드오션을 벗어나 새로운 기회가 많은 '블루오션으로 떠나라'는 메시지에 관심을 기울이고 있다. 그러나 서양인들은 이미 1,000년 전부터 블루오션을 향해 떠나는 것을 중요시했다. 16세기 영국의 문호 셰익스피어의 희곡《베로나의 두 신사》1장 3막에서, 두 주인공이 이미 성인이 되었는데도 아직 새로운 아이템을 찾아 해외로 나가지 않은 아들에 대해 이런 대화를 나눈다.

주인께서는 아들이 고향에서 젊음을 허비하는 것을 왜 참고 보십니까? 그보다 못한 집안의 아버지들도 아들을 세상으로 내보내죠. 어떤 젊은이는 전쟁터에 가서 자신의 행운을 시험해보고, 또 다른 젊은이는 먼 무인도를 발견하기도 하고, 어떤 젊은이들은 배움의 터전인 외국 대학에 가서 배움을 닦습니다. 세상과 싸워보고 세상에게서 배우지 않은 남자는 완성된 사람이 될 수 없습니다.

이처럼 유럽 인문학은 오랜 옛날부터 남과 같은 우물을 나눠 먹으면서 안주하면 오히려 치열한 경쟁에 휘말려 살기가 고달파지기 때문에 최대한 자신만의 능력을 펼 수 있는 블루오션으로 나가라고 주장해 왔다. 자신만의 스토리와 경험을 가지면 다른 사람들이 할 수 없는 일, 알지 못하는 지식, 남들이 부러워하는 자신만의 내면세계를 갖게 되어 어디서 무엇을 새로 시작하건 남다른 경쟁력을 발휘할 수 있게 된다는 것이다.

신드바드 이야기와
아랍 상인들의 무역으로
알아본
경쟁의 지혜

Average 위험한 길은 적이라도 함께 가라

현대인들은 '세계 비즈니스의 중심지'로 뉴욕이나 런던을 떠올린다. 하지만 중세기까지만 해도 서양은 경제적으로 대단히 낙후된지역이었다. 상업으로 말할 것 같으면 아랍의 여러 도시, 그중에서도 오늘날의 이라크 수도 바그다드가 최고였다. 천 년 전만 해도 바그다드는 세계에서 가장 아름답고 멋진 도시였다. 동쪽으로는 중국, 남쪽으로는 인도네시아, 서쪽으로는 프랑스에서 수많은 사업가들이 몰려와 전 세계의 진귀한 물건들을 자유롭게 거래하는 세계 무역의 중심지였다. 바그다드로 돈이 많이 몰리자 이슬람의 최고 지휘자인 칼리프는 '지식의 집'이라는 어마어마한 연구시설을 짓고 전 세계 석학들을 불러들여 바그다드를 세계에서 가장 수준 높은 도시로 만들었다. 이미 이때부터 아랍 상인들은 치열한 경쟁 속에서도 때로는 경쟁 상대와 위험 부담을 나누는 훌륭한 협력 프로그램을 개발해 중세 세계 무역의 절대 강자로 떠올랐다.

중세기에는 무역업이 최고의 돈벌이였다. 특히 유럽에 흑사병이 돌기 시작하자 면역력을 증강시켜준다는 소문에 동남아시아의 전향, 사향, 후추 같은 향료들이 고가에 거래되었다. 하지만 일기예보도 모르고 배 만드는 기술도 시원찮았던 당시, 망망한 인도양을 오가며 무역을 한다는 것은 목숨을 건 모험이었다. 바다를 오가며 장사하는 것의 어려움은 중세기 아랍의 성공학 책으로 볼 수 있는 《신드바드의 모험》에 고스란히 묘사되어 있다.

신드바드는 무거운 짐을 옮겨주어 먹고사는 배달부였다. 자동차도, 택배 오토바이도 없던 천 년도 더 전이었으니 장농 같은 무거운 물건도 등에 지고 걸어서 배달해야 했다. 어느 날 신드바드는 무거운 짐을 지고 바그다드의 부자 동네를 지나다가 으리으리한 저택을 보자 갑자기 화가 치밀었다. 왜 어떤 사람은 부자로 태어나 저런 좋은 집에서 잘살고, 왜 자기 같은 사람은 가난하게 태어나 이렇게 뼛골이 빠지도록 일만 하다 죽어야 하나 싶어 그 자리에 서서 큰 소리로 알라신에게 불평했다. 얼마나 시끄럽게 불평을 했는지, 그 집 주인이 신드바드의 불평을 듣게 되었다. 집 주인은 신드바드에게 잠깐 집에 들어오면 자기가 어떻게 돈을 벌었는지 알려주겠다고 말했다. 알고보니 집 주인 이름도 신드바드였다. 부자 신드바드는 가난한 신드바드를 집 안으로 들이고 부자가 된 과정을 자세히 설명해주었다.

부자 신드바드는 원래 부유한 상인의 아들로 태어났다. 어렸을 때부터 아버지 돈으로 편하게 잘살아 돈의 소중함을 몰랐다. 그래서 아버지가 남겨준 재산을 금세 탕진했다. 가난뱅이가 된 신드바드는 무역을 하면 돈을 벌 수 있다는 소문을 듣고, 남은 재산을 몽땅 털어 무역선을 얻어 타고 바다로 나갔다.

첫 번째 여행에서 신드바드가 탄 배는 한 섬에 정박했다. 선원들이 밥을 지으려고 불을 지피자 땅이 갑자기 움직였다. 알고보니 정박한 곳은 섬이 아니라 큰 고래였던 것이다. 놀란 선원들은 신드바드를 떼어놓고 떠나버렸다. 신드바드는 나무 조각 하나에 의지해 표류하는 신세가 되었다. 신드바드는 일곱 번이나 배를 띄워 전 재산을 건 모험을 했는데 그때마다 사고를 당한다. (큰 새가 나타나 배를 물고 날아가버리기도 하고, 갑자기 절벽이 나타나 배가 산산조각나기도 한다.) 일곱 번의 여행을 떠나면서 단 한 번도 배가 목적지까지 멀쩡하게 도착한 적이 없다. 신드바드는 전설 속 캐릭터여서 매번 운 좋게 위기에서 탈출을 했고 어떻게든 수익을 내서 고국으로 돌아왔지만, 실제 사업가들 중에는 배가 가라앉아 쫄딱 망하고 빈털털이가 되었거나 아예 죽어서 바다귀신이 된 경우가 훨씬 많았을 것을 짐작하게 해주는 내용이다.

셰익스피어의 걸작 《베니스의 상인》을 읽어봐도 무역업의 위험성을 쉽게 알 수 있다. 베니스의 소문난 사업가 안토니오가 무역선 세 척을 담보로 금융업자 샤일록에게 돈을 빌리려고 하자, 샤일록은 이렇게 대답하며 담보를 거절한다.

아, 배는 그래봤자 널빤지고 선원들은 그래봤자 사람이지. 땅에 쥐가 있는 것처럼 배에도 쥐가 있고, 땅 도둑이 있으면 물 도둑도 있지 않나? 해적들 말일세. 게다가 물과 바람과 암초의 위험까지 더하고 보면 (…)

당시의 아랍 무역업자들은 여러 경험을 통해 위험 부담들을 최소화할 수 있는 묘안을 찾아냈다. 무역선이 풍랑으로 좌초되더라도 손실을 감당하고 비즈니스를 유지할 수 있도록 선주 몇 명이 계를 만들어 단체로 배를 띄우기로 한 것이다. 계원들은 모든 짐을 합한 다음 배 숫자만큼 나눠 실었다. 그렇게 해서 만약 풍랑으로 배 한 척을 잃더라도 선주들이 공평하게 손실을 나눠 책임지고, 누구 한 사람만 길거리로 나앉는 불행을 막을 수 있었다. 이 방법의 효율성이 입증되면서 배가 몇 척씩 단체로 움직이다가 만약 한두 척 정도 가라앉으면, 손실 금액을 정확하게 N등분해서 공평하게 분배하는 제도로 정착되었다. 아랍어로 재앙을 Al-War라고 하는데, 배가 가라앉으면 계모임에서 Al-War가 선포되고, 멤버들은 똑같은 액수의 돈을 내 손실을 메꾸었다. 이 방식은 지금까지 전 세계 무역업계에서 사용되고 있다. 오늘날까지 영어로 '평균'을 average라고 하는데, 원래 손실을 평균치로 나누어 부담하던 아라비아 상인들의 지혜에서 나온 단어이다.

위험을 나누어 부담할 수 있게 된 아랍 상인들은 사람들이 개별적으로는 위험 부담이 커 엄두를 낼 수 없는 위험한 곳까지 무역을 터 차별화된 상품을 공급해 엄청난 이익을 낼 수 있었다. 아랍 상인들은 일찍이 이집트에서 인도양을 건너 말레이시아로 가는 대양 항로를 개발했고, 우리나라의 고려시대에 아프리카에서 오늘날의 인도네시아로 직항하는 화물 항로를 개발해 유럽 사람들을 후추 맛에 중독시켜 큰 부자가 되었다.

요즘 비즈니스 업계에서는 이들처럼, 경쟁자들하고도 협력하는 것을 코페티션Co-opertition이라는 신조어로 표현한다. '경쟁하다'의 competition과 '협동하다'의 cooperation을 합쳐 만들었다. 요즘 기업체들이 가장 부담스러워하는 분야가 R&D이다. 새로운 기술 개발을 위해 반드시 필요한 투자지만, 꼭 좋은 상품이 나올 것이라는 보장이 없다. 또 새로운 상품이 시장에서 외면당할 수 있어 부담이 큰 분야다. 몇몇 기업들은 이런 위험 부담을 줄이기 위해 경쟁자와 공동으로 R&D를 시도하기 시작했다. 예를 들면 유럽 경차 시장의 큰 라이벌이던 프랑스의 푸죠-시트로엥과 일본의 토요타는 신세대 경차 R&D를 공동으로 운영했다. 이를 통해 같은 규격의 부품을 생산해 원가를 낮추고, 기술 개발 비용을 공동으로 부담해 양측 회사가 부담해야 할 비용을 최소화할 수 있었다. 양사의 R&D 합동 운영으로 개발된 경차 플랫폼으로 '푸죠 107'과 '토요타 아이고'라는 두 모델이 생산되었는데, 두 제품 모두 뛰어난 연비로 유럽 경차 시장을 휩쓸어 원윈했다.

코페티션의 예로 가장 많이 인용되는 것은 미국의 데이토나 자동차 경주이다. 데이토나 경주에서 선두 그룹을 형성하는 자동차들은 보통 뒤에 떼지어 따라오는 자동차들에 비해 수가 적다. 예를 들면 24대의 자동차가 경기를 벌이는데 4대가 선두에서 달리고 나머지는 뒤따라오는 식이다. 만약 4대가 끝까지 선두를 지키면 4대 중 한 대가 결승에서 이길 가능성은 1/4이다. 그런데 뒤따라오던 24대가 한 그룹으로 합쳐지면 결승에서 이길 가능성이 1/24로 변한다. 그렇기 때문에 데이토나 레이싱 선수들은 선두 그룹에 속하면 적과의 동침을 선택한다. 결승점에 가까이 다가가면 다시 치열하게 경쟁을 벌이더라도, 선두 그룹끼리는 서로 순서대로 바람을 막아 높은 속도를 유지하고 연료를 아낀다. 그래야만 선두 그룹에 속한 차들끼리 경쟁적 우위를 지킬 수 있기 때문이다.

경쟁해야 할 때와 협력해야 할 때를 구분하며 자기가 속한 지역, 협회, 국가의 경쟁력을 동시에 높여가야만 장기적이고 진정한 경쟁력을 확보·유지할 수 있다는 것이 아랍의 신드바드 이야기와 천 년 전 아랍 상인들의 역사가 들려주는 교훈이다.

세계적
사이클 챔피언
자크 앙케티의
전략

First 이인자가 일인자보다 더 경쟁력이 높다

'1등만 알아주는 세상'이라는 말에 공감하는 사람들이 많다. 그러나 서양 인문학은 2등 전략으로 크게 성공하고 그것을 오래 유지해 온 사람들이 더 많다는 점을 증명한다. 심지어 로마제국을 대표하는 장군 카이사르도 "리더가 되려면 따라가는 법부터 알아야 한다"는 유명한 말을 남겼다.

스포츠의 역사에서는 2인자 전략으로 오래 챔피언 자리를 유지해 온 사람들이 많다. 1950년대 프랑스에서 가장 인기 있는 스포츠는 사이클 경기였다. 특히 '프랑스 한 바퀴Tour de France'라는 사이클 경기는 20여 일에 걸쳐 4,000킬로미터가 넘는 프랑스 국경을 한 바퀴 도는 대장정으로 국민의 40% 정도가 중계방송을 시청하거나 길에 나와 응원한다. 프랑스뿐만 아니라 유럽, 미국에 걸쳐 인기가 높아서 이 시대에는 월드컵, 올림픽 다음으로 시청자가 많은 세계적 스포츠 이벤트였다. 자동차를 살 수 없는 가난한 집안에도 웬만하면 자전거 한 대씩은 있었기 때문에 이 종목에선 서민 스포츠 영웅들이 많이 탄생했다. 그런데 인기 높은 자전거 경기에서 2인자 전략으로 세계적인 챔피언이 된 선수가 있다. 바로 이 경기에서 5번이나 우승해 역사에 길이 남은 자크 앙케티이다.

그의 라이벌 중에 플리도라는 농민 출신 선수가 있었다. 플리도는 외모부터 넓은 어깨와 이마, 강한 턱뼈 등 촌스럽고 순박한 이미지가 강해 시골 서민들의 열렬한 응원과 지지를 받았다. 플리도는 힘이 좋고 지구력도 강해 이를 악물고 항상 선두에서 달렸다. 그러나 매번 마지막 순간에 앙케티에게 추월을 당해 한 번도 챔피언에 오르지 못한 불운한 선수이다.

그에 비해 앙케티는 꼭 2등 자리에서 달리다가 결정적인 순간에 갑자기 튀어나가 플리도를 추월하고 경기에서 이겼다. 프랑스 팬들은 얌체 앙케티를 무척 싫어했다. 가느다란 체형에 날카로운 눈매를 가진 차가운 비호감형 인상의 앙케티는 북프랑스에 수천 평의 비옥한 농토를 소유하고 그 안에 성 같은 대저택을 짓고 살아 서민들의 공감을 얻기 어려웠다.

한번은 앙케티가 경기에서 12초 차이로 우승을 차지한 후 인터뷰에서 "11초나 더 빨리 타서 괜한 에너지를 썼다"는 망언을 했다. 경기마다 최선을 다하는 것이 아니라 딱 이길 만큼만 힘을 쓴다는 뜻으로 팬들이 썩 좋아할 말은 아니었다. "경기를 어떻게 준비하느냐"는 질문에 "꿩고기와 샴페인 그리고 예쁜 여자로 준비한다"고 대답해 서민 스포츠 팬들을 약올렸다. 그래서 서민들은 가족을 먹여살리기 위해 이를 악물고 운동하는 플리도가 앙케티의 높은 콧대를 납작하게 만들어주기를 원했다.

두 선수의 팬층이 극명하게 갈리자 두 사람은 정치적으로 이용되기도 했다. 서민의 대변인을 자처한 좌익 정치가들은 열심히 일하는 농민들의 표상이 된 플리도 편에 섰고, 프랑스의 고상하고 품격 있는 라이프 스타일을 존중하는 부유층을 대변하는 우익 정치가들은 앙케티를 응원했다. 두 선수에 대한 지지는 점차 군중 히스테리로까지 번졌다. 예컨대 부잣집 딸과 결혼해 평소 아내에 대한 자격지심이 많던 가난한 집안 출신 남편이 앙케티를 응원하는 부인을 마구 때려 구급차가 출동하는 일이 발생해 뉴스의 가십에 오를 정도였다. 프랑스의 유명한 칼럼니스트와 소설가 등이 이 두 명의 라이벌에 대해서 글을 썼고, 서민이 열심히 일해도 2인자의 자리에 머무는 '플리도 컴플렉스'라는 말까지 생기면서 둘의 라이벌 관계는 스포츠의 영역을 넘어 프랑스 근대사의 일부가 되었다. 그러나 그렇게 서민들의 열렬한 지지를 받아 온 플리도는 엄청난 노력과 재능에도 불구하고 부유층 출신인 앙케티를 한 번도 이기지 못했다.

앙케티가 매번 자기보다 힘도 세고 연습도 더 열심히 하는 플리도를 따돌리고 우승을 차지한 비결은 경기 중에 항상 2인자의 위치를 고수했기 때문이다. 앙케티는 대회 중간에는 절대 선두로 나서지 않고 자전거를 가장 힘차게 열심히 잘 타는 선수 뒤에 바짝 따라붙어 그 사람을 바람막이로 쓰면서 편하게 따라갔다. 그런 식으로 수백 킬로미터 동안 에너지를 충전해두었다가 선두에서 달리던 라이벌이 지칠 때쯤 갑자기 경사가 가팔라지는 결정적인 지점에서 선두를 추월하고 최종 경기에서 이겼다. 이런 경기 스타일에 맛을 들인 앙케티는 아예 자비로 우수한 선수들을 고용해, 자기 앞에서 차례대로 바람을 막으며 달리다가 경기가 결판나는 결정적인 순간에는 자신이 그동안 아껴둔 힘을 쓸 수 있도록 보조해주는 역할을 맡겼는데, 바람막이로 고용한 선수들을 '시녀'라고 불렀다. 선두에 서기 위해 가장 열심히 일하는 사람이 가장 경쟁력이 높은 것은 아니라는 점이 증명된 셈이다.

2등의 경쟁력은 영어의 어원에서도 찾아볼 수 있다. 첫째를 뜻하는 영어 단어 first는 '뚫다'를 뜻하는 pierce와 친척 단어다. 그리고 두 번째를 뜻하는 second는 원래 '뒤따르다'를 뜻하는 라틴어 seguire에서 나왔다. 우리는 일인자가 맨꼭대기 자리에 올라가 이인자를 자기 마음대로 부릴 수 있다고 착각하기 쉽지만, 이 단어는 이인자가 어려운 상황을 헤쳐나가도록 선두 자리에 일인자를 밀어놓고 자신은 그가 여러 어려움을 감수하며 잘 닦아놓은 길로 편안하게 쫓아가 결실을 가로챌 수 있다는 뜻을 담고 있다.

이런 스포츠 역사의 원칙은 비즈니스에도 적용된다. 미국 노스웨스턴 대학 비즈니스 스쿨의 그레고리 카펜터 교수는 시장에서 유통 중인 50개의 상품군을 조사한 결과, 15개만 그 상품군을 개발한 회사가 주도권을 잡고 있었다고 발표했다. 새로운 상품군을 창조하는 혁신적인 기업은 상품 개발비와 소비자들에게 새로운 상품의 진가를 인식시켜 시장을 형성하는 마케팅 비용 등의 부담이 크다. 그래서 결정적인 순간에 돈이 모자라 후발 주자에게 시장을 내주는 경우가 많다. 카펜터 교수는 "혁신적인 회사들이 시장에서 경쟁할 수 있는 판을 깔아놓고 판돈을 차지할 정도의 위세를 형성하지 못하는 경우가 많다. 그럴 때 더 많은 자원을 가진 경쟁사가 재빨리 치고 들어가 첫 판을 깐 회사를 이기고 게임에서 승리할 수 있다"고 말했다. 그는 "자원이 많은 회사일수록 다른 사람들이 위험과 시행착오를 겪도록 놔두는 것이 이익일 때가 많다"고 결론지었다. _〈켈로그 인사이트Kellogg Insight〉, 2013년 11월

최근 비즈니스에서 'Second-Mover Advantage'라는 용어가 자주 언급되고 있다. 사실 인터넷 포털을 처음 개척한 AOL American Online이나 라이코스, 알타비스타 같은 기업은 장기적으로 선전하지 못하고 후발 주자인 구글에게 인터넷 포털 시장을 내주어야 했다. 지금 미국의 여객기 시장을 독점하다시피 하는 보잉사는 경쟁사 록히드에 비해 늦게 여객기 생산업계에 뛰어들었지

만 지금은 절대 강자의 자리를 차지하고 있다. 우리 조상들도 종종 "재주는 곰이 넘고 돈은 중국인이 가져간다"는 말을 했는데, 재주 잘 넘는 사람이 돈을 많이 버는 것은 아니라는 인생 경험에서 나온 지혜일 것이다.

Second-Mover Advantage는 사실 나폴레옹 시대부터 유럽의 군사 리더들이 애용해 온 중요한 전술 지혜였다. 요즘 우리는 이해할 수 없는 난해한 예술을 '아방가르드하다'고 표현하는데, 원래 아방가르드는 나폴레옹의 군대에서 전투가 벌어지기 전에 적진에 미리 투입되는 특수부대를 지칭하는 용어였다.

1790년대의 프랑스는 시민혁명을 일으켜 왕권을 무너트리고 시민 정부를 세웠다. 그러자 유럽의 여러 왕들은 프랑스에서 상놈들이 귀족들을 모조리 죽이고 민주주의라는 것을 만들었다며 큰 위기감에 빠졌다. 프랑스가 왕을 없애고도 나라가 잘 돌아간다는 소문이 나면 자국에서도 반란이 일어날 것이 겁났던 것이다. 영국, 오스트리아, 프러시아 등 주변 국가들은 혁명 중인 프랑스에 전쟁을 선포했다.

오랜 전쟁에 시달리며 황폐해진 프랑스 군대를 재정비하고 다시 막강한 군대로 일으켜 세운 사람이 젊은 포병장교 나폴레옹이었다. 나폴레옹은 각 부대에서 가장 싸움을 잘하는 기마병과 보병 몇 명씩을 선발해 30명 정도의 미니 부대를 만들었다. 그리고 전투가 발발하기 직전에 대포 한두 대씩 딸려서 몰래 적진 뒤로 들여보냈다. 이들은 어두운 밤에 적진 깊숙한 곳의 높은 산 위에 대포를 끌고 올라가 잠복하다가, 전투가 벌어지면 적진의 뒤쪽에서 대포를 쏘거나 기마대원 몇 명이 적의 보급병들을 기습해 탄약이나 대포를 빼앗는 방식으로 적군을 교란시켰다. 당시의 유럽 군대는 수만 명의 병사들이 대열을 맞춰 행군하는 전통적 방식으로 전투를 했다. 프랑스의 소규모 군대가 미리 진을 치고 있다가 곳곳에서 적군의 정신을 빼더라도 다른 유럽의 군대는 이들을 잡으러 쫓아갈 수 있는 형편이 못되었다. 그렇다고 그냥 놔두자니 전투가 벌어지면 치명타를 입을 것이 뻔했다. 이들은 이러지도 저러지도 못해 갈팡질팡하다가 나폴레옹 군대의 본진 공격을 받고 대패하곤 했는데, 사실 적진으로 먼저 들어간 소규모 부대는 대부분 전멸했다. 이들은 자기들을 따라오는 본진이 유리한 입장에서 전투를 할 수 있게 목숨을 희생한 것이다.

나폴레옹은 프랑스어로 '앞으로'를 뜻하는 avant와 '지키다'를 뜻하는 garde를 합해 이 부대를 '아방가르드 부대'라고 불렀다. 아방가르드 부대는 적진 뒤편으로 미리 잠입했다가 전투가 벌어지면 적을 교란시키는 임무를 맡아 만약 나폴레옹의 본진이 전투에서 승리하지 못하면 모조리 죽을 수밖에 없었다. 나폴레옹은 아방가르드 부대의 이러한 상황에 대해 유명한 말을 남겼다.

원래 앞에 가는 놈은 항상 죽는다.

천재적인 예술가들은 아직 사람들이 이해하지 못하는 예술 스타일을 추구하느라 자신은 가난과 무명으로 생애를 마감하지만, 후배 예술가들을 통해 사람들의 인식과 미학 기준을 바꾼다. 그래서 난해한 최신 스타일의 예술을 고집하는 사람을, 죽음을 무릅쓰고 적진 뒤편으로 먼저 들어가는 군인들과 같다는 의미에서 '아방가르드하다'고 표현했다.

우리는 학교 다닐 때부터 1등을 해야 경쟁력이 생긴다는 말을 무수히 들으며 성장했다. 하지만 사회에서는 꼭 일등이 이기라는 법은 없다. 미국에는 "성공하는 사람은 적절한 시기에 적절한 장소에 있다"라는 속담이 있다. 적절한 장소는 1등 바로 뒤이고 적절한 시기는 1등이 넘어진 다음인 경우가 많다는 것을 우리는 스포츠와 전쟁의 역사를 통해서 배울 수 있다.

카이사르의 암살은
막을 수
있었을지도
모른다

Secretary 싸움에서 이기려면 정보를 누설하지 마라

1980년대의 미국 기업들은 일본과의 경쟁에서 밀리자 갑자기 동방의 지혜에 관심을 집중하기 시작했다. 당시의 미국 영화들을 보면 미국인들의 동양 문화에 대한 관심이 어느 정도인지를 가늠해볼 수 있다. 불륜 영화의 고전으로 불리는 〈살인적 매력Fatal Attraction〉의 주인공이 사이코 내연녀를 만난 곳은 《사무라이 리더십》이라는 책 출간 발표회였다. 또 아카데미상 수상작 〈월 스트리트〉의 주인공은 걸핏하면 손자의 '병법'을 인용하는 등 동양 고전의 가르침에 의존한다.

당시 미국 비즈니스계에서 가장 많이 인용된 《손자병법》의 주

요 구절은 이것이다.

> 전쟁은 거짓의 도道이다. 공격할 능력이 있으나 능력이 없는 것처럼 보이도록 하고, 병력이 가장 활발할 때 조용히 있는 것처럼 보여야 한다. 가까이 있을 때 적에게는 멀리 있는 것처럼 보이도록 하고 멀리 있을 때는 가까이 있다고 믿도록 해야 한다.

서양 인문학에서도 상대편을 교란시키는 것이 전략의 핵심이라고 가르친다. 르네상스 시대 이탈리아 철학자 마키아벨리는 저서 《군주론》의 8장에서 "(군주는) 항상 가식과 거짓을 완벽하게 다룰 줄 알아야 한다"고 말했다. 이처럼 동서양 인문학은 모두 정보를 노출시키지 않아야 한다고 가르친다.

로마의 카이사르 장군은 승전에 승전을 거듭했다. 오늘날의 프랑스 땅에 살던 갈리아족의 항복을 받아내고, 당대 최고의 문명국이던 이집트를 로마의 속국으로 만들면서 어마어마한 전리품을 챙겨다가 로마 시민들에게 뿌려 인기가 하늘을 찔렀다. 당시의 로마는 공화국이었지만 시민 대표들은 카이사르에게 왕이 되어달라며 두 차례나 왕관을 바쳤다. 그런데 인기가 높아지면 반드시 시기 질투도 뒤따르는 법. 카이사르에 대한 나쁜 소문이 돌기 시작했다. 카이사르가 왕관을 두 번이나 사양한 것은 단지 왕좌에 대한 욕심을 감추려는 속임수이고 다음 기회에 슬그머니 민주주의를 없애고 왕이 될 흑심을 가지고 있다는 소문이었다. 의원들은 로마를 민주주의 국가로 지키기 위해 카이사르를 암살할 거사를 꾸몄다.

그런데 그 정도로 큰 거사에는 행정 처리가 많을 수밖에 없었다. 무기를 구입하는 것부터, 그것을 암살을 실행할 사람에게 전달하고 거사의 타이밍, 방법, 암살 대상자인 카이사르의 동선 등 여러 정보들을 전달해주는 총무가 필요했다. 당시에는 전화나 인터넷이 없었기 때문에 수백 장의 편지를 써 일일이 해당되는 사람들의 집을 직접 돌아야 했으니 할 일도 정말 많았을 것이다. 의원들은 아르테미도로스라는 그리스 출신 비서를 고용해 이런 모든 행정 업무를 맡겼다. 아르테미도로스는 자연스럽게 거사를 진행하는 의원들의 밀회 중에 오간 이야기들을 기록한 회의록, 암살 모의자들의 명단, 암살 시간과 장소 등을 모두 알게 되었고, 증명할 수 있는 원본 서류까지 가지게 되었다.

그런데 아르테미도로스는 자신을 고용한 의원들 편이 아니라 카이사르를 사랑하는 시민이었다. 그래서 거사에 관련된 자신이 아는 모든 내용을 요약해 카이사르의 집무실로 찾아갔다. 그런데 카이사르는 자신만 알고 있어야 할 기밀 편지까지 모두 비서에게 넘겨주고 처리를 맡기고 있었다. 아르테미도로스는 카이사르에게 가까이 다가가 "이 편지는 중요한 내용이니 반드시 직접 읽으셔야 합니다"라는 당부를 하고 편지를 건넸다. 카이사르는 그가 건네준 편지를 직접 읽으려 했으나, 주변에 자신을 만나러 몰려든 사람들이 너무 많아지자 어쩔 수 없이 편지를 비서에게 넘겨주었고, 나중에 비서가 이 편지를 읽었을 때 카이사르는 이미 암살을 당해 세상을 뜬 후였다고 로마의 역사가 플루타르크가 전한다.

이처럼 비서가 업무상 취득한 기밀을 자기 의도대로 사용한다면 아무리 높은 사람도 자신이 원하는 일을 제대로 성사시킬 수 없기 때문에, 비서의 가장 중요한 덕목은 상사의 기밀을 절대 발설하지 않는 무거운 입이었다. 그래서 로마인들은 비서를 '비밀', 즉 secret을 지키는 사람이라고 해서 secretary라고 불렀다. 사실 우리말의 '비서'도 '비밀'의 숨길 비秘 자를 쓰며, 중국에서는 '비밀'의 두 번째 자인 빽빽한 밀密 자를 써서 '미슈(밀서)'라고 한다. 동서양을 막론하고 정보의 기밀 유지가 경쟁력의 핵심임을 어원이 말해 준다.

오늘날에도 미국에서는 장관급 공무원을 행정부의 비밀을 준수하며 중요한 정부일을 처리하는 사람이라고 해서 secretary라고 한다. 주식회사 역시 설립되고 난 뒤 주주총회의 secretary를 임명해 주주회의록을 유지하기 시작해야 회사의 존재를 사회적으로 인정받을 수 있다. 조직이나 개인은 정보를 많이 쥐고 있어야 경쟁력을 갖게 되는 것이다.

SNS 운영업체들은 타인의 정보 수집으로 엄청난 수익을 남긴다. SNS는 개인 정보를 친구들과 공유할 목적으로 개개인 스스로 자신의 정보를 업로드하도록 유도하고, 그 개인 정보에 대한 여러 종류의 통계들을 만들어 필요로 하는 대기업에 판매하는 방식으로 막대한 수익을 올리고 있다. 예컨대 구글 메일은 내가 친구와 주고받는 메일 내용을 분석해 나라는 사람을 철저히 파악할 수 있다. 구글 메일 옆에 뜬 광고들을 보면 내 생일, 지인들의 결혼, 최근에 고장난 물건들까지 다 알고 내보내는 광고가 떠서 깜짝 놀랄 때가 많다. 이렇게 세계는 더욱 치열한 정보 싸움의 시대에 돌입했다.

정보의 가치가 이처럼 크다는 것을 이미 알고 있었던 서양 인문학은 침묵의 위대함을 강조해 왔다. 서양의 오래된 고전이라고 할 수 있는 성경의 〈잠언〉 17장 28절은 "바보도 조용히 있으면 현명해 보인다. 입을 다물고 있는 자는 현명한 자라고 사람들은 생각한다"라고 충고한다.

너무 어린 나이인 9세에 왕이 된 프랑스 왕 루이 14세는 천성적으로 말하기를 굉장히 좋아했다. 왕이 된 후에도 주변에 코미디 작가들을 모아놓고 농담을 주고받는 것을 취미로 즐겼을 정도였다. 그런데 루이 14세가 자기 마음을 너무 다 털어놓고 대신들과 함께 웃고 떠들자, 간신배들이 왕의 성향을 너무 쉽게 파악할 수 있어서 왕의 말을 귀담아듣지 않았고 왕이 나이가 든 후로도 어린애 취급을 하며 왕명을 무시했다. 심지어 그의 어머니는 아들이 대신들에게 우습게 보인다는 핑계로 수렴청정을 하면서 자기 마음에 드는 사람들에게 권력을 나눠주고 오히려 왕인 루이 14세를 꼼짝 못하게 했다.

루이 14세는 어느 날 문득, 자신이 큰 실수를 해 왔음을 깨달고 의도적으로 말수 줄이는 연습을 했다. 그래서 대신들이 모인 자리에서 발표를 끝낸 대신을 말없이 뚫어지게 바라보기만 할 정도로 말을 아낄 수 있게 되었다. 그러자 대신들은 괜히 마음이 불편해졌고, 왕이 자신이 숨기고 있는 일들을 꿰뚫고 있다고 여겨 갑자기 왕 앞에 무릎을 꿇고 울면서 궁전에서 벌어지고 있는 역적 모의나 왕에 대해 오가는 뒷담화들을 스스로 발설했다고 한다.

오늘날 직장 동료나 상사, 부하도 언젠가는 경쟁의 자리에서 만나야 한다. 따라서 회식 자리나 함께 점심 식사를 나누는 가벼운 만남에서도 지나치게 깊은 개인 의견, 취향, 사생활을 모두 노출시키는 것은 생각보다 위험하다. 아무 생각 없이 불쑥 꺼낸 말과 행동들이 언젠가 경쟁자에게 유용한 정보로 가공돼 자기 커리어에 부정적인 영향을 미칠 수 있기 때문이다.

친한 사이에도 언젠가 경쟁을 해야 할 대상에게는 신상정보나 사적인 의견을 최대한 적게 노출하라는 것이 서양 인문학이 알려주는 지혜이다. 특히 요즘 SNS에 자기 생각이나 고민, 개인 정보 등을 아무 생각 없이 적고 사진까지 찍어서 업로드하는 사람들이 많다. 그러나 일단 SNS에 올린 정보는 삭제를 해도 언제 어디로 떠돌아다니다가 구글 검색에 잡히거나 이미지 검색에 떠 회사 상사, 동료, 심지어 고객이나 경쟁자에게도 노출될지 모른다. 미국의 한 SNS 전문가는 자기 자신에게 "엄마가 이 사진을 봐도 되는가?"라는 질문을 던지고 "예스"라는 답이 쉽게 나오지 않으면 절대 업로드하지 말라고 충고한다.

우리는 지금 온갖 소음으로 가득한 시대를 산다. 텔레비전부터 SNS 등 여러 매체들을 통해 자신의 생각을 말하고 내세울 기회가 많아졌다. 자신을 브랜드화하고 가급적 얼굴을 많이 알려야 성공할 수 있다며 자신의 모든 생각과 노하우를 거침없이 여기저기에서 공개하는 것을 주저하지 않는 사람들도 많다. 하지만 텔레비전에 자주 출연해 돈을 많이 번 것 같아 보이는 연예인들 중에 실제로 부자인 경우는 몇 명 없다고 들었다. 그 사람이 돈 잘 번다는 사실이 만천하에 알려지고 그 사람의 취향, 성격까지 모두 방송에서 적나라하게 노출되기 때문에 온갖 사기꾼들의 표적이 되어 큰 사기를 당하고 빚더미 위에 올라앉아 있는 연예인들이 상당히 많다는 것이다. 소음이 심할수록 침묵이 경쟁력이라는 동서양 인문학의 가르침을 가장 깊게 새겨야 할 시점이 아닌가 싶다. 우리도 잘 알고 있는 독일 속담 "좋은 말솜씨는 은이고 침묵은 금이다"의 참 의미를 소음의 시대 속에서도 지킬 줄 아는 사람이 진정한 경쟁력을 만들어낼 수 있는 것이 아닐까.

ASSET MANAGEMENT
CUSTOMER RELATIONSHIP

위기미다 나서서 아들 경제활 구현 볼네로의 공을 단정한 의무종리는
형태로를 이 동네의 customer로 말앙였다. 볼테료라는 산 벤처 기업인

프라이드를 지카나 위
해 쭈른들 몰사될 수

FRATERNITY
ENGINEER

엔지니어라 타고난 창
의성의 전서를 못하
머 세상에서는 엔지니.
이를 예술가들만큼 피
박하고 모리지않은 사
람들로 인정해 왔다.
engineer라는 낱어는
전쟁으로 얼룩진 중세

ROYAL
STANDARD
CHARISMA

어떤 브랜드가 지음
시장에 나왔을 때의
원초적인 뷔위기를 살
린 상품을 '오리지널'

CREATIVE
ORIGIN

ELITE

마음의 발을 잡아둔
사람은 형형과 지식이
라는 씨에서 정의성이

CULTURE
MECENAT

ELITE
NOBLESSE OBLIGE

마음의 발을 잡아둔 사람은 경
형과 지식이라는 씨에서 정의
성이라건 극식이 무럭무럭 자

Chapter 6

인문학으로 배우는 고객관리

뉴욕 센트럴의
고급 아파트에
엘리베이터가 두 대씩
설치된 이유

Service 보이지 않는 조용한 서비스가 진정한 서비스이다

'서비스' 하면 고객이 매장으로 드나들 때마다 밝은 표정을 지으며 큰 목소리로 반갑게 인사하고 고객의 요구를 지체 없이 해결해주는 것을 연상한다. 많은 사업자들이 소비자가 매장에 들어오면 졸졸 따라다니며 이런저런 상품을 소개하며 사라고 권유하거나 옆에 대기하고 있는 것으로 '좋은 서비스'를 제공했다고 생각한다. 그러나 서비스의 인문학을 보면 사람들은 수천 년 동안 말이 없고 눈에 잘 띄지 않으면서 편의를 제공해주는 것을 진정한 서비스로 여겼음을 알 수 있다.

인간의 본성을 동물에 비유해 교훈을 주는 《이솝우화》는 고대

그리스의 문학이다. 워낙 유명해서 예전부터 우리나라 어린이들도 대부분 읽고 자랐을 정도이다. 작가인 이솝은 원래 잔투스라는 철학자의 노예였다. 잔투스는 집안이 부유해서 집에 노예가 많았다. 그는 수많은 노예들이 불쑥불쑥 방으로 찾아와 필요한 것이 없느냐고 묻는 것이 무척 성가셨다. 중요한 일을 할 때는 방해가 되지 않도록 노예들에게 집 안에서 정숙하게 대기하도록 지시했지만, 여전히 노예들이 불쑥불쑥 방으로 들어와 "주인님, 필요한 것 없으세요?"라고 묻자 아예 노예들에게 먼저 말 거는 것을 엄격하게 금지시켰다.

어느 날 잔투스는 집에 새로 들어온 맛있는 무화과를 먹을 생각에 들떠 있었다. 그런데 테이블에 무화과를 올려놓고 잠깐 나갔다 들어왔는데 누군가가 무화과를 먹어치웠다. 잔투스는 자기 노예 중 주인이 아껴둔 과일을 날름 먹어버릴 만큼 대담한 놈은 이솝밖에 없을 것으로 짐작하고 그를 불러 왜 허락 없이 무화과를 먹었느냐며 호통을 쳤다.

이솝은 자신이 무화과를 먹지 않았기 때문에 억울하다고 호소하고 싶었다. 그러나 먼저 말을 꺼내면 주인 허락 없이 말을 꺼낸 것이 되어 더 큰 벌을 받게 될 것이 겁났다. 재치꾼인 이솝은 무화과를 훔쳐 먹지 않았음을 증명해낼 기발한 아이디어를 찾았다. 대야를 찾아 물을 잔뜩 부어 벌컥벌컥 들이켠 다음 목구멍에 손가락을 넣어 대야에 모두 토해냈다. 정말로 이솝이 토해낸 내용물에는 무화과가 없었다. 이것을 본 잔투스는 모든 노예들에게 먹은 것을 토하도록 해서 무화과를 몰래 먹은 노예를 찾아내 엄벌에 처했다고 《이솝의 생》이라는 고대 그리스 책이 전한다.

이 우화는 이솝의 뛰어난 재치에 관한 일화와 함께 고대 그리스 시대의 귀족들도 서비스를 제공해주는 사람이 자주 눈에 띄거나 불필요한 말을 해대는 것을 성가셔했다는 점을 자세히 묘사했다. '서비스service'라는 단어는 원래 라틴어로, 노예를 뜻하는 servus에서 나왔다. 고대 그리스에서 주인이 중요한 일을 하고 있는 중에 노예가 불쑥 나타나 필요한 것 없느냐는 등의 쓸데없는 말을 하지 못하도록 엄명을 내린 것을 보면, 옛날부터 사람들은 서비스를 제공하는 사람이 눈에 자주 띄거나 불필요한 말을 많이 하는 것을 달가워하지 않았음을 알 수 있다. 유럽 귀족 문화가 정점에 달했던 빅토리아 시대의 유럽 귀족들은 집에 서비스 요원을 두는 경우가 많았는데, 서비스하는 사람이라고 해서 servant라고 불렀다. 이 servant 교육에서 가장 먼저 강조하는 것 중 하나가 'Do not speak before being spoken to', 즉 '주인이 말을 걸 때까지 입을 열지 말라'는 것이었다.

뉴욕의 센트럴파크 서쪽으로는 공원이 마당처럼 훤히 내려다보이는 고급 아파트들이 즐비하다. 이곳은 1930년대에서 1950년대 사이의 부동산 붐을 통해 형성되었다. 이들 아파트는 철 골조의 고층 건물이지만 겉은 돌판에 조각을 하거나 벽돌을 씌워 고풍스러운 분위기를 살렸다. 지금도 아파트 문 앞에는 옛날식 귀족 저택의 집사 유니폼을 입은 문지기들이 지켜 서서 아파트를 드나드는 사람들에게 정중하게 인사를 하거나 질문에 답변하고 잡상인 등 불필요한 사람들의 출입을 통제한다. 입주자들의 여러 가지 민원을 종합하고 해결하는 일도 맡는다. 이런 아파트는 대부분 엘리베이터가 두 대씩 설치되어 있는데, 뒤쪽에 있는 엘리베이터를 service elevator라고 한다. 우리나라 고층 빌딩의 화물 전용 엘리베이터와 같다고 보면 된다. 이 엘리베이터는 건물 수리공, 가사 도우미 등이 일반 입주자나 손님들 눈에 띄지 않게 드나들도록 별도로 설치된 것이다. 평등을 추구하는 현대인들의 정서에는 눈에 거슬리는 시설로 보일 수 있지만 사실 집안 수리나 가사를 돕기 위해 드나드는 사람들 입장에서도 편리하다고 한다. 이 엘리베이터에는 고급 주민이나 손님들이 절대로 타지 않으니 옷차림을 신경 쓰지 않아도 되고 매번 만나는 사람들에게 인사를 하거나 자리를 최대한 비켜주지 않아도 되어 업무에 방해받지 않는다는 것이다. 이렇게 세계에서 가장 큰 부자들이 사는 맨해튼의 주택업자들은 이미 오래 전부터 서비스 요원과 서비스를 받는 사람의 접촉을 최소화했던 것이다.

세계에서 가장 고급스러운 음식점은 silent service 제공을 대단히 중요시한다. 수백 년 동안 세계 정상들을 대상으로 서비스해 온 고급 음식점에서는 절대로 직원들이 "안녕하세요!"라고 큰 목소리로 복창하거나 손님이 뭔가를 요청하면 역시 큰 목소리로 "네,

알겠습니다"를 외치며 뛰어다니는 것이 절대 금지이다. 고급 식당일수록 주방 안은 전쟁터일지라도 손님들이 식사를 하는 매장 안을 돌아다니는 직원들은 여유 있는 걸음걸이, 편안한 무표정, 조용한 발걸음을 지키고, 고객의 질문을 받으면 다른 테이블에서는 들리지 않을 만큼 조용한 목소리로 간결하고 꼭 필요한 정보만 담아 대답해, 있는 듯 없는 듯 조용히 서비스를 제공한다. 손님들도 웨이터를 소리쳐 부르기보다는 보디랭귀지만 가지고 원하는 것을 청한다.

서양 식사 예절로, 식사 중 잠깐 자리를 비울 때는 의자 위에 냅킨을 올려놓고 식탁을 치워도 될 때는 포크와 나이프를 4시 방향으로 가지런히 놓아야 한다는 것을 잘 알 것이다. 이것은 손님이 레스토랑에서 서비스 스태프에게 말 없이 자기 니즈를 표현해 서비스가 조용히 진행되도록 하기 위한, 손님과 서비스 스태프 사이에 암묵적인 협의가 된 비언어적 커뮤니케이션 방법이다.

복잡한 일을 남의 눈에 띄지 않게 조용히 잘 처리하는 것을 'tactful'이라고 한다. 'tact'는 원래 시계의 한 종류였다. 정확한 시간을 알아야 하는 서비스 제공을 위해 발명된 유용한 기기였는데 소리가 나지 않는 것이 특징이다.

유럽 귀족 집안에서는 손님을 초대하면 코스 요리를 대접한다. 코스 요리는 식사와 술 등 음식을 적절한 시간 간격을 두고 순서에 따라 서빙하는 것이 대단히 중요하다. 주인이 음식 나오는 시간 간격을 정확히 맞춰 하인들에게 다음 코스를 내오도록 지시하지 않으면 식사의 리듬이 끊겨 식사 자리가 썰렁해지기 쉽다. 그렇다고 주인이 자꾸 손님들 앞에서 시계를 꺼내 쳐다보면 손님들이 불편해진다. 귀족사회의 이러한 니즈를 눈치챈 18세기 시계사업가 줄리앙 르로아는 이를 해결할 수 있는 새로운 알람시계를 개발했다. 미리 음식 낼 시간 간격을 정해서 알람을 맞춰 놓으면 다음 코스를 내와야 할 때마다 시계가 '톡, 탁' 하고 진동한다. 남들은 들을 수 없지만 요리 내갈 하인들은 정확히 시간을 알 수 있게 하는 신상품이었다. 이 시계는 '탁' 하고 진동은 하지만 소리를 내지 않는다고 해서 'tact'라고 불렸는데, 집 주인이 음식 서빙에 신경 쓰고 있다는 사실을 손님들이 전혀 눈치챌 수 없었다. 이 시계는 큰 인기를 끌어 이름인 'tact'가 '조용하고 눈치 있게 일을 처리하다'라는 뜻의 일반 영어 단어로 발전될 정도였으니, '상대편이 눈치채지 못하게 제공한다'는 게 얼마나 오래된 서비스 전통인지 알게 해준다.

그런데 요즘에는 서비스를 꼭 사람이 제공하는 것은 아니다. 옛날에 노예, 즉 servus가 하던 일을 지금은 진공청소기, 자동세탁기, 식기세척기 같은 기계들이 맡아 한다. 그런데 이런 기계들도 버튼을 누를 때마다, 일 중간에, 일이 끝났을 때, 요란한 소리로 상황을 알려주는 경우가 많다. 최근에는 고객들의 의식 수준이 높아져 편리함에도 불구하고 시끄러운 소음을 내는 기계를 기피하는 추세이다. 천주교 시인 프란시스 피카비아는 기계 문명에 대한 비평에서, 사람들은 자존감이 커질수록 기계의 서비스를 불편해한다며

"자동차의 변속기가 수동에서 자동으로 바뀌면서, 기계가 '내'가 하던 일의 영역 하나를 빼앗아간다. 어디서나 음악을 들을 수 있는 이동식 스테레오가 생기면 '내'가 노래할 기회가 없어지고, 사람들이 어디에서든지 텔레비전만 들여다보고 있으면 '내'가 의견을 말할 기회를 빼앗긴다"라고 말했다. 결국 자기 주관과 개성이 뚜렷한 세대가 주요 고객층으로 부상할수록 기계가 사람의 영역을 너무 많이 도맡고 너무 많은 말로 사용법까지 알려주면 고객들이 '나'의 역할을 빼앗아가는 지나친 서비스에 부담을 느끼게 된다는 뜻이다.

소비자들의 개성과 자기 취향이 뚜렷해질수록 사람들은 기계도 조용히 tact 있게 서비스해줄 것을 원한다. 착한 일 하고 자신이 그 일을 했다며 대놓고 뻐기는 사람은 누구도 좋아하지 않고, 면전에 대고 어려운 부탁을 하는 것을 좋아하는 사람은 없기 때문에, 왼손이 서비스를 해도 오른손이 모르게 조용하고 부담 없는 서비스를 제공하는 것이 고객을 더욱 흡족하게 해주는 좋은 서비스라고 서양 인문학은 아주 오래 전부터 말해 왔다.

사우스웨스턴
항공의
편 경영
방침

Etiquette 매너는 양방향으로 오가야 한다

경제학은 상품 구매 행위를 '니즈'에 부합시켜 하나의 수학 공식처럼 이루어지는 것으로 설명한다. 그러나 인문학에서는 상품 구매도 분명한 사회생활로 본다. 사람들은 상품의 품질이나 매장의 간판, 인테리어 등을 살펴 그곳이 내 사회계급이나 미적 기준에 맞는 물건을 파는 곳인지 확인한 다음에 매장 안으로 들어간다. 물건을 고를 때는 본인의 생각뿐만 아니라 가족, 이웃, 친구 등이 자신의 결정에 대해 어떻게 생각할지까지 고려해보고 구매를 결정한다. 거래는 사회생활이기 때문에 고객과 기업 사이의 서비스도 인간과 인간 사이의 기본 매너를 바탕으로 해야 한다. 즉 매너는 양방향으로 오가야 한다.

　이런 이유로 여러 나라에서 온 신하들과 일을 하던 15세기의 유럽 왕족들도 에티켓 교육은 통념에 맡기는 것이 아니라 철저히 매뉴얼화해야 된다는 생각을 했다. 사실 에티켓이라는 단어 자체의 의미는 '써붙이다'였다. 에티켓은 원래 600년 전 사회적 매너를 매뉴얼화해서 신하들의 서비스 교육에 사용한 한 지방의 공작 때문에 생겨난 단어이다.

　1400년대 프랑스의 부르고뉴에는 필립 공이라는 착하고 부자인 영주가 살았다. 부르고뉴는 오늘날까지 소문난 명품 와인의 주산지로 우리나라에서는 영어식 발음인 버건디로 더 잘 알려져 있다. 필립 공 시대에도 이곳은 포도, 곡식이 많이 나오는 노른자 땅이었다. 독실한 천주교 신자였던 필립은 돈 많은 사람은 베풀며 살아야 한다고 생각해 부르고뉴의 도시마다 '주의 호텔Hotel-Dieu'이라는 시설을 짓고 가난한 자, 여행자, 고아들이 언제든 머물 수 있도록 했다. 또한 예술을 사랑해서 수많은 화가들을 후원했다. 필립 공의 후원을 받고 대성한 네덜란드 화가들의 그림이 얼마나 훌륭했던지, 후대의 미켈란젤로, 다빈치 같은 이탈리아 화가들이 이들 네덜란드 화가들의 작품을 베끼며 미술 공부를 했다고 전한다.

　하지만 대부분의 사람들이 무식하고 가난했던 중세기, 필립 공 홀로 문화인답게 고상하게 살기는 쉽지 않았다. 집 안을 깨끗하게 청소해놓으면 부하들이 진흙투성이 신발로 들어와 칼싸움을 하며 양탄자를 더럽혔다. 동방에서 들여온 신기한 향신료로 양념한 진귀한 음식들을 아름다운 그릇에 담아 서빙해도 중세 기사들은 손으로 뜯어 먹으며 큰 소리로 트림을 하고 방귀를 뀌거나 음식을 던지는 등 매너가 빵점이었다.

이런 부하들의 행동이 몹시 거슬렸던 필립 공은 궁전 여기저기에 '신발 털고 들어오시오' '바닥에 침 뱉지 마시오' '어린아이가 공부하는 중이니 말조심 하시오' 등의 주의 사항을 적은 표지판들을 붙여놓았다. 사람들은 필립 공 궁전에 가면 사방에 지켜야 할 규칙들이 적힌 표지판이 말뚝, 즉 stick에 꽂혀 있다고 해서, 궁전에서 지켜야 할 e-stick-et$_{etiquette}$이 많다고 수군대기 시작했다. 이런 수군거리는 소리를 잠재우기 위해 필립 공은 자신이 먼저 에티켓을 철저히 지켰고, 왕이 먼저 예의를 지켜 신하를 대하니 신하도 왕에게 예의를 다하지 않을 수 없었다.

나중에 필립 공의 손녀 마리가 독일제국 황제 아들에게 시집가게 되었다. 이때 독일 황제는, 부르고뉴에는 신하와 왕 사이에도 해도 되는 일과 하면 안 되는 일들이 깔끔하게 정리되어 있어 서로 얼굴 붉히지 않고 적절한 거리감을 유지해 나라가 잘 돌아간다는 소문을 들었다. 그래서 마리가 시집올 때 필립 공이 궁전 여기저기에 써 붙여 두었던 에티켓들을 책으로 정리해 들고 오도록 해서 독일 황실의 고객 관리 방침으로 사용했다. 기침할 때는 입을 가리고 하라거나 밥을 씹다가 입 벌리고 말하지 말 것 등의 기본 예의가 필립 공의 궁전에서 독일 황실로, 독일 황실에서 스페인 왕실로, 거기서 다시 프랑스 왕실, 영국 왕실, 미국을 통해 전 세계로 뻗어나가면서 '국제 매너'의 기초가 되어 한국에까지 전파되었다.

미국 최대 규모 기업인 월마트의 창업자 샘 월튼은 "기업에게 보스는 단 한 명밖에 없다. 바로 고객이다. 고객은 단순히 자신의 돈을 우리에게 지불하는 것만으로도 회장부터 모든 직원들을 해고시킬 수 있는 무시무시한 파워를 가진 보스이다"라며 임직원들에게 고객을 왕으로 모시라는 서비스 정신을 강조했다. 그러나 에티켓의 어원에는, 고객이 왕이라면 기업도 그 왕에게 가장 엄격한 에티켓을 요구할 수 있다는 의미가 분명하게 담겨 있다. 그래서 한동안 인기를 얻었던 샘 월튼의 주장이 설득력을 잃고 지금은 오히려 "고객을 해고하라"라는 말이 설득력을 얻고 있다. 회사는 어쩔 수 없이 고객의 태도에 따라 사내 분위기가 달라지는 입장에 있기 때문에, 에티켓을 무시하는 고객까지 왕으로 모시다 보면 직원들 간에도 기본 에티켓을 지킬 수 없이 사내 갈등이 커진다는 점이 문제점으로 떠올랐기 때문이다. 그래서 지금은 기본 에티켓을 무시하는 고객에게는 당장 물건을 못 팔아 손해를 보더라도 과감하게 해고하여 사내 분위기를 망치지 않고 더 좋은 고객에게 더 잘 대해줄 수 있게 하는 것이 새로운 서비스 방법으로 자리 잡아 가고 있다.

비행기 단 석 대로 저가 항공 시대를 연 사우스웨스턴 항공 창업자 캘러허는 1981년 최고경영자CEO에 올라 2001년 물러날 때까지 '펀 경영'을 지향해 전 세계로 비행기를 띄우는 대형 항공사로 성장시켰다. 그의 '펀 경영' 방침 중에는 기내 방송의 유머 등 여러 가지가 많지만, 가장 중요한 것은 고객이 아닌 직원을 왕으로 모시는 독특한 기업문화를 만든 것이다. 그는 "회사가 직원들을 왕처럼 모셔야 직원들이 고객에게 최상의 서비스를 제공할 수 있다"고 보고 "많은 기업이 종교적 신념처럼 믿고 있는 '고객은 왕이다'라는 말이 틀렸다"고 주장해 큰 주목을 받았다. 사우스웨스턴 항공사는 창업주의 의지에 따라 "기내에서 폭음하고 직원을 괴롭히는 불량 고객은 과감히 해고해야 한다"며 블랙리스트를 만들어 두 번 다시 탑승시키지 않는 방침을 고수했다. 사우스웨스트는 창사 이래 걸프전, 9 · 11 사태 등으로 힘든 고비를 여러 차례 겪었지만 한 번도 정리해고를 하지 않고 직원들을 최대한 편안하게 만들어 위기 시마다 전직원이 고통을 분담해 꿋꿋이 살아남은 것으로 유명하다.

남성 우월주의자인
처칠의
탁월한
유머 감각

Humor 고객과 줄다리기해야 할 일은 웃음으로 승화시켜라

고객은 최대한 싸고 좋은 물건을 사고 싶어 한다. 기업은 물건을
최소의 노동과 최소 비용 투자로 생산해 조금이라도 더 높은 가격
에 팔고 싶어 한다. 이처럼 서로 이익이 충돌하기 때문에 고객과
기업은 항상 보이지 않는 기싸움을 벌이게 된다. 여러 방법으로 고
객을 접대해야 하는 비즈니스맨은 고객을 설득해 자사 상품을 선
호하도록 해야만 매출을 올릴 수 있지만 지나치게 강한 주장을 펴
면 상대의 마음을 상하게 해 오히려 자사 상품을 기피하게 만들 수
있다는 점에서 어려움을 겪는다. 의회 제도를 만든 영국의 정치가
들은 자기 의견이 옳다는 것을 증명하면서도 상대의 기분을 상하

지 않게 하는 방법으로 '유머'를 발달시켰다. 유머는 협상 시 긴장을 풀고 상대를 쉽게 자기편으로 만들 수 있어 지금은 거의 모든 비즈니스 관계자들이 활용하고 있다.

유머를 가장 적절하게 이용해 세계적인 리더로서의 존경과 지지를 받았던 사람으로 제2차 세계대전 당시 영국 수상을 지낸 윈스턴 처칠을 들 수 있다. 윈스턴 처칠은 중·고등학교는 물론 대학도 남학교를 나와 남성 우월주의 사고가 유난히 강했다. 정치가가 된 후로도 여자들이 질색하는 성차별적인 언행으로 자주 구설에 오르곤 했다. 그러나 그의 탁월한 유머 감각은 여성들의 적대감을 한몸에 받을 수 있는 위기에서 탈출시켜주곤 했다. 한번은 처칠이 길거리에서 술 마시고 비틀거리며 걷는 모습을 본 한 여성이 눈살을 찌푸리며 "술에 취하셨군요"라고 말했다. 그러자 처칠은 정중하게 모자를 벗으며 "진짜 취했습니다, 부인. 하지만 저는 자고 일어나면 술이 깨지요. 그런데 부인은 여러 밤을 자고 일어나도 그 얼굴 그대로이니 어쩌면 좋습니까?"라고 대답했다고 한다.

이런 못말리는 남성 우월주의자인 처칠에게도 적수가 될 만한 여자가 있었는데 귀족 사교계를 좌지우지하는 아스터 부인이었다. 그녀는 어느 날 처칠과 마주치자 "윈스턴, 만약 당신이 내 남편이라면 당신 커피에 독약을 타겠어요"라며 시비를 걸었다. 그러자 처칠은 눈 하나 깜짝하지 않고 "진짜 내가 당신 남편이라면 나는 그 독약을 마시고 죽겠습니다"라고 대답해 두 사람은 함께 웃을 수밖에 없었고 오히려 더 친해지는 계기가 되었다고 한다.

프랑스 철학자 앙리 베르그송은 《웃음》이라는 책에서 "웃음처럼 강력한 논쟁 기술은 없다"고 말했다. 탁월한 논리만으로 사람을 설득하려면 상대편이 '내가 틀렸다'라는 것을 인정하도록 굴복을 시켜야 하는데, 그것을 인정하고 싶은 사람은 아무도 없기 때문에 논쟁이 힘든 것이다. 그러나 유머를 통해 상대편을 웃게 만들면 생각할 겨를조차 없이 상대편은 내 주장에 동의를 한 것이 된다.

《이솝우화》의 작가인 고대 그리스 시대의 노예 이솝은 주인이 화를 낼 때마다 유머로 맞서 위기를 모면한 것으로 유명하다. 이솝은 노예 신분이어서 몇 번 주인이 바뀌었는데, 한번은 못생긴 여주인을 모셨다. 여주인은 매일 화장과 치장으로 시간을 보냈다. 하루는 그 여주인이 이솝에게 "내가 남자들에게 더 인기를 얻으려면 어떻게 해야 하느냐?"고 물었다. 거짓말하는 것을 싫어했던 이솝은 차마 그녀가 못생겼다는 말을 하지 못하고 이렇게 대답했다. "아마 화장과 보석에 그렇게 많은 시간을 쓰지 않는다면 오히려 남자들에게 인기가 있을 거예요." 여주인은 그의 말에 기분이 좋아져 "내가 자연미인이라서 화장과 보석 치장을 하지 않는 것이 정말로 더 예뻐 보이는 것이냐?"라고 되물었다. 이솝은 결국 사실대로 털어놓았다. "그게 아니고요, 그 돈으로 남자들에게 선물을 사주지 않으면 주인님 침대는 항상 쓸쓸하게 비어 있을 것입니다." 그의 말에 화가 난 여주인은 이솝을 끌고 나가 심하게 패주었다고 한다.

그 일이 있은 지 얼마 후 여주인이 아끼던 은팔찌가 없어졌다. 여주인은 노예들을 모두 불러들여 은팔찌 훔친 놈이 사실대로 고하지 않으면 모두에게 호되게 벌을 주겠다며 호통을 쳤다. 그러자 이솝이 퉁명스럽게 대답했다. "그런 협박은 다른 노예에게나 하세요. 난 주인님한테 진실을 이야기했다가 벌써 한 번 당했으니깐요." 이 말에 마침내 주인은 참지 못하고 웃음을 터트렸고, 이솝은 맞아 죽을 뻔한 위기를 넘겼다.

이렇게 유머는 상대방이 화낼 수 있는 곤란한 상황에서 적대감을 최소화하면서도 할 말을 할 수 있게 해준다. 몸개그와 달리, 생각을 유머로 정리해서 말로 표현하려면 상당한 수준의 식견을 갖추어야 한다. 아시아 인문학에서는 유머감각을 지닌 사람을 '대인배'라고 한다. 중국 인문학에서도 남들은 무서워 벌벌 떠는 상황에서 철학적인 말 한마디 던지고 호탕하게 웃는 사람을 '대인배'라며 존경했다. 서양 인문학도 마찬가지다. 웃음을 중요시하던 독일 철학자 니체는 대표 저서 중 하나인 《자라투스트라는 이렇게 말했다》에서 '유머 있는 인생'을 이렇게 정리했다. "나는 산꼭대기에서 발 아래 있는 먹구름을 보며 웃는다. 당신들은 그것을 폭풍우라 부르며 무서워한다."

이렇게 진정한 유머감각은 큰 아량과 배포의 표시인 것이다. 그래서 중세기 유럽 왕들은 궁전에 동네 바보fool 한 명을 데리고 다녔다. 정상인은 한 마디 한 마디 왕의 눈치를 보며 말해야 했지만 어차피 모든 사람이 바보라고 생각하는 fool은 돌직구를 던져도 왕이 웃으면서 들어줬다. 아첨꾼들에게 둘러싸여 살던 중세기 왕들은 이들의 직설적인 유머를 들으며 스트레스를 풀었다. 문학비평가 아시모프는 "아주 성공적인 광대fool는 사실 전혀 바보fool가 아니다"라고 말했는데, 유머의 핵심은 '옳은 말을 바보처럼 포장해서 하는 것'이라는 뜻이다.

셰익스피어의 4대 비극 중《리어 왕》은 세 딸을 둔 리어 왕이 아부 잘하는 두 딸에게 왕국을 반으로 나눠 미리 유산으로 넘겨주고 바른말을 잘하는 효녀딸은 외국으로 쫓아낸 뒤 말년에 겪는 여러 우여곡절을 그렸다. 아버지의 유산을 미리 받아 챙긴 두 딸은 리어 왕이 늙고 권력을 잃자 냉정하게 버린다. 그러자 신하들도 왕을 배신한다. 유머를 제공하는 광대인 fool만 그의 곁에 남아 그동안 왕이 저질렀던 어리석은 처사들을 재치 있고 따끔한 말로 설명한다. 왕이 배신할 딸과 모함꾼 사위들만 아낀 것에 대해 "참새가 뻐꾸기를 먹여주었는데 다 자란 뻐꾸기는 참새 새끼들의 머리를 잘라서 먹었지"라고 표현한다. 뻐꾸기가 자기 둥지가 없어 참새 둥지에 알을 낳았지만 참새는 그들을 버리지 않고 거둬주었는데 뻐꾸기는 자라면서 오히려 참새의 새끼들을 죽여버렸다며, 리어 왕이 미리 유산을 떼어준 두 딸에게 배신당한 상황을 빗대 설명한 것이다. 또한 그는 리어 왕이 사랑하던 딸들에게 배신을 당하고 미쳐가자 "늑대가 길들었을 것이라고 믿는 놈이나, 말이 건강하다고 믿는 놈이나, 남자의 약속을 믿는 년이나, 창녀의 맹세를 믿는 사내놈들이나 미친 것들인 것은 다 마찬가지 아닌가"라고 비꼰다.

리어 왕은 모든 것을 잃고 난 후에야 광대가 들려주는 바른 말의 깊은 의미를 깨닫는다. 유머로 세상의 통념이나 편견을 깨고 진실을 볼 수 있다는 것이 《리어 왕》의 저자인 셰익스피어의 집필 의도였을 것이다. 《리어 왕》에서 광대는 또한 "보여지는 것보다 더 많이 가지고 있어야 하고, 아는 것보다 말을 덜 해야 한다"라는 말도 했는데, 유머란 '아는 것보다 말을 덜 하는 기술'이며, 고객과 기업 사이에 생길 수 있는 미묘한 폭탄의 뇌관을 제거해주는 유용한 인문학적 기술이라는 말로 바꾸어 해석해볼 수 있을 것이다.

최근에는 사우스웨스트 항공사의 유머 사용법이 경영학 교실에서 기업 성공 사례로 자주 회자된다. 예를 들면 사우스웨스트 항공은 비행기 이륙 직전 출발 안내 방송을 하는 기장이 "기내에서는 금연입니다. 흡연하실 분을 위해서는 특별 좌석으로 오른쪽 날개 위가 준비되어 있습니다. 담배를 피우시면서 시청하게 될 영화는 〈바람과 함께 사라지다〉입니다"라고 말한다. 사우스웨스트 항공은 승객들이 기내에서 반드시 지켜야 할 규칙을 유머로 설명하며 즐거움을 함께 선사해, 고객과 승객 사이에 생길 수 있는 불편한 기류를 없애고 오히려 진상 고객을 과감히 해고해 승승장구함으로써 다른 기업들의 고객 관리에 대한 벤치마킹 대상이 되었다.

정직하게
사업하다가
처형당한
밀수업자 만드랭

Customer 고객과 친구가 되려고 하지 마라

우리가 고객을 부르는 여러 명칭 가운데 '돈 주고 물건만 가져가는 사람'이라는 의미를 가진 단어는 없다. 한국어만 해도 '손님', 즉 우리 집을 방문했으니 내가 밥 차려주고 마음으로부터 대접해줘야 할 조금은 부담되는 사람이라는 의미로 부른다. 'client'는 원래 라틴어로 '고개를 숙인다'는 의미였다. 변호사처럼 돈 받고 일해주는 사람이 '을'이고 일을 맡기는 사람이 '갑'이던 시절에, 오히려 제발 자기 사건을 맡아달라며 돈 싸들고 변호사를 찾아오는 의뢰인을 뜻했다. 고객을 뜻하는 단어 중에 가장 흔히 쓰이는 것이 customer 인데, 이는 '관세청'을 뜻하는 단어 'custom'에서 나왔다.

18세기 프랑스 루이 15세 시절, 귀족들의 호사스런 생활과 쓸데없는 전쟁으로 국고가 텅텅 비었다. 그러자 조정에서는 급히 국고를 채우기 위해 징세를 민영화했다. 왕실에서 재벌들을 모아놓고는 특정 지역에서 6년간 세금 거둘 권리를 낙찰해주고 재벌들에게 목돈을 끌어 썼다. 몇몇 큰 기업체들이 지역별로 세금 거둘 권리를 사들였다. 민간 기업들은 허가 기간 내에 더 많은 세금을 거두기 위해 깡패들을 고용했다. 왕의 이름을 빌려 세금이 밀린 사람들을 길거리에서 때려눕히고 집에 불을 지르는 등 행패를 부려 국가에 대한 신뢰도까지 추락시켰다. 또 신생 기업의 운영 자금이나 가난한 사람들의 생계비용마저 고려하지 않고 세금을 받아 프랑스 경제가 뿌리째 흔들리게 만들었다.

당시 세금을 걷는 사람들을 customer라고 했는데 그들은 그 시대 최고의 '슈퍼 갑'이었다. 그들의 위세는 철학자 볼테르의 인생 역정 안에서도 드러난다. 1770년대의 일이다. 지금도 스위스 시계는 세계적으로 명성이 자자하지만 당시에도 스위스의 제네바에는 유명한 시계 장인들이 많이 모여 살았다. 그런데 제네바의 정치 상황이 불안정해지자 많은 시계 장인들이 프랑스의 페르네라는 동네로 이주해 새로운 시계 공방을 차렸다. 프랑스의 철학자 볼테르는 프랑스에도 시계 산업을 일으킬, 당시로서는 최첨단 기술산업단지가 생겨 프랑스 국가 경제와 기술 경쟁력을 올릴 것이라며 매우 긍정적으로 평가했다. 그런데 이미 왕실로부터 페르네 지역의 세금 징수권을 낙찰받은 회사는 이제 막 스위스에서 건너온 시계업체들에게 고액의 세금을 매겼다. 무일푼으로 시계 만드는 노하우만 들고 프랑스로 건너와 벤처 사업으로 새로운 시계 공방을 차린 사람들로서는 도저히 감당할 수 없는 터무니없이 높은 액수였다. 볼테르는 그토록 무지한 경제 정책은 있을 수 없다고 펄쩍 뛰면서 국무총리와 세금업자, 시계업자들을 모아 3자 회담을 열도록 주선하고 페르네에서 시계업이 충분히 성장할 때까지는, 주민들에게 가장 부담이 큰 지역세인 소금세와 도로세를 한시적으로 면제해준다는 협의를 얻어냈다.

볼테르와 마을 사람들이 모여 이러한 협의를 성공적으로 끌어낸 후 축배를 들고 있었다. 그런데 갑자기 세금업자들이 고용한 용병부대가 마을로 쳐들어왔다. 왕실에 미리 비싼 돈을 지불하고 사들인 세금 징수권을 빼앗겼다고 생각한 업자가 총칼 든 용병들을 마을로 보내 사람들이 모여 있는 자리에서 주민들의 주머니에 들어 있는 물건을 모조리 빼앗고, 마차와 상점 안에 둔 상품들까지 털어가면서 자신들이 손해 본 만큼의 돈을 내놓지 않으면 물건을 돌려줄 수 없다고 협박한 것이다. 마을 사람들도 생계 위협을 참을 수 없어 집에 있는 농기구들을 들고 나와 이들에게 거칠게 대항했다. 대학살로 번질 수 있는 위험천만한 상황이었다. 볼테르는 다시 한 번 다른 지식인들과 힘을 합쳐 이 문제 해결을 위한 조율에 나섰고 다행히 평화롭게 문제가 해결돼 세금업자들은 피 흘리지 않고 마을을 떠났다.

위기마다 나서서 마을 경제를 구한 볼테르의 공을 인정한 국무총리는 볼테르를 이 동네의 customer로 임명했다. 볼테르는 신벤처 기업인 시계업자들에게 사업이 자리 잡을 때까지 한시적으로 세금 감면 혜택을 주었다. 그 결과 1776년에는 프랑스의 페르네가 스위스를 앞지르고 유럽 시계 산업의 선두 주자가 되었다.

하지만 볼테르 같은 현명한 세금업자는 극히 드물었다. 그래서 왕실로부터 세금 징수권을 사들인 업체들과의 타협점을 찾지 못한 무역업자들은 아예 밀수꾼으로 전락하기도 했다. 당시 프랑스의 무역업자 중 루이 만드랭이 가장 유명한 밀수꾼이었다. 그는 외제 공산품을 들여와 세금 없이 싸게 보급함으로써 오히려 민중들의 영웅이 되었다.

루이 만드랭의 동생은 세금을 내지 못하게 되자 위폐를 만들었는데 그 일로 당국에 붙잡혀 사형을 당했다. 세금 때문에 동생을 잃은 아픔을 겪은 만드랭은 세금과의 전쟁을 선포하고 스위스와 프랑스 사이를 오가는 거대한 밀수 조직을 만들었다. 당시 일반인들은 여러 세금 중에서도 일상생활에 꼭 필요한 소금과 노동자들의 유일한 낙인 담배 수입에 관한 높은 관세를 가장 싫어했다. 만드랭은 수백 명으로 구성된 밀수꾼들의 점조직을 만들어 소금과 담배를 밀수했다. 스위스와 프랑스 사이에는 유럽에서 가장 높은 산인 몽블랑이 버티고 서 있는데, 길이 구불구불하고 좁은 데다 가파른 오르막이 많았다. 지형이 워낙 험해서 세금업자들이 순찰하기 어렵다는 약점을 이용해 스위스의 제네바에 있는 물주들을 통해 소금, 담배, 옷감 등을 손쉽게 밀수할 수 있었다.

만드랭은 세금 납부는 거부했지만 다른 한편으로는 민심을 잃지 않기 위해 최선의 노력을 했다. 부하들에게 유니폼을 입히고 기강을 철저히 세워 민간인들과 불미스러운 일을 벌이지 않도록 단속했다. 조직을 확장할 때도 감옥에 쳐들어가 세금 때문에 잡혀온 사람들을 구조해주고 그들을 조직원으로 받아들였지만, 일반 살인자나 강도 등 진짜 범죄자들은 절대로 구조해주지 않았다.

만드랭의 조직은 물건이 프랑스에 도착하면 도매상들을 모아놓고 공개 입찰을 해 일부 도매상들에게만 특권을 주는 일 없이 공정거래를 했다. 좋은 물건을 싸게 판다는 소문이 자자해지자 밀수업자인 그에게 국가가 납품을 해달라고 해, 심지어 밀수품을 정부에 납품하고 정부의 영수증을 받아간 아이러니한 일도 있을 정도로 그의 정직한 사업 방법은 인기가 높았다. 만드랭은 1754년 여섯 번 정도 잘못된 세금 정책 때문에 가격이 천정부지로 오른 생필품들을 밀수했는데, 생필품을 싸게 살 수 있었던 사람들은 물론, 지방 경제가 살아나 수혜를 입은 토호세력, 그 지역 세무를 담당하던 철학자 볼테르까지 그를 지역 경제를 살린 영웅으로 대접했다.

그러나 정부로부터 세금 징수권을 거금 주고 사들인 customer들은 자신에게 들어와야 할 관세가 다른 데로 새고 안 들어오자 루이 15세 왕을 찾아가 불평했다. 그러자 루이 15세는 만드랭을 잡아들이라며 군대를 파병해 기어이 만드랭을 붙잡았다. 만드랭은 밀수업자들에게 본보기를 보여주기 위한 목적으로 3,000명의 시민들이 지켜보는 광장에서 바퀴에 매달아 빙빙 돌리며 때려 죽이는 극형에 처해졌다.

이 이후로 프랑스에는 〈만드랭의 울부짖음〉이라는 노래가 생겼다. 이 노래는 대 유행을 해 프랑스에서 민주 운동이 일어날 때마다 제창되는 인기 데모가가 되었다.

이처럼 세금을 걷는 customer들은 유럽에서 자본주의가 본격화되기 시작한 시대부터 슈퍼 갑으로 떠올랐다. 그래서 이 단어는 갑, 즉 '나를 자기 마음대로 할 수 있는 권한을 가져 가급적 만나고 싶지 않은 사람' 등을 지칭하는 단어로 의미가 확장되었고, 마침내 '돈 내고 내 물건을 사가는 손님이나 고객'이라는 뜻으로 발전되었으니, 이 단어의 어원은 원래 물건을 파는 사람과 사는 사람 사이의 관계가 얼마나 껄끄러운 것이었는지를 알게 해준다.

비즈니스를 시작하는 사람들은 주로 3F에 의존한다는 말이 있다. Friends, Family and Fools, 즉 친구, 가족, 주변의 멍청이들이라는 뜻이다. 그러나 가족이나 친구가 내 고객이 되어줄 것이라는 기대로 음식점이나 술집을 차린 사람들의 실패담은 끝이 없다. customer나 client가 원래 불편한 사람을 뜻하는 말인 것처럼, 돈을 내는 손님이 되고도 갑 행세하기 껄끄러운, 친구가 차린 음식점 등은 드나들기가 불편하기 마련이다. 친한 친구, 옛 직장 상사, 학교 선생님 등이 차린 가게에서 물건을 사면 고객으로서의 권리를 주장하기 힘들다. 한두 번은 몰라도 차츰 그 사람 보기 민망해서 길을 빙 돌아가 다른 데서 물건을 사게 되고 다시 그것이 미안해서 마주치는 것조차 피하게 되어 점차 관계마저 멀어지는 경우가 많다고 들었다.

　비즈니스상의 주요 인물을 접대하는 것과 친목 도모를 혼돈하는 것 역시 위험하다고 서양 인문학은 우리에게 냉정하게 일러준다.
　누군가에게 비싼 밥을 대접하는 전통은 동서양 구분 없이 오랜 옛날부터 있었다. 옛날 유럽의 유목민들은 양 떼를 몰고 자주 이동했는데, 이동 중에 다른 부족의 침략을 받는 경우가 제법 많았다. 그런 일이 생기던 초기에는 무조건 싸웠다. 점차 양측 모두 많은 사상자를 내고 큰 손실을 초래하다 보니 싸우는 것보다 오히려 침입자를 융숭하게 대접해 평화롭게 돌려보내는 것이 남는 장사라는 계산이 섰다. 그래서 다른 민족이 침략을 하면 리더가 대표로 나서서 "우리 싸우지 말고 고기와 밥을 배부르게 먹여줄 테니 잠시 편히 쉬다 가시라"며 제안하고 그들을 며칠 배불리 밥 먹여 평화롭게 돌려보낼 수 있게 되었다. 상대편도 전쟁이 좋아서가 아니라 배가 고파서 침입을 하는 것이기 때문에 당장 밥을 배불리 먹여주면 굳이 싸울 필요가 없었다. 그래서 원래 '다른 민족' '적군'을 뜻하던 단어 host가 '손님을 받는다'로 의미가 바뀌었다. 그 후로 의미가 더욱 진화돼 정치가 등 유명 인사의 부인들이 자기 편으로 만들어야 할 사람들의 호감을 살 목적으로 집으로 초대해 만찬을 베풀고 즐겁게 해주었기 때문에, 그런 집안 주인을 hostess라고 부르게 되었다. 즉 우리가 접대해야 하는 사람은 친구가 아니라 호전성을 누그러뜨려야 할 적군이라는 뜻이다. 명절이나 결혼식 같은 행사 때 guest들이 우르르 몰려왔다가 가고 나면 마치 전쟁을 치르고 난 것 같은 느낌이 들곤 하는데, 사실 guest는 우르르 몰려와 주인이 차려주는 음식이나 먹고 우르르 떠나는 적군을 뜻하는 단어였으니 그럴 수밖에 없을지도 모른다.

따라서 접대 골프를 몇 번 같이 쳤거나 접대로 고급 식당에서 같이 밥을 먹었던 사람들과 진정한 친분이나 서로 돕는 관계를 기대했다가는 큰코다칠 수 있는 것이다. 접대는 적이 나를 죽여버리지 않도록 그의 마음을 누그러뜨려 평화로운 협상의 여지를 만들려는 것이지 절대로 친교를 다지는 목적으로 하는 것이 아니기 때문이다. 우리 조상들도 "동업하는 자식은 낳지도 말라"고 강조해왔는데, 옛날에 주로 친구나 형제 등 가까운 사람끼리 동업을 하다 보면 철저한 거래 관계를 지키지 못해 사업이 망하는 경우가 많았기 때문일 것이다. 이렇게 고객이라는 단어의 어원은 가급적 가까운 사람과 냉정한 거래 관계는 피하고 고객과 친구가 되려고 하지 말라는 교훈을 준다.

흑인 여성 화장품을
런칭해
성공한
흑인 모델 이만

Kind 친절의 참 의미는 동질감이다

조직의 리더나 고객 관리 담당자들은 무조건 친절을 베풀면 충성도 높은 고객이 많이 몰려들 것으로 믿는 경향이 있다. 그런데 친절의 정확한 의미를 이해하는 사람은 드물다. 대부분의 사람들이 '진정성 있는 친절은 잘 통한다'고 믿는다지만 꼭 그렇지가 않다. 예를 들면 대부분의 부모들은 사춘기 자녀를 진심으로 사랑하고 친절을 베풀려고 노력하지만 사춘기 자녀가 부모의 친절을 고맙게 받아들이는 경우는 극히 드물다. 고객도 진정성 담은 친절을 무조건 좋아하지는 않는다. 오히려 진정성의 개념이 서로 다르면 불편해할 수도 있다. 고객에게 친절을 베풀려고 노력하기 전에 '친절하라'의 정확한 의미부터 파악하는 것이 현명하다.

영어로 '친절'을 'kind'라고 한다. kind의 어원을 보면 친절함의 본질은 '동질감'임을 알 수 있다. kind는 '친절하다'로 쓰이기 이전에 '같은 종류'를 의미했다. 사람은 자신과 비슷한 사람을 보면 동질감을 느끼고, 비슷한 취향과 성향의 사람끼리는 보자마자 호의가 생겨 서로 돕고 친절을 베풀며 살게 된다는 점에서 이 단어가 점차 '친절을 베푼다'로 의미가 발전했다.

사람들은 여러 매체를 통해 타인을 존중해야 한다는 교육을 지속적으로 열심히 받는다. 그러나 현실에서는 본능적으로 풍습과 사고방식이 자신과 전혀 다른 사람을 만나면 일단 강력한 적대감부터 느끼게 된다. 역사는 풍습이 다른 민족끼리는 상대방을 사람이 아닌 귀신이나 동물로 여기며 업신여기고 잔인한 짓을 서슴지 않은 경우가 많았음을 보여준다. 심지어 고대 그리스와 로마인들은 그리스어나 라틴어를 사용하지 않는 사람들의 언어를 마치 동물이 '빌! 빌!' 하며 짖는 것과 같다고 해서 이들을 통틀어 '바바리언Barbarian'이라고 부르며 대놓고 무시했다.

콜럼버스가 아메리카 대륙을 발견한 이후 스페인 사람들이 남미로 건너가 광산을 개발할 때의 일이다. 대서양 건너에 있는 거대한 대륙이 거의 비어 있음을 알게 된 스페인 왕은 발 빠르게 교황청으로 사신을 보내, 스페인에게 신대륙을 차지할 권리를 달라고 청원했다. 당시의 교황은 마침 스페인 출신이었다. 모국인 스페인

왕하고 사이좋게 지내고 싶었던 교황은 대서양 건너 신대륙 땅을 모두 스페인 소유로 인정해주었다. 이 일을 계기로 스페인에서 여러 분야의 기술자, 지식인, 정부 관료들이 삐걱거리는 작은 목선에 몸을 의지하고 망망한 바다 대서양을 건너 미지의 정글로 뒤덮인 신대륙 아메리카로 향했다.

스페인은 이미 오래 전부터 이슬람 문명과 기독교 문명이 만나는 곳이었기에 서로 상이한 풍습과 다양한 여러 민족들이 뒤얽혀 살아온 경험이 풍부했다. 그러나 남미 원주민들의 풍습과 문화는 그들의 상상을 초월했다. 남미 원주민들은 스페인 사람들이 만나본 민족들 중 가장 이질적인 민족이었다. 예를 들면 전사 부족인 아즈텍 민족은 옷 대신 맹수의 가죽이나 새의 깃털을 머리에서부터 뒤집어쓰고 웃통은 벗고 살았다. 잉카제국 귀족들은 항상 코카인에 중독돼 해롱대며 살고 있었다. 또한 이들에게는 산 사람을 죽여 아직 팔딱팔딱 뛰고 있는 심장을 꺼내 신에게 바치는 종교 의례가 있었다. 피부색이나 눈, 코, 입의 배열도 스페인 사람들과 너무 달랐다. 그래서 신대륙으로 건너온 스페인 사람들은 남미 원주민들을 사람이 아닌 못된 짐승으로 여기고 잔인하게 부려먹다가 죽였다. 수십만 명의 원주민들을 광산으로 끌고가 먹을 것을 주지 않고 뼈와 가죽만 남아 굶어 죽을 때까지 고된 노동을 시키다가 죽으면 쓰레기처럼 내동댕이쳤다. 노동을 거부하는 원주민은 손발을 자르고 정글로 내쫓아 맹수들의 밥으로 만들거나, 뜨거운 태양볕이 하루 종일 내리쬐는 광장에서 팔다리를 쇠사슬에 묶어 햇볕에

타 죽도록 방치하는 등 잔인한 학대를 일삼았다.

당시 원주민들에게 하느님의 말씀을 전파하려고 남미로 건너온 선교사들은 스페인 사람들의 이런 잔학상에 몸서리를 쳤다. 수도승 안토니오 몬테시노는 남미로 들어온 후 여기저기로 흩어져 나간 스페인 사업가들을 열심히 찾아다니며, 기독교인은 인간으로서의 모범을 보여야 한다는 설교를 했다. 그러나 남미로 온 스페인 사람들은 원주민들이 어차피 영혼이 없는 짐승들이기 때문에 고통이나 고뇌도 느낄 줄 모를 거라며 그의 설교에 전혀 관심을 보이지 않았다. 도저히 자기 힘으로 이들의 잔인한 행동을 막을 수 없겠다고 판단한 안토니오는 교황청에 탄원을 냈다. 교황은 전 유럽의 신학자들을 모아 큰 토론회를 열었다. 남미의 원주민들도 영혼이 있는 인간이니 사람으로 대접을 해줘야 할 것인지, 아니면 동물이라 여겨 인권이 없다고 볼 것인지를 결정짓기 위해서였다.

마침내 1530년, 당시의 교황 바오로 2세가 "원주민 중 기독교로 개종하고 기도하는 사람이 있다는 것은 원주민의 영혼 한구석에도 신을 모시고 싶은 마음이 있다는 것이고, 그렇기 때문에 원주민은 주의 창조물인 인간으로 봐야 한다"는 결론을 내리면서 남미 원주민들을 납치해 부리는 것을 교회에서 엄격하게 금지시켰다.

훗날 역사 연구가들이 당시 원주민들의 기록을 볼 수 있게 돼, 처음 남미로 건너온 스페인 사람의 시체를 목격한 남미 원주민들 역시 그들이 인간인지 아닌지를 알아내기 위해 여러 가지 실험을 했음이 알려졌다. 남미 원주민들의 기록을 보면 그들이 정글에서 발견한 스페인 사람의 시체를 물에 담가보았다고 한다. 과연 인간의 시체처럼 물에 뜨는지부터 확인하려 했다는 것이다.

이렇게 인간은 이질감을 느끼게 하는 다른 종족과 공감을 형성하기 어렵고 적대감을 느낀다. 때문에 기업은 고객에게 그들과 같은 사고방식, 인생철학, 감수성을 가지고 있음을 인지시키는 것이 중요하고, 이것이 kind라는 단어의 진짜 의미이다.

소말리아 출신 여성 사업가 이만 모하메드 압둘마지드는 미국의 흑인들을 대상으로 하는 패션과 메이크업 시장에 진출해 놀라운 성공을 거두었다. 이만은 영국의 전설적인 록스타 데이비드 보위의 아내가 되기도 했다. 그녀는 소말리아에서 태어나 이집트에서 고등학교를 다니고 케냐로 건너가 대학을 나왔다. 대학생 시절에는 미국의 유명 사진가에게 스카우트 제의를 받고 미국으로 건너가 모델 활동을 시작했다. 1976년 〈보그〉 잡지 모델로 데뷔했으며 프랑스 디자이너 이브 생 로랑의 뮤즈라는 설이 돌면서 국제적인 스타로 떠올랐다. 이만은 모델 활동 중 그녀의 메이크업 아티스트들이 흑인 피부톤에 맞는 화장품을 구하지 못해 패션쇼를 준비할 때마다 백인 소비자용으로 생산된 화장품을 이것저것 배합해 사용하느라 고생하는 모습을 지켜보았다. 이만은 미국처럼 흑인 인구가 많은 나라에 흑인 피부색에 맞는 화장품 라인이 없다는 점에 착안해 1994년, 미국에서 '이만 코스메틱'이라는 화장품 회사를 런칭했다. 흑인들의 소비생활 패턴을 고려해 백화점이 아닌 월그린 약국을 중심으로 판매망을 짰다. 그 결과 그녀의 회사는 설립 후 약 14년 만인 2010년까지 연 매출 270억 원을 올리는 튼튼한 중소기업으로 성장했다. 이만은 화장품 회사 성공에 힘입어 2007년에 다시 '글로벌 칙Global Chic'이라는 아프리카풍 드레스를 HSN 홈쇼핑 채널을 통해 선보였는데 이 역시 선풍적인 인기를 모으며 승승장구하고 있다.

지금 흑인 타깃 화장품 시장은 블랙 오팔, 라마크 등 많은 업체들이 후발 주자로 뛰어들어 높은 수익을 올리는 등 하나의 새로운 업계가 형성되었다. 이만은 자신이 아프리카 출신 흑인이기 때문에 다른 흑인 여성들과 동일한 고민을 가지고 있었고, 이런 고민을 공유하는 사람들에게 필요한 상품으로 접근했기 때문에 시장 진입부터 고객 확보까지 어렵지 않게 성공을 거둘 수 있었던 것이다.

멕시코 사업가 에밀리오 아즈카라가 비다우레타는 1961년 미국에 사는 남미인들을 대상으로 스페인어로 방송하는 방송국을 세우고 미국 전역에 퍼져 사는 남미 출신들에게 익숙한 스페인 정서를 그린 TV 드라마 장르 '텔레노벨라'를 보급해 폭발적인 성공을 거두었다. 나중에는 로스앤젤레스, 뉴욕 등으로 진출해 'Spanish International Network' 그룹으로 발전했고, 오늘날은 '유니비전'이라는 대형 미디어그룹이 되었는데 미국 전체에서 시청률 4위 안에 드는 거대 네트워크이다. 미국 내의 스페인어 시장만 해도 웬만한 국가 전체 시장을 능가하는 엄청난 시장 규모라는 것을 그는 남들보다 한발 먼저 파악해 성공을 거둔 셈이다.

한국계 미국인 장도원, 장진숙 부부는 '포에버 21'이라는 우리 나라 동대문 패션으로 미국 시장의 아시아계 사람들로부터 인기를 얻었다. 이후 점차 싸고 편한 의류를 찾는 모든 인종들에게 인기를 모아, 전 세계로 매장을 확대하고 영향력 있는 미국 내 아시아계 부부 사업가로 떠오르다가 2013년 미국 〈포브스지〉가 선정한 세계 부자 순위 88위까지 올랐다.

이렇듯 친절이란 무조건 진정성을 가지고 졸졸 따라다니며 신 경만 써주는 것이 아니라 고객의 문화와 취향에 맞는 동질감 안에 서 최대한의 편의를 제공해주는 것을 말한다. 예를 들면 경상도에 서 처음 서울로 이사온 사람은 인근 가게에서 경상도 사투리를 쓰 면서 고향에서 자주 듣던 욕설을 서슴없이 하는 판매원이나 가게 주인을 만나면 동질감과 편안함을 느끼고, 만약 그가 그 가게 주변 에 거주한다면 지속적으로 가게를 찾을 가능성이 높을 것이다. 그 러나 처음 본 사람에게 욕이나 막말하는 것을 무례하게 여기는 고 객이라면 그 집에 다시는 발을 들여놓지 않을 것이다. 즉 고객이 자신과 같은 음악, 음식을 좋아하거나 같은 인생철학을 가지고 있 다고 생각하게 만드는 것이 진정한 친절인 것이다. 그러한 친절을 베풀려면 타인의 다양한 취향을 거의 대부분 수용할 수 있을 정도 로 자신의 취향 범위도 넓어야 하기 때문에 최고의 고객 관리 담당 자는 여러 문화의 인문학에 능한 사람이어야 할 것이다.

사람들을
로마에
열광하게 만든
카니발

Fan 고객을 나와 내 상품에 미치게 하라

기업과 조직은 대체로 고객들 비위를 맞추려고 몸을 던지는 것마저 서슴지 않는다. 그러나 할리우드나 한류스타들은 그렇지 않다. 오히려 돈을 지불하고 영화표나 음반을 구매하려는 고객들이 줄서서 그들의 상품을 기다린다. 직접 마주치면 되려 황송해하며 열렬한 애정을 보여준다. 어떤 열혈 팬들은 고급 승용차, 빌라, 명품 등을 사다 바치기까지 한다. 그래서 미국 마케팅 전문가 세스 고딘은 "기업도 고객을 팬으로 만들 수 있을 때 성공한다"고 강조한다. 신형 아이폰을 남보다 먼저 구입하려고 매장 앞에서 텐트 치고 상품 판매 개시를 기다리는 애플폰 팬들은 전 세계 기업이 부러워하는 고객이다. 블리자드사의 '월드 오브 워 크래프트' 게이머들은 온라인 멤버십 비용을 지불하면서도, 새로운 게임 캐릭터가 나오기를 기다리는 동안 게임하면서 얻은 노하우를 총동원해 게임업체에 자발적으로 최상급의 정보를 제공해주기도 한다. 서양 인문학은 기업이나 조직이 이처럼 열렬히 따르는 fan을 만드는 방법은 고객의 논리에 호소하는 것이 아니라 인간의 본성 속에 내재되어 있는 광기를 자극하는 것이라고 설명한다.

팬이 사업가들에게 좋은 자산인 이유는, fanatic이라는 단어에 원래 '남의 말을 들으려 하지 않고 자기가 좋아하는 것을 끝까지 고수한다'는 의미가 담겨 있음을 통해 알 수 있다. 프랑스 18세기 최고의 코미디 작가였던 볼테르는《예언자 마호메트 또는 광신Le fanatisme ou Mahomet le Prophète》이라는 제목의 희극을 썼다. 겉으로는 프랑스인들이 싫어하던 터키의 이슬람 교도들을 놀리는 것 같지만, 누가 봐도 프랑스 내에서 종교에 너무 빠져 타인의 인생까지 간섭하려 드는 광신도를 풍자하는 내용임을 알 수 있었다.

이렇게 팬은 다른 사람 말은 듣지 않고 오로지 자기 신념만을 고집하고 심지어 타인에게까지 그 신념을 주입시키려는 특징이 있기 때문에, 상품의 경우 한 브랜드의 팬이 된 사람은 경쟁 브랜드에서 아무리 좋은 제품이 나와도 웬만해서는 갈아타지 않는다는 장점이 있다.

팬 관리를 잘하는 사업체로는 단연 영화업계를 들 수 있다. 그

중에서도 판타지, 공상과학 분야가 대표적이다. 예를 들어 조지 루카스의 〈스타워즈〉 영화가 제작되면, 영화 캐릭터의 옷과 소품으로 무장한 팬들이 미리부터 극장 앞에 모여 줄을 선다. 〈스타워즈〉의 캐릭터들이 영화 속에서 한 일들을 토대로 팬들이 직접 소설을 쓰기도 했는데, 팬들이 쓴 소설fiction이라고 해서 이것을 팬픽fanfic이라 부른다. 〈스타워즈〉 팬픽만 모아도 수만 권의 책이 될 정도로 어마어마한 콘텐츠이다. 또 〈스타워즈〉의 한 장면을 팬들이 직접 비디오로 제작해서 SNS에 올려 공유하기도 한다. 〈스타워즈〉의 지적 재산권을 관리하는 루카스필름 주식회사는 이런 팬픽과 콘텐츠에 대해 대부분의 경우 저작권 행사를 하지 않음으로써 팬들의 커뮤니티가 활성화되도록 한다.

알고보면 상품 중에도 이를 물건이 아닌 동반자로 여기는 열혈 팬층을 거느리는 것들이 제법 있다. 폭스바겐의 소위 '딱정벌레Beetle' 자동차를 예로 들 수 있다. 이 차는 생산이 중단된 지 꽤나 오래되었지만 아직도 오리지널 딱정벌레 자동차를 보면 마치 좋아하는 연예인과 마주친 것처럼 손가락으로 차를 가리키며 따라가는 사람들이 많다. 이런 팬들을 형성해 한 업계의 아이콘으로 성장한 상품으로는 폭스바겐의 딱정벌레 차만 있는 것이 아니다. 컨버스Converse 신발, 팬더 전자기타, 애플 컴퓨터, 라바짜 커피 등등 꽤나 많다.

사실 팬은 일종의 집단 광기를 가진 사람들의 무리로, 이들의 행위는 자기 인생에서 표현하지 못한 욕망을 대신 표현해 현실

도피가 가능하게 해주는 이벤트나 물건, 사람에게 갖게 되는 일종의 집착에서 나온 현상이다. 예를 들면 미국 영화 〈스타워즈〉의 팬들 중에는 머리는 좋지만 체력이 약해 학교에서 왕따를 당하고 학원 폭력 피해자가 되기 쉬운 소위 '너드nerd'라는 집단에 속한 십대 아이들이 많았다. 이들은 당연히 정신적인 파워로 상대편을 마음대로 제압하면서 하늘도 날 수 있는 〈스타워즈〉의 '제다이'라는 캐릭터에 자신을 투영해 충분한 대리 만족을 얻을 수 있었을 것이다. 리바이스 청바지나 컨버스 신발의 경우 청년층들이 기성세대에 대한 불만족을 대놓고 표현하는 로큰롤이라는 음악과 연동을 시켜 팬층을 형성할 수 있었다.

현실도피를 돕는 이벤트로 팬층을 두텁게 형성해 지역경제를 살리는 것은 르네상스 시대 이탈리아 도시국가들이 사용한 방법이기도 했다. 당시 이탈리아는 여러 도시국가로 쪼개져 있었는데, 지금 여러 나라가 전 세계 비즈니스를 끌어들여 투자를 유치하기 위해 노력하는 것처럼, 서로 자기 도시로 타지 사람을 끌어들이기 위한 노력을 했다. 당시 타지 비즈니스맨들은 종교 행사를 핑계로 이탈리아로 오면 여러 도시를 돌며 비즈니스를 했다. 이 사람들은 보통 자국의 물건을 싸들고 와서 현지 물건과 교환을 하거나 현지 특산품들을 사들고 귀국했기 때문에 이들을 가급적 많이 자기 도시로 유치해야만 지역경제를 활성화시킬 수 있었다 .

당시 유럽 곳곳에서 이탈리아로 사람이 몰리던 때는 사순절

기간이었다. 이탈리아의 최고 비즈니스 센터였던 피렌체, 시에나, 로마의 사람들은 서로 더 많은 사람들을 자기들의 도시로 끌어들이기 위해 사순절을 앞두고 '카니발'이라는 성대한 파티를 열어 평소에 누리지 못한 폭력, 폭식, 자유로운 성적 행동을 만끽하게 해주었다.

예를 들어 피렌체의 카니발에 참석한 사람들은 그동안 쌓인 폭력과 성에 대한 욕구를 마음껏 풀 수 있었다. 피렌체는 사순절을 앞두고 카니발이 열리면 아르노라는 강 위에 있는 다리에서 칼초 피오렌티노Calcio Fiorentino라는 아주 폭력적인 축구 게임을 했다. 이 게임의 목적은 골을 넣는 것이라기보다는 상대편 선수를 태클로 강물에 내동댕이치는 것이었다. 피렌체에 와서 이 경기를 구경해 본 한 프랑스 왕은 "전쟁이라고 하기에는 좀 작고, 게임이라고 하기에는 너무 폭력적이다"라고 했다. 그만큼 카니발 기간에는 누구나 폭력을 자유롭게 구경하고 참여도 하면서 즐길 수 있게 해주었던 것이다.

피렌체와 유럽 금융권 장악을 놓고 경쟁하던 시에나가 이것을 구경만 하고 있을 리 없었다. 이들은 피렌체의 것보다 더 폭력적인 게임을 만들었다. 아예 동네 사람들이 광장에 모여 편을 갈라 패싸움을 하는 '푸냐'라는 경기를 즐겼는데, 종종 화난 황소나 미친 말 몇 마리를 광장에 풀어 사람이 뿔에 치이고 말발굽에 밟히는 것을 보는 재미를 더했다고 한다.

하지만 중세기 때부터 유럽에서 가장 유명한 사순절 축제는 역시 천주교의 수도인 로마 카니발이었다. 중세 로마의 카니발에서 가장 인기 있는 놀이는 '돼지 굴리기'였다. 로마인들은 카니발이 시작되면 로마 남쪽에 있는 테스타쵸 언덕으로 돼지들을 몰고 가 손수레에 실어 언덕 아래로 굴렸다. 손수레가 언덕을 덜컹거리며 내려오다가 부딪히고 깨지면 통통한 돼지들이 손수레 안에서 튀어나와 바윗돌에 부딪혀 농구공처럼 튀며 언덕 밑으로 데굴데굴 굴렀는데, 돼지가 바위에 부딪히고 나무에 긁혀 핏덩어리가 되어 괴성을 지르는 모습을 보며 로마 시민들은 환호성을 질렀다. 이 돼지는 가져가는 사람이 임자였기 대문에, 돼지가 언덕 밑자락에 도착하면 고기에 눈이 먼 관중들은 패싸움을 벌이며 돼지를 갈기갈기 찢어 나눠 가져갔다. 이들은 이렇듯 카니발 기간이 되면 낮에는 광폭한 스포츠를 즐기고 저녁이 되면 가면을 쓰고 집단 코스플레이를 하며 처음 본 사람에게 욕을 하거나 달걀을 던지는 등 난장판으로 놀았다.

이렇게 자신의 광기를 많이 발산할 수 있는 기회인 카니발은 로마라는 도시의 수많은 팬들을 만들었다. 독일의 문학가 괴테나 《몬테크리스토 백작》의 저자 알렉산드르 뒤마도 카니발의 모습을 그리는 등 카니발은 전 세계 문화인들이 꼭 다녀와야 하는 행사로 떠올랐다.

그런데 이탈리아 왕이 잘못 내린 결정 하나로 1,000년 동안 만들어진 로마의 팬들을 한꺼번에 잃는 일이 발생했다. 1874년 카니발 행사 중 로마의 좁은 길을 달리던 말들이 어린아이 한 명을 밟아 죽이는 사고가 났다. 당시 이탈리아의 국왕이던 빅토리아 임마누엘 2세는 시민들의 안전을 보호한다는 이유로 카니발을 규제하기 시작했다. 그 후로 로마의 카니발에는 점점 사람이 몰려들지 않았고, 1,000년 동안 이어져온 로마 최고의 인기 문화축제는 사라졌다. 오늘날 이탈리아의 카니발 전통은 없어졌고, 베네치아의 카니발만 영혼 없는 관광 상품으로 변해 그림자처럼 지속되고 있다.

사실 사람들이 로마 카니발에 열광한 이유는, 잠시 안락한 인생에서 벗어나 평소에는 할 수 없는 게임을 즐기고, 배 터지게 먹고, 위험한 놀이를 마음껏 즐길 수 있었기 때문이었다. 그런데 이벤트가 너무 안전해지자 카니발이 가진 '현실과 다른 세계'를 체험할 수 있다는 매력이 순식간에 사라졌고, 로마는 그 모든 팬들을 한꺼번에 잃게 되었다.

카니발은 고객 대상 이벤트를 여는 회사들에게 유용한 힌트를 많이 준다. 이벤트를 통해 사람들이 일상에서 벗어날 기회를 줄 때 참가자들이 그 회사의 팬이 될 수 있다는 점이다. 요즘 많은 기업들이 고객 대상 이벤트를 열고, 특히 '사내 고객'인 직원들을 위한 이벤트도 많이 여는 것을 볼 수 있다. 외국 기업의 경우 이벤트 기간이 마음껏 먹고 마시고 스트레스를 푸는 시간이라면, 한국 기업의 경우 업무의 일부이자 연장으로 느껴질 정도로 식순과 절차가 많아 오히려 스트레스가 더 쌓인다고 불평하는 말을 꽤나 많이 듣는다. 게다가 스트레스 풀라고 만들어준 회식이 상사들 비위 맞추는 자리가 되어 더욱 불편하다고도 한다. 이벤트에 사람들의 광기를 풀 수 있는 조금은 위험한 모험이 있어야만 고객을 팬으로 만들 수 있다는 것이 서양 인문학이 우리 비즈니스계에 주는 중요한 교훈임을 귀담아들을 필요가 있어 보인다.

ASSET MANAGEMENT
CUSTOMER RELATIONSHIP

위기마다 나서서 마음 힘치를 구한 설데르의 공을 인정한 국후플리는 설데르를 이 동네의 customer로 임명했다. 설데르는 신 벤처 기업인

프라이드를 지키기 위
해 속음을 열사형 수

FRATERNITY
ENGINEER

엔지니어는 타고난 정
의심의 천재를 뜻하
며 서양에서는 엔지니
어를 예술가중인생 과
뛰어고 오리지널한 서
럼들로 인정해 왔다.
engineer라는 단어는
전행으로 엿옥린 출처

ROYAL
STANDARD
CHARISMA

어떤 브랜드가 지운
사장에 니왕을 세워
원초적인 권위기를 낳
긴 상품을 '오리지널'

CREATIVE
ORIGIN

ELITE

마음귀 방울 갈아둔
사람은 경맑과 사식이
라는 깨째석 창의성이

CULTURE
MECENAT

ELITE
NOBLESSE OBLIGE

마음의 방울 길아둔 사람된 경
힘과 지식이라는 이에서 청적
성이라는 육식이 무위무릭 저

Chapter 7

인문학으로 배우는
자기관리

STANDARD
MIDAS-TOUCH
ASSET MANAGEMENT

미국
최고 부자
워렌 버핏의
자녀 교육

Midas-touch 성공은 양날의 칼이다

사람은 누구나 부자가 되고 싶어 한다. 부자는 가진 돈으로 하고 싶은 일을 다 할 수 있을 것 같아 보이기 때문이다. 무엇보다 사는 데 돈은 정말로 요긴하다. 그러나 서양 속담에는 "돈이야말로 사는 데 가장 필요하지만 가장 악하기도 한 필요악이다"라는 말이 있다. 성경을 비롯한 대부분의 서양 인문학은, 돈은 버는 것도 힘들지만 많이 벌면 사람을 사악하게 만드는 무서운 힘을 가지고 있으니 조심하지 않으면 오히려 돈의 노예가 될 수 있다고 경고한다.

물질적 성공의 이면을 그린 여러 인문학 스토리 중에서 우리 들도 잘 아는 고대 그리스 한 도시국가의 왕, 미다스의 예를 빼놓을 수 없다. 미다스 왕은 신에게 소원을 빌어 무엇이든 건드리기만 하면 황금으로 바뀌게 하는 놀라운 능력을 갖게 되었다. 그래서 오늘날까지도 무슨 일이든 시작만 하면 성공하는 뛰어난 비즈니스맨을 두고 '미다스 터치Midas-touch'를 가지고 있다고 말한다. 우리는 이 단어를 좋은 의미로 쓰지만 사실 미다스 터치는 축복이 아니라 저주이다.

미다스에 대해서는 몇 가지 재미있는 전설이 전해진다. 미다스는 원래 몹시 가난한 농민의 아들이었다. 어느 날 아버지와 함께 달구지를 타고 가다가 한 도시에 도착했다. 마침 그 도시에는 오랫동안 왕이 없었다. 서로 자기가 왕이 되겠다며 싸우다가 지친 사람들은 용한 무당에게 달려가 해결책을 찾아달라며 점을 쳤다. 점쟁이는 이 도시의 왕이 될 사람이 달구지를 타고 나타나 곧 왕위를 두고 벌어진 다툼이 끝날 것이라고 예언했다. 미다스와 아버지가 달구지를 타고 그 동네에 도착했을 때 동네 사람들이 무당의 예언대로 되었다며 미다스를 왕으로 추대해, 미다스는 느닷없이 그 도시의 왕이 되었다.

어느 날 마을 농민들이 숲에서 술을 마시고 난동을 부리던 한 노인을 미다스 왕에게 데리고 왔다. 미다스가 자세히 살펴보니 그 노인은 인간이 아니라 술과 춤의 신 디오니소스를 모시는 숲의 정령이었다. 미다스는 노인에게 향연을 베풀고 좋은 방을 내주어 푹 쉬도록 했다. 그리고 노인이 기력을 회복하자 그가 모시는 디오니소스 신에게 직접 데려다주었다. 감동받은 디오니소스 신은 미다스에게 소원 하나를 들어주겠다고 했고, 워낙 가난하게 자란 미다스는 자기가 만지는 것은 모두 금으로 변하게 해달라는 소원을 말했다.

마침내 미다스는 세상에서 가장 부유한 사람이 될 수 있는 초능력을 갖게 되었다. 그 자리에서 돌과 나무를 만지자 금으로 변하는 것을 확인하고 흥분한 미다스는 곧장 집으로 돌아와 부하들에게 거한 잔칫상을 차리고 마음껏 먹고 마시며 놀자고 했다. 그런데 그가 밥을 만지면 밥이 금으로 변하고 술을 만지면 술이 금 얼음처럼 딱딱해져 아무것도 먹고 마실 수가 없게 되었다. 심지어 사랑하는 딸도 만지자마자 금으로 변했다. 미다스는 결국 만지면 모든 것이 금으로 변하는 초능력이 세상에서 가장 멋진 축복이 아닌 세상에서 가장 무서운 저주라는 것을 깨닫고 디오니소스에게 제발 주신 선물을 거둬가 달라고 간절하게 기도했다.

디오니소스는 미다스에게 동네 옆에 있는 강으로 가서 몸을 씻으면 이 초능력도 같이 씻겨나갈 것이라고 알려주었다. 미다스는 마을을 흐르는 팍톨루스 강으로 가 목욕을 하고 원래대로 돌아왔다. 그 강은 미다스가 몸을 담근 후 바닥 모래들이 금가루로 변해 나중에까지 사금이 많이 발견되었다고 로마의 시인 오비디우스가 전한다. 미다스는 이런 경험 이후로 물질에 대한 환멸을 느껴 숲으로 들어가 자연인으로 살다가 죽었다고 한다.

세상에는 사실 물질적으로 크게 성공한 후, 미다스가 딸을 잃은 것처럼 사랑하는 사람들과 멀어져 외롭고 고통스러운 말년을 맞은 경우가 많다. 그 이유는 돈이 사람의 성격을 바꾸기 때문이다. 미국 캘리포니아 대학 폴 피프 교수는 부자와 가난한 사람들의 성격 차이를 찾아내는 실험 결과를 발표했다. 폴 피프 교수의 연구 중 한 가지는, 연구원들에게 자동차가 달려오는 거리에서 갑자기 길을 건너도록 한 뒤 그곳을 통과하는 운전자들의 반응을 관찰하는 것이었다. 경차나 오래된 중고차 운전자들은 대부분 갑자기 차도로 뛰어든 연구원들이 길을 건너는 동안 차를 멈추고 기다렸다. 그런데 유럽산 고급 브랜드 승용차 운전자들은 보행자인 연구원이 위험하게 차도로 걸어들어와도 멈추지 않고 오히려 속도를 더 높여 위협하거나 요란하게 빵빵거리면서 지나갔다. 특히 독일 고급차 브랜드인 BMW와 하이브리드 자동차 토요타 프리우스 운전자들은 대부분 멈추지 않았다고 한다. 부자일수록 타인 배려보다 자기 이익을 더 중요시하는 특징이 확연히 나타났다는 것이다.

폴 피프 교수는, 원래 부자였던 사람이 아니라 보통 사람도 돈을 많이 벌면 성격이 변하는지에 대해서도 실험을 했다. 그는 여러 명으로 구성된 피실험자들에게 모노폴리 게임을 시키면서 그중 몇 명을 가상의 '부자 플레이어'로 지정해 여러 가지 특혜를 주었다. 부자 플레이어 역할을 맡은 사람들에게는 기본 자본이 두 배나 주어졌고, 상대편이 한 주사위를 던질 때 두 주사위를 던져 합산해서 점수를 내는 등 '부자 플레이어'들에게 유리하게 게임 규칙을 바꾸어주었다. 이런 특혜를 통해 게임에서 이기기 시작한 '부자 플레이어'들은 목소리가 점점 커지고 상대편에게 모욕적인 발언을 하는 횟수도 크게 늘어나는 것을 관찰할 수 있었으며, 자기가 더 많은 자본과 유리한 규칙 덕분에 게임에서 이긴 것이 아니라 게임을 잘 하기 때문에 이겼다며 우기는 것도 발견할 수 있었다. _〈스펙테이터 The Spectator〉, 2014년 5월

고대부터 주욱 서양 인문학은 돈을 버는 것도 중요하지만, 번 다음에 돈의 노예가 되지 않도록 조심하지 않으면 오히려 독이 된 다는 점을 강조해 왔다.

서양의 많은 부잣집들은 오래 전부터 돈으로 인한 타락을 막 기 위해 아들들에게 일부러 돈 없는 삶을 경험시켜 왔다. 부자 나 라 미국에서도 최고의 부자에 속하지만 오지 네브라스카 주의 오 마하라는 작은 도시의 소박한 집에서 평생 검소하게 살면서 돈 욕 심을 부리지 않는 거부, 워렌 버핏의 자식 교육을 그 예로 들 수 있 을 것이다. 그는 자녀들에게 돈을 주지 않고 각자 원하는 삶을 알 아서 개척하도록 키운 것으로 유명하다. 2남 1녀 중 장남은 농사 를 지으며 살고 작은아들은 에미상 수상 경력을 지닌 대중음악가 로, 작곡가 겸 프로듀서로 활동한다. 그 작은아들 피터 버핏이 최근 《워렌 버핏의 위대한 유산》이라는 제목의 책을 써서 세간의 주목 을 받았다. 그는 아버지 도움 없이 스스로의 힘으로 자기 분야에서 성공한 후에 부자들에게 자녀교육 강연 요청을 받고 여기저기 강 연을 다니다가 아예 그 내용들을 책으로 묶었다고 한다. 그만큼 미

국 등 서구의 돈 많은 부자들에게는 어떻게 자녀를 돈으로 망치지 않고 잘 키울 수 있을까가 큰 고민인 것이다.

세상 누구보다 부잣집 아들인 피터 버핏은, 돈이 많아도 절대 자녀들이 달라는 대로 돈을 다 주지 말고 돈 대신 가치관을 심어주어야 자녀를 제대로 키울 수 있다고 강조한다. 그는 돈 많은 부모가 자녀 스스로 삶을 찾아나서다가 넘어지고 다시 일어나는 방법을 배울 소중한 기회를 돈으로 박탈하지 말아야 한다고 강조한다. 그는 부잣집에서 태어난 것보다 스스로의 힘으로 자신의 삶을 성공적으로 개척할 수 있게 해준 부모님을 만난 것이 더 큰 축복이라고 말한다. 그는 아버지로부터 '태어날 때 물고 나온 은수저'가 까딱 잘못하면 '은 비수'가 되어 등을 찌른다는 가르침을 철저히 받았다고 한다. 부의 상징인 은수저를 입에 물고 태어나는 것은 축복이겠지만 그 특권의식에 취해 살다보면 오히려 파멸이 찾아온다는 것이다. 그는 모든 제국·왕조의 흥망성쇠도 기본적으로 같다면서, 시작은 강인한 정신과 용맹스런 기세로 하지만 부와 권력이 쌓이다보면 사치가 등장하고, 사치가 타락과 부패를 불러오면서 쇠망의 길로 접어든다는 것이다. 실제로 고대 바빌로니아, 그리스, 로마, 페르시아, 중국의 진나라, 당나라, 청나라, 인도 무굴제국 등이 성공에 안주하다가 허무하게 무너졌음을 상기해볼 수 있겠다.

피터 버핏은 할아버지도 부자여서 대학 재학 중인 19세에 할아버지에게 유산으로 농장을 물려받았는데 '돈을 놀리는 것을 못 참는' 아버지가 농장을 9만 달러에 팔아서 주식으로 바꿔주었다고 한다. 그런데 큰돈이 생긴 피터는 학교를 중퇴하고 샌프란시스코로 이사 가 악기와 녹음 시설을 사들이다가 할아버지에게 받은 유산을 모두 탕진하고 재정적으로 너무 어려워졌다. 그는 아버지에게 돈을 빌려달라고 했다가 단번에 거절당했다고 한다. 당시에는 그런 아버지가 야속하기만 했는데 지나고 보니 아버지의 거절은 "내 도움 없이도 너는 혼자 힘으로 해낼 수 있다"는 믿음의 메시지였다고 고백한다.

우리나라의 부잣집 아들들은 가끔 억대 스포츠카를 몰고 도로를 질주하다가 경찰 신세를 져 언론에 오르내리는가 하면 상속받은 재산을 탕진하기도 한다. 무명 시절의 설움을 딛고 인기 절정에 이른 연예인들이 돈과 명예를 얻자 오히려 허무해져 도박에 빠져 중도 하차하고 추락하는 일은 훨씬 많다. 기업도 100년을 넘긴 곳이 드문데 대부분 망할 때는 성공신화에 취했다가 허무하게 무너지곤 했음을 어렵지 않게 알 수 있다.

이처럼 돈이란 벌기도 어렵지만 탈 없이 지키기가 더 어렵다. 돈 욕심을 갖게 되면 돈을 벌기 위한 투쟁이 시작되고 하나의 투쟁이 끝나면 또 다른 투쟁, 즉 나의 인간성을 파멸시키면서 나를 돈의 노예로 만들려는 보이지 않는 힘과 나 자신과의 싸움이 시작되기 때문이다. 자신과의 싸움에서까지 이겨야만 진정한 승자가 된다는 것이 서양 인문학의 수천 년 고찰에서 배울 수 있는 지혜이다.

듣기 좋은
말만 하는
아첨꾼 디메데스의
최후

Flattery 아부꾼은 아부 이상의 대가를 빼앗을 목적을 갖는다

성공하기는 힘들다. 그러나 성공을 지키기는 더욱 힘들다. 돈과 권력은 주변에 아첨꾼들을 불나방처럼 집합시킨다. 잘못하면 쓴소리를 듣고 좌절을 겪기도 해야 성장이 가능한데, 성공한 사람들은 점점 아부꾼들에 둘러싸여 잘잘못을 구분하지 못하게 되는 경우가 많다. 성공한 사람에게 쓴소리를 해봤자 불이익만 받을 확률이 높으니 주변 사람들 모두 달콤한 말만 하기 때문이다. 그리하여 마침내 자기만족과 무능함 속에 빠져 패망의 길을 걷는 경우가 많기 때문에, 서양 인문학은 항상 쓴소리하는 친구를 소중히 하고 듣기 좋

은 소리 하는 사람을 오히려 조심하라고 말한다.

고대 로마의 역사가인 플루타르크는 특히 아첨꾼들을 멀리하라고 경고해 왔다. 플루타르크는 "귀족 집안 아이들은 제대로 할 줄 아는 것이 승마밖에 없다. 선생님들마저 아이들에게 칭찬만 하는데, 말은 아부를 할 줄 모르기 때문이다"라는 명언을 남겼다.

플루타르크는 그의 명작 《플루타르크 영웅전》 여기저기에 아부로 패망한 사람들의 이야기를 실어 후세에게 경고로 삼았다.

고대 그리스의 마케도니아 왕 알렉산더가 세계 정복을 꿈꾸던 때의 일이다. 알렉산더는 선대 왕이 정복한 그리스의 여러 도시 국가들을 다스리기 위해 휘하의 장군들을 파견했다. 오랫동안 민주주의 전통을 가져 다스리기가 힘든 아테네에는 가장 능력 있는 지휘자인 안티파터 장군을 보냈다. 안티파터는 아테네로 파견되자 아테네 정세에 대한 정보도 얻고 통치를 수월하게 하기 위해 동네 유지들과 친하게 지낼 생각을 했다.

그가 친구로 선택한 아테네의 유지로는 포시온과 디메데스라는 두 사람이 있었다. 그런데 두 사람의 사고방식과 철학은 정반대였다. 디메데스는 윗사람 비위를 잘 맞추었고 포시온은 미움을 받더라도 올바른 말을 하는 사람이었다. 디메데스는 안티파터 장군이 듣고 싶어 하는 말만 골라 하고 그가 시키면 아테네의 국익을 해치는 일도 발벗고 나서 처리했다. 물론 그 대가를 톡톡히 챙겼다. 안티파터가 기분 좋은 틈을 타 자기 아들의 결혼식 비용을 보태달라는 등 사적인 이권을 부탁하며 고개를 조아렸다. 그렇게 해서 많은 재물을 받아 챙긴 디메데스는 금세 어마어마한 재산을 모아 아테네에서 손꼽히는 부자가 되었다.

반면 그와 정반대의 성격을 가진 포시온은 안티파터가 보내주는 선물을 모두 거절하며 돌려보냈다. 그리고 안티파터가 새로운 일을 시작하려고 하면 옳고 그름을 따져 잘못이 발견되면 즉각 시정할 것을 요구해 안티파터의 심기를 건드렸다. 마침내 안티파터는 화가 나 포시온에게 "윗사람을 그렇게 대하면 당신 인생에 전혀 도움이 안 된다"며 꾸짖었다. 포시온은 그에 대해 대답했다. "친구와 아첨꾼을 동시에 할 수는 없네."

안티파터는 자신의 기분을 수시로 나쁘게 하는 포시온을 멀리하고, 디메데스에게 계속 이권을 주었다. 하지만 결국 안티파터의 뒤통수를 친 것은 디메데스였다. 디메데스는 안티파터가 늙고 힘이 빠지자 이웃 나라 페르시아의 장군에게 편지를 보냈다. 이제 마케도니아의 장군이 병약해졌으니 그리스로 쳐들어오면 쉽게 승전할 수 있을 것이라는 내용이었다. 다행스럽게도 디메데스의 배신 행위가 발각이 되었다. 마케도니아 군인들은 디메데스 눈앞에서 그의 아들을 죽여 아들이 죽는 것을 직접 지켜보는 고통을 느끼도록 한 뒤에 디메데스 역시 처형했다고 로마의 역사가 플루타르크가 '포시온의 인생' 편에 기록해 두었다. 안티파터 장군은 결국 친구라고 생각했던 아부꾼에게 배신당했던 것이다.

아부꾼을 조심하라는 것은 영국 문학의 아버지인 셰익스피어의 《리어 왕》에서 가장 중요한 주제이다. 리어 왕에게는 세 명의 딸이 있었다. 리어 왕은 나이가 들자 정치를 그만두고 은퇴할 생각이었다. 그래서 딸들을 불러놓고 자기 영토와 권력을 나눠주겠다고 했다. 이 말이 떨어짐과 동시에 두 딸은 아버지를 세상에서 가장 사랑한다며 아부를 늘어놓았다.

그런데 셋째 딸만 아무 말도 하지 않았다. 리어 왕은 셋째 딸에게도 애교를 부려보라고 했으나, 셋째 딸은 "아버지를 진짜 사랑하는 사람은 중요할 때 행동으로 보여주지 빈말은 안 한다"고 말해 리어 왕을 노하게 만들었다. 결국 리어 왕은 두 딸에게 영토를 나눠주고 셋째 딸은 외국으로 혼수금 한 푼 안 들려 시집보냈다.

그런데 두 딸은 땅을 물려받자마자 리어 왕을 찬밥 취급했다. 서로 아버지를 모시지 않겠다며 건방지게 굴었다. 또 리어 왕이 상징적으로 유지하고 있는 근위대의 숫자를 줄이라고 자꾸 압력을 넣었다. 리어 왕은 충격을 받아 정신을 잃고 천둥 번개가 치는 황야를 거닐며 혼잣말을 하는 지경이 되었다.

이 소식이 프랑스에 전해지자 셋째 딸이 아버지를 구하러 왔고, 가족 싸움으로 집안이 망해버리고 영국과 프랑스 사이의 전쟁으로 이어진다는 것이 《리어 왕》의 내용이다. 자기에게 지나친 애교를 부리는 딸만 믿은 리어 왕의 어리석음을 비판한 작품이다.

나에게 아부하고 좋은 말만 늘어놓는 사람은 겉보기에는 나를 윗사람으로 떠받들어주는 것 같지만 사실은 나를 괄시한다. '아부한다'는 영어로 'flatter'이다. 이 단어는 원래 프랑스어로 강아지나 고양이 같은 '애완동물을 쓰다듬는다'는 뜻이었다. 동물이 화내면 무섭지만 동물을 즐겁게 해주는 지점을 찾아 쓰다듬어주면 화를 내던 동물도 꼬리를 살랑살랑 치며 그 사람을 졸졸 쫓아다닌다.

아부꾼은 사람을 쓰다듬는 사람이다. 특히 성공한 비즈니스맨이나 '갑'의 위치에 있는 담당자, 고위 공직자들이 추켜세워 주면 잘 넘어간다는 점을 알고, 겉으로는 살살 쓰다듬어 예의 바르게 모시지만 속으로는 그 사람을 조롱하는 것이 아부꾼인 것이다.

서양 인문학에는 '나에게 굽신거리는 사람'에 대한 경고가 가득하다. 영국에는 악톤 남작이라는 유명한 역사가가 있었는데, 그는 영국이 세계를 제패하고 '대영제국에 해 질 날 없다'며 떵떵거리던 1800년대 중반에 활약했다. 악톤은 당시 어떻게 해서 그리스, 로마, 게르만 문명이 세계를 제패하게 되었고 페르시아, 인도, 중국 문명은 뛰어난 글자, 철학 등을 가지고 있었음에도 불구하고 더 이상 발전하지 못하고 제자리걸음만 했는지 오랫동안 연구했다. 연구 결과 페르시아, 중국 등 동방의 문명은 고대로부터 강한 중앙집권 정치 체제를 갖춘 것이 약점이라고 말했다. 강력한 권력자 한 명이 생기자 모든 사람들이 그의 비위를 맞추기 위한 감언이설만 늘어놓아 권력자들이 무능해질 수밖에 없었다는 것이다. 악톤 남작은 '권력이 타락을 부른다면, 절대권력은 절대타락을 부른다'라고 결론지었다.

아시아의 인문학에서는 윗사람이 그릇된 말을 해도 입을 다물고 있어야 '예의 바르다' 또는 '겸손하다'고 말한다.

그런데 서양 인문학에서는 오히려 잘난척하는 사람들이 능력 있고 순진한 경우가 많고 겸손한 사람들은 무서운 비수를 숨길 줄 아는 모략꾼일 가능성이 높다고 경고한다. 프랑스의 철학자 라 로 셰푸코는 "겸손함은 단지 사람들에게 욕먹지 않는 최고의 잘난 척이다"라고 했다. 앞으로 아랫사람을 평가할 때 '착하다' '못됐다'보다는 '솔직하다' '비겁하다'라는 다른 잣대를 대보는 것이 배신을 막는 훌륭한 방패가 될 것이다.

이탈리아
상인들의
돈 놓고
돈 먹기 사업

Stock 자본주의는 목돈을 만들어 늘리는 사람에게 유리하다

미국 부모들은 자녀가 비싼 옷이나 장난감을 사달라고 조르면 "돈은 나무에서 자라는 것이 아니야Money doesn't grow on trees"라며 꾸짖는다. 그런데 사실 자본주의가 막 싹틀 무렵부터 부자들은 "일을 하는 사람보다 돈나무를 길러야 한다"고 가르쳤다.

르네상스 시대를 연 이탈리아에서는 지중해를 오가는 무역업이 가장 잘나가는 사업이었다. 이때부터 인도네시아 등 동남아 지역에서 나는 침향과 후추 맛에 중독된 유럽 귀족들을 고객으로 하는 세계적인 유통 네트워크가 형성되었다. 수많은 이탈리아 상인들이 이집트의 알렉산드리아 항에 배를 보내 그곳에서 유통되던

동방의 진귀한 보물들을 수입했다. 아시아에서 들여온 향료, 도자기, 칠기 등은 베네치아와 제노바로 들어왔고 다시 프랑스, 영국, 독일의 바이어들이 이 물건들을 본국으로 가져가 고가에 팔았다.

이렇게 고가 외제 상품들의 거래가 활발해지면서 목돈 가진 소위 '전주'들이 생기기 시작했다. 목돈을 쥔 이탈리아의 상인들은 점차 다른 사업은 접고 몇몇이 가진 돈을 합쳐 거금을 만들어 돈나무 기르는 사업을 시작했다.

예를 들면 이탈리아와 이집트 사이의 바다는 매우 변덕이 심하고 폭풍이 심했다. 무역상들의 가장 큰 고민은 무역선을 띄웠다가 갑자기 배가 풍랑으로 가라앉아 쫄딱 망하게 될 때의 위험 부담이었다. 전주들은 무역상들이 배를 띄우기 전에 만나, 만약 배가 폭풍을 만나 침몰하면 그 배와 배에 실린 짐을 모조리 사겠다는 계약을 하자고 했다. 배가 가라앉으면 위험 부담을 대신 져주고 배가 무사히 돌아오면 계약을 취소하는 대신 위약금을 물라고 해 돈을 남기려는 것이었다. 무역상들로서는 언제 풍랑을 만나 배가 가라앉고 파산할지 모르는 위험을 막을 수 있어 대환영이었다. 전주들은 워낙 돈을 많이 가져 배 한두 척 정도의 손실 비용은 쉽게 감당할 수 있었기 때문에, 배가 안전하게 들어오면 '위약금'을 받아 큰 이익을 남길 수 있었다. 이것이 해상보험의 시초가 되었다.

전주들은 점차 사업 범위를 늘렸다. 몇 가지 예를 들면, 해외로 진기한 물건을 구매하러 떠나는 무역상에게 돈을 빌려주어서 오가는 길에 더 많은 물건을 싣고 와 거래하게 해주는 대신, 빌린 돈으로 산 물건을 팔고 남은 돈의 일부를 챙겨 돈을 불렸다. 오늘날 LOC 거래의 시초이다. 또한 서로 다른 지역에서 모인 상인들끼리 신용이 깨질 경우를 대비한 보증을 서주고 거래를 성사시켜 큰 마진을 챙길 수도 있었다. 1년 후에 받아야 할 대금을 미리 받아 재투자하고 싶은 상인에게 미리 싼 가격의 매출 전표로 사들여 차익을 보는 등(이것은 오늘날 Gap financing의 시초이다) 전주들은 점차 목돈을 가지고 있다는 것만으로도 더 많은 돈을 만드는 사업들을 개척해나갔다.

이후로 이탈리아 상인들은 여러 사업가가 보유하고 있는 현금을 한데 모아 금고에 넣어두고, 이 돈을 담보로 보험, 대출, 보증 등 이 돈이 나무가 되어 돈 열매가 주렁주렁 열리도록 하는 다양한 '돈 놓고 돈 먹기' 사업을 벌였다. 이렇게 일정한 액수의 자본금이 나무 둥지가 되어 더 많은 돈 열매를 맺을 수 있기 때문에, 맨 처음에 여러 사람이 투자한 돈을 stock, 즉 '나무 밑둥'이라고 불렀다. 우리말로는 종잣돈이라고 할 수 있겠다. 그래서 오늘날도 영어로 주식을 stock이라고 부른다.

이렇게 중세 이탈리아 상인들은 어느 액수 이상의 돈을 한데 모아두면 그 자체가 돈 열매가 열리는 나무가 된다는 사실을 제대로 깨닫고 있었던 것이다. 다시 말하자면 자본주의 시스템에서는 자금을 운영할 수 있을 정도의 밑천이 있어야 돈나무를 심을 수 있는 것이다.

미국 경제학 저서 《부자 아빠 가난한 아빠》에서도, 자신이 모아놓은 돈이 버는 게 직접 일해서 버는 양보다 많아 자유롭게 살 수 있는 상태가 되어야 부자가 된 것이라고 말했다. 이미 수백 년 동안 부자의 기준은 노력으로 돈을 많이 버는 것이 아니라 돈이 돈을 버는 방법으로 빨리 갈아타는 것이었다.

　　그러나 오늘날은 목돈 모으기가 무척 힘들다. 소비의 유혹은 많고 대출은 쉽다. 사회 분위기도 소비를 부추긴다. 드라마를 보면 명품 옷과 멋진 스포츠카를 지니고 럭셔리한 집에 사는 사람들이 멋진 인생을 사는 것처럼 포장되어 있다. 돈을 아끼고 모아 목돈을 만들려는 사람보다 지출 많은 사람을 영웅시하는 사회 분위기와 맞물려 중산층의 소비가 어마어마하게 커졌다. 대부분의 젊은이들은 자기 또래들과 수준을 맞춰 소비를 하느라 몇천만 원은커녕 몇백만 원도 통장에 남아 있지 않은 경우가 대부분이고, 돈이 생기자마자 통장을 비우는 소비를 당연시하기까지 한다.

　　하지만 돈나무에는 돈이 열리고 빚나무에는 빚이 열린다는 사실은 중세기나 지금이나 전혀 다르지 않다. 그래서 서양 인문학은, 예로부터 지금까지 지출을 최대한 줄이고 아무리 쉽게 빌려 쓸 수 있는 돈도 절대로 꾸지 말라고 강조해 왔다. 미국 건국자 중 한 명인 벤자민 플랭클린은 "내일 빚을 지고 일어나야 한다면 차라리 오늘 저녁을 굶겠다"라는 말을 남겼다. 또한 "필요 없는 것을 오늘 사라. 내일 꼭 필요한 것을 팔게 될 것이니"라는 말도 해서 돈을 함부로 쓰는 것을 강하게 경고했다. 유태인 속담에는 "가뭄이 들어도 자라는 것이 있으니 바로 이자다"라는 말이 있다. 돈을 벌게 해주는 농사는 운에 따라 잘될 수도 있고 잘 안 될 수도 있지만 빚은 어떤 경우에도 계속 이자가 자라난다는 뜻이다.

어렸을 때부터 철저히 돈나무의 존재와 빚의 무서움에 대해 교육받고 자라온 서양인들은 원래 빚지는 것을 끔찍이 싫어했다. 미국의 초대 광고협회장 에네스트 디히터의 저서 《욕망의 전략》을 보면 1920년대까지만 해도 미국의 젊은 커플들은 빚을 내서 집을 사고 15~30년 동안 나눠 갚는 '모기지'를 죄악시해 결혼 후 집을 사 나가서 사는 대신 부모 집에서 얹혀 살거나 주로 월세로 살았다고 한다. 최근에는 소비를 미덕이라고 외치는 미국에서도 100년 전만 해도 아직 벌지 않은 돈을 미리 당겨서 쓰는 것에 대한 경각심이 시퍼렇게 살아 있었다는 증거다.

이후 대량생산 시대가 오고 광고가 활성화되면서 그런 경각심이 무너졌다. 그러나 현명한 사람이라면 드라마, 광고, 잡지 등이 소비를 부추기는 이유를 간단하게 파악할 수 있다. 소비자의 빚나무가 커질수록 광고주의 돈나무가 무성하게 자라기 때문인 것이다. 지금 내가 쓸데없는 자존심이나 체면 때문에 할부로 더 비싼 차를 구입하고 대출받아 더 큰 집을 장만하고 빚을 내 더 화려한 결혼식을 올리면, 남들은 한 번 보고 "와 대단하다"라고 감탄하면 그만이지만 나는 빚을 다 갚을 때까지 많은 대가를 치르며 이자와 원금을 모두 갚아야 한다. 그 이자는 목돈을 쥔 광고주나 카드회사,

은행 등의 돈 열매가 되어 고스란히 그들 주머니 속으로 들어간다.

이런 교훈은 우리가 살고 있는 자본주의 사회, 즉 capitalism 이라는 단어 어원에 분명히 들어 있다. 르네상스 이탈리아 사람들은 사업 시작하는 데 꼭 필요한 종잣돈을 capital이라고 불렀는데 말 그대로 '머릿돈'이라는 뜻이다. 우리나라에서도 건물을 지을 때 제일 먼저 놓는 주춧돌을 '머릿돌'이라고 부르는데, 이탈리아 사람도 사업을 시작할 때 가장 먼저 필요한 것이 일정 액수의 자금이라고 해서 이 돈을 capital이라고 부른 것이다. 이 단어는 자본주의, 즉 capitalism은 원금을 제공한 전주를 중심으로 돌아가는 제도임을 분명히한다. 우리는 자본주의를 누구나 열심히 일한 만큼 자유롭게 돈을 벌 수 있는 제도라고 생각하지만, 그 어원은 열심히 일한 사람이 아니라 목돈 가진 사람에게 유리하게 돌아가는 제도라고 분명히 말하고 있다. 대기업 임원이나 고위 공직자의 높은 자리도 결국 자기 것이 아닌 사회의 것이다. 봉급을 모아 어딘가에 자본으로 투자해야만 자기 돈나무가 되어서 돈 열매를 맺을 수 있고, 그렇게 만든 돈만이 진짜 자기 마음대로 할 수 있는 자산이 되는 사회가 바로 자본주의 사회인 것이다. 그렇다면 자본주의 사회에서 현명하게 사는 방법은 당연히 가능한 한 돈을 안 쓰고 목돈을 만들어 어딘가에 자본금으로 투자를 하는 것이다. 노동과 노력만 가지고 돈을 번다면 그들과의 경쟁에서 절대로 이길 수 없기 때문이다.

하지만 무조건 돈을 아끼기만 한다고 해서 돈나무가 되어주는 것은 아니다. 현금을 투자해 사업을 일으켜 직접 돈을 늘리거나, 남의 탄탄한 사업에 투자해 이익을 배당받거나, 자신에게 직접 투자해 자신의 부가가치를 높여야 한다. 프랑스의 사회학자 피에르 부르디외는 "사람에게는 여러 가지 자본이 있다"고 한다. '사회적 자본'은 사람들이 그 사람을 훌륭한 사람으로 인정해주고 그 사람과 함께 일하고 싶어 하게 만드는 요소인데, 이것은 그 사람의 사교력, 인맥, 외모, 인생 경험, 말솜씨 등 타인들을 끌어들이는 요소라고 한다. 또 '지적 자본'은 교육을 통해 남이 못하는 것을 할 줄 아는 능력을 갖는 것을 말하는데 컴퓨터 공학 노하우, 코딩, 금융 라이선스, 변호사 · 의사 자격증 등이 여기에 속한다.

자본주의 사회를 정말로 현명하게 살고 싶다면 돈을 쓸 때마다 이것이 미래의 나에게 가치 있는 capital인지, 아니면 공중으로 흩어져 사라져버릴 소비인지를 정확하게 판단해보고 나서 지출해야 한다. 감가상각비와 유지비가 높은 자동차, 넓고 좋은 집, 유행하는 옷, 결혼식, 돌잔치 같은 이벤트에 들어가는 비용, 금방 구식이 되는 전자기기, 먹어 없어지는 음식과 술 마시느라 쓰는 돈 등은 절대로 돈을 불려 돌아오지 않고 흩어져버리는 나쁜 지출이다. 그러나 대물려 가며 쓸 튼튼하고 유행 타지 않는 가구, 내 몸을 건강하게 만들어 주는 레저 스포츠 비용, 내 사고와 지적 능력을 높여주는 책값이나 교육비, 오래될수록 가격이 오르는 골동품이나 와인 같은 것을 구입하는 것은 돈나무가 되어주는 좋은 지출이 될 수 있다. 오늘 이후로 어떤 소비의 유혹 앞에서 "과연 이 돈을 써야 하는가?" 하고 질문하는 습관만 만들어두어도 자본주의 사회를 좀 더 현명하게 사는 방법을 어렵지 않게 터득할 수 있을 것이다.

서양 인문학은 자본주의가 활성화된 17세기부터 이에 대한 명확한 답을 내놓았다. 자본주의 사회에서는 비싼 차를 몰고 큰 집에 사는 것이 승자가 아니라, 남이 내 돈으로 비싼 차를 몰고 다니고 큰 집에 살도록 해야만 승자가 된다는 것 말이다.

로마인들에게
인생의 방향을
알려준
마일스톤

Milestone 성공 기준이 명확하면 남과 비교하지 않아도 된다

성공이 오히려 파멸로 가는 지름길이 되는 원인은 지극히 간단하다. 바로 끝없는 욕심이다. 자기만의 '성공 기준'이 없으면 계속 무리한 도약을 일삼게 되어 이미 이루어놓은 성공마저 잃고 인생을 비참하게 살기 쉽다.

고대 로마의 위대한 시인 호라티우스는 로마 최고의 외교관 마케나스와 절친이었다. 호라티우스는 마케나스와 철학적인 내용의 편지를 자주 교환했다. 그 편지 중 사람들의 끊임없는 욕심에 대해서 다음과 같이 쓴 내용이 남아 있다.

마케나스, 만약 대답할 수 있으면 말해주게. 왜 사람들은 자기가 선택하거나 운에 따라 정해진 길에 만족을 못하고 인생을 다른 길로 걸어가는 사람들을 부러워하는 것일까? 수십 년의 전쟁에서 몸이 고달파진 용감한 군인은 이렇게 말하지. "아! 상인들은 얼마나 행복할까?" 하지만 소금물 위에서 무역선이 제멋대로 뛸 때 상인들은 뭐라고 할까? "군인의 인생이 훨씬 좋지. 짧고 날카로운 고통 한 번만 견디면 모든 것이 끝나잖아? 한 번에 죽든지, 아니면 승리의 영광을 차지하든지." 번번이 닭 우는 새벽에 귀찮은 의뢰인이 급히 문 두드리는 소리에 잠을 깨야 하는 변호사는 농부를 부러워하고, 볼일 보러 도시를 방문한 농부는 도시 사람들만 행복할 것이라고 말하지.

_호라티우스, 〈풍자 1Satire 1〉

이미 고대 로마시대 사람인 호라티우스는 "자기만의 성공 기준이 없으면 끊임없이 남들 인생의 좋은 면과 자기 인생의 나쁜 면을 비교하기 때문에 평생 만족과 행복을 모른다"고 경고했다.

르네상스 직전인 13세기의 이탈리아 시인 단테 역시 욕심이 사람들의 행복을 파괴한다고 경고했다. 1인칭으로 쓰여 있는 단테의 《신곡》은 단테 자신이 인생의 중간 지점에서 길을 잃고 깊은 숲속을 헤매는 장면으로 시작된다. 그는 다시 인생의 길을 찾아보려고 하지만 먼저 살쾡이가 앞길을 막는다. 살쾡이를 피해 다른 길로 올라가려는데 이번에는 굶주린 늑대가 나타난다. 아무리 많이 먹어도 배부른 기색이 없는 늑대가 바로 인간의 탐욕을 상징한다. 그

탐욕 때문에 단테는 인생의 올바른 길을 알면서도 그 길을 갈 수가 없다. "암늑대는 말라 비틀어져 배고픔으로 가득해 보였는데, 늑대의 모습 자체가 나를 공포심으로 짓눌러 다시 길을 찾아 올라갈 모든 희망을 잃었다. 무엇인가를 얻으려고 하는 사람이, 얻은 것을 잃어야 하는 시간이 왔을 때 괴로워서 눈물을 흘리듯, 이 동물은 쉬지 않고 나를 자신과 같이 배고프게 만들었고 나를 향해 한 걸음 한 걸음 다가오며, 햇빛이 더 이상 입을 열지 못하는 곳으로 나를 몰고 갔다"라며, 단테는 이 책에서 탐욕과 시기에 빠지면 자기 길을 잃는다는 점을 경고했다.

서양 인문학을 대표하는 유럽의 고대와 중세 시인인 호라티우스와 단테는 인생의 흐름을 하나의 길로 보았다. 이것은 서양인들의 인식 속에 깊이 박혀 있는 오래된 이미지 중 하나이기도 하다. 일하는 방법을 배우고 경력을 쌓아 타인의 인정을 받는 인생의 과정을 영어로 career라고 한다. 이것은 '들고 간다'를 뜻하는 carry와 친척 단어인데, 원래는 무거운 짐을 옮기는 마차의 바퀴가 젖은 흙길에 빠지지 않도록 돌로 포장한 장거리 도로를 뜻하는 라틴어였다.

로마는 열심히 길을 뚫어 군대를 이동시켜 유럽 영토를 대부분 차지했다. 길이 많아지면서 군대만 이동시키지 않고 수레에 나무와 다양한 건축자재들을 가득 싣고 적진 한가운데로 이동해, 밤에 몰래 성을 짓고 마치 홈그라운드인 것처럼 편안하게 전쟁을 치를 수 있었다. 로마는 포장도로 덕분에 적진 한가운데에 요새를 지어놓고 전쟁을 할 수 있게 돼 전 유럽을 제패하고 중동과 북아프리카를 지배할 수 있었다. 이어 각 식민지에서 바치는 금은보화들을 수레에 가득 싣고 고속도로를 통해 신속하게 본국으로 날라 로마는 나날이 부유해졌고 로마인들은 "모든 길은 로마로 통한다"며 큰소리쳤다.

그러다 보니 대부분의 로마인들은 거의 평생을 길에서 보냈고 자연스럽게 인생을 길에 비유하게 되었다. 로마인들은 아시아, 아프리카, 유럽을 가로지르는 끝없는 길을 가다보면 자기가 어디쯤 왔는지 알아야 할 필요가 있었다. 그래서 발걸음 천 보에 한 번씩 숫자를 표시한 돌을 세워 자기가 얼마나 왔고 목적지까지 얼마나 더 가야 하는지 알도록 했다. 1천이 라틴어로 Mil이기 때문에 천보, 즉 1마일마다 하나씩 세워진 이 돌 '스톤'을 천 보석, 즉 '마일스톤'이라고 불렀다. 로마인들은 먼 길을 갈 때 자기가 얼마나 왔는지 알려주는 이 마일스톤이 인생의 길인 커리어에도 반드시 필요하다고 믿었다. 자신에게 가장 중요한 것이 여유 시간일 수도 있고 항상 배우고 싶었던 운동일 수도 있는데, 이런 부분에서 어느 정도의 성과를 이룰 때마다 내 인생이 발전하고 있다는 확신이 들어 옆길로 새지 않고 자신이 원하는 길로 갈 수 있는 것이다. 이렇게 자기만의 마일스톤을 가진 사람은 남이 가는 길과 내 길을 비교할 필요가 없고 스스로의 분명한 성공 기준을 달성해나가면서 인생의 즐거움을 느낄 수 있다는 것이 로마인들의 생각이었다.

단테와 호라티우스는 자신이 갈 길을 남을 기준으로 삼아 판단하다보면 금세 제 길을 잃게 된다고 경고했다. 단테는 그의 대표 저서인 《신곡》에서 서양 인문학의 지식을 대표하는 고대 로마의 실존 인물인 베르길리우스가 자신에게 이렇게 충고해주는 것으로 설정했다. "사람들이 쑥덕거리게 놔두고, 나를 따르라. 바람이 불어도 산꼭대기에 무너지지 않고 서 있는 탑처럼 굳건하게 서라." 이렇게 성공의 기준을 스스로 만드는 사람은 주위 사람들에 아랑곳하지 않고 자기만의 길을 묵묵히 갈 수 있다.

요즘 우리는 우리 사회를 '정답 사회'라고 비판한다. 대학, 취업, 결혼, 출산, 주택 구입 모두 남들이 말하는 보편적 기준인 어떤 '정답'에 맞춰 살다보니 너무 피곤해 연애와 여가마저 포기하고 외롭고 힘겹게 사는 사람들이 점점 늘고 있다. 하지만 자기가 가는 길과 남이 가는 길이 다르다는 것을 인정한다면 자기의 마일스톤과 남의 마일스톤도 달라야 한다는 것을 인정하게 될 것이다. 무엇보다 자기만의 길을 자신 있게 뚜벅뚜벅 나가려면 자기의 마일스톤이 무엇인지부터 파악해두어야 할 것이다.

미국 상원의원 로버트 케네디의 연설에 담긴 의미

Finance 돈은 일을 마무리 짓지만 인생에는 돈으로 해결할 수 없는 것도 많다

돈으로 행복까지 살 수는 없다는 말이 있다. 세상에서 가장 아름다운 것들은 다 공짜라는 말도 있다. 돈은 살아가는 데 꼭 필요한 것이지만 인생은 돈만으로 해결할 수 없는 것이 많고, 오히려 자칫하면 돈으로 그런 것들을 망칠 수 있다는 것이 서양 인문학의 교훈이다. 실제로 주변에서 남들이 부러워할 만한 성공을 해본 나이 든 비즈니스맨들이 종종 "가족 관계 유지만큼 힘든 것이 없다. 가족 문제에 비하면 비즈니스는 식은 죽 먹기다"라고 말하는 것을 들을 수 있을 정도로 자신에게 정말로 중요한 일 앞에서는 돈이 무력하게 되기도 한다.

미국의 전 상원의원이던 로버트 케네디는 살아생전 미국이 최고의 부를 이루던 시대에 오히려 나라가 부유해지는 것에 대해 경고했다. 그의 연설 한 대목을 소개해본다.

미국의 GDP는 이제 8천 억 달러가 넘었습니다. 그러나 8천억 달러 안에는 공기 오염과 담배 광고도 들어 있고, 고속도로에서 나는 교통사고라는 대량학살과 그 현장으로 달려가는 구급차도 포함되어 있습니다. 도둑을 막기 위한 특수 자물쇠와 그것을 부순 사람들을 수용하는 감옥도 포함되어 있지요. 무자비하게 잘려 사라져버린 나무들과 정신없이 번져나가는 도시가 자연을 파괴한 것도 GDP 향상에 포함이 됩니다. 그리고 GDP는 백열탄과 원자폭탄과 도시의 폭동을 막는 데 필요한 장갑차 구입비, 위트만의 총과 스펙의 단도와 어린아이들에게 장난감을 팔기 위해 폭력을 가르치는 텔레비전 쇼도 포함됩니다. 하지만 우리 아이들의 건강, 그들이 받는 교육의 품질, 놀이에서 오는 기쁨은 GDP에 포함되지 않습니다. 우리 언어로 된 시의 아름다움과 좋은 결혼 관계의 영구성과 사회적 토론의 지적 가치와 관료들의 정직함은 포함되지 않습니다. 우리의 유머 감각이나 우리의 용기도, 우리의 지혜와 지식도, 우리의 자비심과 애국심도 포함되지 않습니다. 다시 말하면 GDP란 인생을 살 만하게 만들어주는 것들을 제외한 것들을 종합적으로 재는 수치입니다. 미국의 GDP는 우리가 미국인이라는 자부심을 느끼게 해주는 것을 다 빼고 미국의 나머지 부분을 다 합친 숫자입니다.

이렇게 로버트 케네디는 사람 사는 사회에는 돈으로 해결할 수 있는 것보다 돈으로 해결할 수 없는 문제들이 더 많다는 사실을 미국의 부가 절정에 달하던 1960년대에 지적했다. 로버트 케네디의 말을 빌리지 않더라도, 돈으로 인생의 모든 문제들을 해결할 수 있다고 생각하는 것은 큰 오해라는 점은 여러 역사적 사실들이 증명한다.

물론 사람들이 서로 더 많은 돈을 벌려고 노력하는 것은 그만큼 돈이 중요하기 때문이다. 만약 돈이 행복은 살 수 없지만 목숨은 살 수 있다면, 그런 돈의 위력은 어디서 나올까? 이 대답도 어원에서 찾을 수 있다. 영어에서 '돈거래', 즉 '금융'을 뜻하는 단어가 finance인데, '끝'을 뜻하는 프랑스어 fin에서 '금융'을 뜻하는 단어 finance가 나왔다. 유럽 중세기에는 전쟁이 잦았고 전쟁은 대체로 포로의 몸값을 물어줘야 끝났기 때문에 finance에는 돈을 주고 전쟁을 끝낸다는 의미가 담겨 있다. '돈을 지불하다'인 pay 역시 돈 주고 평화pax를 산다는 의미가 담겨 있는 것처럼, finance도 '돈은 자신을 공격하는 사람을 집으로 돌려보내고 목숨을 부지하게 해주는 힘을 가지고 있음'을 의미하는 것이다. 즉 돈은 일을 종료시키고 마무리 짓는 힘을 가지고 있다. 하지만 프랑스의 왕이었던 '착한 쟝'은 돈을 주고 자유를 얻을 수 있음에도 평생 전쟁 포로로 살기를 원했다. 그가 인생에서 원하던 것은 돈을 주고 살 수 없었던 것이다.

1300년대 프랑스와 영국은 백 년 동안의 끔찍한 전쟁에 시달렸다. 영국은 이 전쟁 때 흑기사 에드워드라는 피도 눈물도 없는 잔인한 군인을 프랑스에 투입했다. 그는 전쟁에서 이기려면 프랑스 군인의 식량줄부터 끊어버려야 한다며 논과 밭을 마구잡이로 불태우고 농민들을 사정없이 쳐 죽일 정도로 잔인했다.

당시 프랑스는 '착한 쟝'이라고 불리는 왕이 다스렸다. 그는 마침내 영국에서 온 흑기사 에드워드를 치겠다며 17,000명의 기사를 모아 손수 전쟁터로 향했다. 에드워드는 거느리고 있던 군대 숫자가 워낙 적었기 때문에 프랑스군에 금세 포위되었다. 어차피 에드워드는 꼼짝 못 하고 굶어 죽을 상황이었다. 경력 있는 프랑스의 장군들은 쟝 왕에게 에드워드가 항복할 때까지 기다리자고 조언했다. 그러나 쟝 왕은 기사도 정신에 위배된다며 기사답게 적이 아직 싸울 여력이 있을 때 정면 돌격으로 승부를 봐야 한다고 고집을 피웠다. 쟝 왕은 한술 더 떠서 프랑스 군대가 워낙 수적으로 우위여서 전투에서 이기더라도 후세가 인정해주지 않을 거라며 아버지 뒤를 따라 참전한 아들들을 사병들과 함께 집으로 돌려보냈다.

마침내 천하가 진동하는 소리와 함께 프랑스 기마대들이 에드워드의 군대를 향해 돌격했다. 하지만 이미 영국군들은 프랑스 기사들의 갑옷을 단숨에 뚫거나 달리는 말을 단번에 걸어 넘어뜨릴 수 있는 여러 무기들을 개발해두었다. 전통적인 전투 방식인 정면 돌격만 고집하던 프랑스 왕이 이끄는 기마대는 금세 무너졌고, 쟝 왕은 오히려 영국군에게 포로로 잡혀 영국으로 후송되었다.

당시 유럽의 전쟁 포로는 몸값을 주면 풀려났다. 영국 왕실은 쟝 왕의 몸값으로 당시의 프랑스 금화 4백만 냥을 청구했다. 그러나 프랑스 왕실은 그만한 돈이 없었다. 필립 왕세자는 아버지인 쟝 왕을 구출하려면 이 거금을 마련해야 했다. 필립 왕세자는 지금 우리로 치면 전경련 회장쯤 되는 파리 기업가 모임의 대표인 에티엔느 마르셀을 만나 파리의 기업들이 왕의 몸값을 내게 해달라고 부탁했다. 그러자 에티엔느 마르셀은 펄쩍 뛰며 거절했다. 쟝 왕은 평소 상인들의 권익을 보호해주기는커녕 쓸데없는 규제를 만들어 사업을 방해했고, 거둬들인 세금으로 상인들이 사업하기 좋은 환경을 만들어주는 대신 사적인 감정으로 전쟁을 벌여 오히려 사업 환경을 악화시키기만 했다는 이유였다. 만약 왕이 선대 왕들이 파리 상인들에게 주었던 자유권 보장 기간을 연장해주는 새로운 문서에 서명을 한다면 몸값 마련을 고려해보겠다고 했다.

필립 왕세자는 사면초가에 놓였다. 궁여지책 끝에 아버지를 구하기 위해 금화에 은이나 동처럼 싼 금속을 살짝 섞은 새 돈을 찍어 영국군에게 줄 계획을 세웠다. 하지만 평생 장사로 잔뼈가 굵은 마르셀은 이 사실을 알게 되자 상인들을 불러 모아, 국가가 기준 가치를 멋대로 훼손한 돈을 마구 찍어대면 부동산과 원자재 가격이 폭등해 결국에는 상인들의 피해로 돌아올 거라며 모두 무기를 들고 나와 파리 시내를 점거하고 성문을 걸어 잠그자고 했다.

필립 왕세자가 영국에 포로로 잡혀 있는 아버지에게 편지를 보내 상인들의 요구 사항을 받아들여주어야 한다고 주장했지만,

장 왕은 다른 꿍꿍이를 가지고 있었다. 시골 호족들에게 귀족 칭호를 주겠다고 약속하고 오히려 그들 힘으로 자기 백성인 파리 사람들을 공격하게 한 것이다. 결국 시골 호족들이 쳐들어가 상인들을 대부분 죽이고 마르셀은 이들에게 붙잡혀 대역죄로 처형당했다.

장 왕은 프랑스 남서쪽 국토 일부를 포기하는 조건으로 자신의 몸값을 금화 3백만 냥으로 깎고 6개월간 할부로 갚는다는 조건으로 일단 풀려나 프랑스로 귀국했다. 당시 프랑스 왕실 금고에 3백만 냥이라는 돈이 쌓여 있던 것은 아니어서 이 몸값을 6개월 동안 분할해 지불한다는 약속을 하고 풀려난 것이었고 영국이 그에 대한 담보를 요구해 어쩔 수 없이 아들 루이 왕자를 담보로 맡기고 왔다.

그러나 파리의 부유한 상인들은 대부분 지방 호족들의 반란에 의해 죽었고 귀족들 중 실속파들은 대부분 왕에게 등을 돌린 상황이었기 때문에 장 왕이 영국에 보낼 몸값을 마련할 길은 전혀 보이지 않았다. 영국에 볼모로 남아 이 소식을 접한 루이 왕자는 감옥을 탈출해 아버지의 품으로 돌아왔다. 그러나 장 왕은 기사로서 자신이 한 말은 반드시 지켜야 한다며 제 발로 포로가 되어 다시 영국으로 돌아갔다.

결국 장 왕이 원하던 기사다운 인생의 마지막 만족감은 돈을 주고 풀려나는 것이 아니라, 그렇게 힘들게 돈을 모아 포로 생활을 벗어난 후 다시 자기 발로 감옥에 들어가는 것에서 나왔다는 것이다. 결국 그는 영국에서의 포로 생활 중 병에 걸려 세상을 떠났다.

이렇게 쟝 왕이 끝까지 기사도를 지키려고 했다고 해서 후세 사람들은 그를 아직도 '쟝 르 봉', 즉 '착한 쟝'이라고 부르고 있다.

중세기 유럽의 법은 사람을 죽이고도 몸값만 물어주면 처벌이 면제되었으며 전쟁도 돈으로 배상을 해주면 대부분 끝이 났다. 생명을 위태롭게 하는 전쟁이 잦고 전쟁에서의 생명 부지가 삶의 전부이다시피 했던 중세기 유럽 사람들에게 돈은 위급할 때 자신의 목숨을 좌지우지하는 생명줄이었다. 그래서 아마도 일제 식민 지배와 한국전쟁 같은 전쟁의 아픈 역사를 가진 우리나라 사람들이나 아편 전쟁과 각종 내전, 공산 혁명 등의 숱한 전쟁을 치러본 중국인들이 유난히 돈에 대한 애착이 강한지도 모른다.

그러나 우리보다 더 많은 전쟁을 더 오래 치러본 서양의 인문학이 "돈은 사는 데 절대적인 필요 요소이기는 하지만 인생을 완성시키는 수십 가지의 요소들 중 단 하나에 속할 뿐"이라고 하는 말에 귀를 기울일 필요가 있다.

《햄릿》이
던져준
죽음에 대한
화두

Memento Mori 인생은 죽는 순간에 결산된다

고대 로마시대에 최고의 시인으로 추앙받았던 베르길리우스는 "시간은 다시 담을 수 없는 곳으로 도망간다Fugit Ireparabile Tempus"라는 유명한 말을 남겼다. 베르길리우스의 라이벌인 호라티우스 역시 젊은이들에게 "하루하루를 꽉 붙잡아야 한다"는 내용의 유명한 시를 남겨 수천 년이 지난 오늘날의 젊은이들에게까지 널리 애송되고 있다.

신이 너에게 여러 겨울을 더 지날 수 있는 행운을 부여했건,

지금 해안의 암초에 불어닥치는 이번 겨울이 너의 마지막이 되건,

현명하라. 진실되라. 긴 꿈을 짧은 꿈으로 바꿔 지금 당장 실현하라.

내가 이 말을 하는 동안에도 질투심 많은 시간은

이미 도망치고 있으니

오늘을 꽉 잡아라. 그리고 내일은 믿지 말라.

자본주의 사회를 살아가는 우리에게는 돈 많이 버는 것이 일생 동안 가장 중요한 과제가 되었다. 하지만 이미 고대로부터 서양의 시인들은, 삶이 유한하다는 사실 앞에서는 누구나 공평하다는 점을 강조하며 돈벌이에만 급급하지 말고 인생을 풍요롭게 채우는 방법을 찾으라고 강조해 왔다.

프랑스의 돈에 관한 재미있는 우화 중 한 가지를 소개해보려고 한다. 평생을 구두쇠로 산 사람이 있었다. 그는 평생토록 돈을 아끼고 불리는 데만 몰두해 돈 쓸 기회가 없었다. 그런데 어느 날 갑자기 저승사자가 찾아와 "이제 갈 시간이다"라고 말했다. 돈을 열심히 모아 부자가 되면 가족들과 좋은 시간을 보내고 자기 자신을 위해서도 살려고 벼르고 살아온 구두쇠는 저승사자의 갑작스런 출현에 깜짝 놀랐다. 그래서 저승사자에게 아직 꼭 해야 할 중요한 일이 남아 있으니 제발 내일까지만 시간을 더 달라고 간절히 애원했다. 저승사자는 그의 애원을 받아들여 데려가는 것을 딱 하루 연기해주었다. 하지만 구두쇠는 그토록 소중한 하루를 얻고도 장부

정리와 돈을 더 벌 궁리를 하느라 시간을 모두 썼다. 다음 날 저승 사자가 약속한 시간에 찾아왔다. 구두쇠는 다시 한 번 "딱 한 번만 더 내일까지 시간을 달라"고 애원했다. 그러나 저승사자는 더 이상 연기해줄 수 없다고 잘라 말했다. 구두쇠는 평생토록 나중에 부자가 되어 행복하게 살겠다며 악착같이 돈을 모았지만, 그 돈을 고스란히 남겨두고 저승으로 떠나야만 했다. 그는 돈을 많이 벌어 부자가 된 다음에 뭔가를 하는 것으로 인생을 풍요롭게 할 수 있다고 생각했지만, 인생이 유한하다는 사실을 잊고 있었기 때문에 가족과 좋은 시간을 보내고 싶다는 자신의 진정한 비즈니스에 쓸 시간은 아예 없었던 것이다.

서양 인문학에서는 인간과 동물의 차이를 이렇게 구분한다. 사람은 언젠가는 죽을 거라는 사실을 인지하면서 살기 때문에 동물과 다르다고 했다. 사람은 삶의 유한성을 알기 때문에 눈앞의 배고픔, 분노, 질투를 넘어 큰 그림을 볼 줄 아는 존재라는 것이다.

유럽에는 메멘토 모리Memento Mori라는 예술 형태가 있었다. 한마디로 '죽는다는 사실을 기억하라'를 말해주는 예술이다. 인생의 최종 결산에서, 평생 모아둔 재산이 아니라 죽을 때 편하게 눈을 감을 수 있는가가 더 중요하다는 사실을 기억해야만 인생이라는 병을 채울 '바쁨', 즉 '비즈니스'의 종류를 현명하게 선택할 수 있다는 것을 예술로 표현한 것인데, 주로 해골이나 죽은 사람의 처참한 모습이 소재이다. 유럽의 귀족들은 책상이나 책장 위에 누군가의 해골을 올려놓고 매일 자신의 여생이 점점 짧아지고 있음을 상기하며 살려고 노력했다. 바로크 시대의 화가 카라바지오의 회화 〈막달레나〉에는 보석과 비싼 옷을 바닥에 내동댕이친 창녀 막달레나 앞에 해골이 놓여 있다. 이는 인생이 유한하다는 사실을 깨닫자, 자기 인생의 중요한 비즈니스가 몸을 파는 것이 아니라는 것을 알게 된다는 의미를 담고 있다.

셰익스피어의 비극 《햄릿》에서 햄릿은 무덤 앞을 지나다가 해골 하나를 발견하고 갑자기 소리친다. "아, 가여운 올릭! 내가 아는 사람이었어. 호라시오, 재치라면 끝이 없는 훌륭한 상상력을 가진 친구였어. 나를 등에 수천 번 업어줬지… 이 모습을 보니 목이 메는군. 바로 여기에 셀 수 없을 정도로 나에게 입을 맞춰주었던 그 입술이 달려 있었지. 너의 농담은 어디로 갔지? 너의 춤은, 너의 노래는? 테이블에 앉아 있는 모든 사람에게 폭소를 터트리게 하던 그 흥은? 너의 웃는 표정을 스스로 놀릴 수 있는 농담 하나도 이제는 뱉어내지 못하겠지?" 그러던 중 갑자기 생각이 난 듯 이런 말을 한다. "알렉산더 대왕도 땅에 묻혀서 저렇게 되었을까?" 옆에서 대답한다. "그렇겠죠." "냄새도 이랬을까? 으웩!" "그렇겠죠."

이 장면은 Memento Mori 예술을 표상하는 최고의 장면으로 유럽 지성인들 머리에 각인되었다.

르네상스 유럽 미술의 거장인 마사쵸는, 당시 피렌체 재벌 메디치와 라이벌이던 또 다른 재벌 스트로치의 개인 예배당에 비치된 작품 중 해골이 새겨진 관을 조각했다. 그는 해골 조각 밑에 이탈리어로 "나는 얼마 전만 해도 너희와 같았고, 너희도 곧 나와 함께할 것이다"라고 적어 넣었다.

이렇게 사람의 최종 목적지는 모두 같기 때문에 목적지까지 가는 길을 즐겁게 만들어야만 의미 있는 인생을 살 수 있다는 것이 서양 인문학의 중요한 교훈이다.